中华优秀传统文明的精华

国学经典

中华上下五千年

林之满/编著

辽海出版社

【第三卷】

《中华上下五千年》编委会

编者的话

在祖国源远流长的传统文化中，中国历史是祖国文化重要的组成部分。中华民族五千年来创造的奇迹有如夏夜的繁星，数不胜数，向世界展示了东方智慧的无穷魅力。丰厚的文化遗产不仅是炎黄子孙的骄傲，也是我们民族得以凝聚并且繁衍不息的源泉。

历史是一面镜子，任何一个国家和民族都注重用自己的历史教育和鼓励人民，特别是青少年。历史本来是很生动的，现代汉语中有不少词语。特别是成语典故，多半出自各种历史典籍。而现在的孩子很容易被表现形式丰富的西方现代文明"格式化"，对历史知识却产生抵触情绪，这不能不让关注子女成长、渴望孩子成为栋梁之材的家长们为之担忧。在高科技发展的今天，了解和继承本民族优秀的文化传统，对于中国青少年树立民族自尊心、自信心仍是非常必要的。

让广大读者拥有一本有益于心灵成长的历史读物，以便有效、快捷地传播祖国文化，是我们每个人的责任。编者在参考了一定量权威性的历史典籍基础上，取其所长，编写了这套《中华上下五千年》。本书力求全面客观地展示中国历史发展进程中的社会进化、政治演变、经济文化发展和国土开辟等方面的状况。

尊重历史就是尊重我们自己，历史不能割断也不能凭着个人的喜好加以修改。在编写本书的过程中，笔者注重历史读物的真实性，针对历史事件中的存疑之处，反复查找资料，以避免虚构。这样做的目的是让读者在了解历史、开启智慧、培养美德的同时，为读者提供更多、更确凿的历史知识。

本书按历史发展顺序编写，以历史事件、历史人物为主线，所选取的内容上自远古时代，近到中华人民共和国成立。其范围涵盖政治、文化、科学、军事、民族关系等历代重大事件，对少数民族的历史也有相当篇幅进行介绍。

相对于浩瀚的五千年中华文明史，本书所反映的内容是远远不够的。但编者尽己所能，争取在有限的篇幅中集中、准确地描述与之相关的史实。限于笔者的历史知识和文字水平，难免有疏漏之处，敬请专家、学者和广大读者批评指教，同时，我们真诚地希望本书能够得到广大读者的喜爱。

目 录

南北朝

李特的"流民"军

西晋的腐朽统治和混战，给百姓带来无穷无尽的灾难，加上接连不断的天灾，许多地方的农民没有粮吃，被迫离开自己的故乡，成群结队到别的地方逃荒。这种逃荒的农民叫做"流民"。

公元298年，关中地区闹了一场大饥荒，略阳（治所在今甘肃天水东北）、天水等6郡10余万流民逃荒到蜀地。氐（音 dī）族人李特和他兄弟李庠（音 xiáng）、李流也跟着流民一起逃荒，他们有些钱财，一路上，流民中间有挨饿的、生病的，李特兄弟常常接济他们。流民都很感激、敬重李特兄弟。

蜀地离中原地区比较远，百姓生活比较安定。流民进了蜀地后，就分散在各地，靠给富户人家打长工过活。益州刺史罗尚，却要把这批流民赶回关中去。他们还在要道上设立关卡，准备抢夺流民的财物。

流民们听到官府要逼他们离开蜀地，人人都发愁叫苦。流民们向李特诉苦，李特几次向官府请求放宽遣送流民的限期。流民听到这个消息，纷纷投奔他。李特在绵竹地方设了一个大营，收容流民。不到一个月，流民越聚越多，约莫有两万人。他的弟弟李流也设营收容了几千流民。之后，派使者阎彧（音 yù）去见罗尚，再次请求缓期遣送流民。

阎彧来到罗尚的刺史府，看到那里正在修筑营寨，调动人马，知道他们不怀好意。他见了罗尚，说明了来意。罗尚对阎彧说："我已经准许流民缓期遣送了，你回去告诉他们吧！"

阎彧直爽地对他说："罗公听了别人的坏话，看样子恐怕不会饶过他们。不过我倒要劝您，不要小看了老百姓。百姓看起来是软弱的，您若逼得他们无路可走，众怒难犯，只怕对您没有好处。"罗尚假装保证不会骗他们，假

惺惺地说："我不会骗你，你就这样去说吧！"

阎或回到绵竹，把罗尚那里的情况一五一十告诉李特，李特也怀疑罗尚的话不可靠，立刻把流民组织起来，准备好武器，布置阵势，准备抵抗晋兵的进攻。

到了晚上，罗尚果然派部将带了步兵、骑兵3万人，偷袭绵竹大营。晋军进入李特的营地，李特故意镇静自若地躺在大营里。晋将自以为得计，一声号令，叫兵士猛攻李特大营。

3万晋军刚进了营地，只听得四面八方响起了一阵震耳的锣鼓声。大营里预先埋伏好的流民，手拿长矛大刀，一起杀了出来。这批流民勇猛无比。一个抵十个，十个抵百个。晋军被流民杀得丢盔弃甲，四散逃窜。两三个晋将逃脱不了，被流民们杀了。流民们杀散晋军，知道晋朝统治者不会罢休，就请求李特替他们做主，领导他们抗击官府。李特和6郡流民首领一商量，大家推李特为镇北大将军，李流为镇东将军，几个流民首领都被推举为将领。他们整顿兵马，军威大振。过不了几天，就攻下了附近的广汉，赶走了那里的太守。李特进了广汉，学汉高祖刘邦的样子，宣布约法三章，打开了官府的粮仓，救济当地的贫苦百姓。

罗尚表面上派使者向李特求和，暗地里勾结当地豪强势力，围攻李特。李特在奋勇抵抗之后，战败牺牲。他的儿子李雄继续率领流民战斗。公元304年，李雄自立为成都王。过了两年，又自称皇帝，国号大成。后来到李雄侄儿李寿在位时，改国号为汉。所以历史上又称"成汉"。

荀灌女突围救城

在西晋末年的流民起义军中，一些有政治野心的地主官僚和少数民族上层人物，趁机起兵反晋，扩张自己的势力。晋怀帝永嘉四年（公元310年），荆州一带有个叫杜曾的小官僚，利用流民起义的力量，攻城夺地，发展自己的势力。

杜曾曾在西晋朝廷任过参军、县令等职。他起初跟随一个名叫胡亢的人，在竟陵（今湖北枣阳东）起兵。后来，杜曾杀了胡亢，兼并胡亢部下，自称南中郎将。他领导着一批流民，逐渐把势力扩展到了沔阳（今湖北襄樊沔水以北）。他在打败晋荆州刺史陶侃以后，带着人马向沔江边的宛城进发。

此时，驻扎在宛城的晋官名叫荀崧，其手下兵力不多。他见杜曾带兵把宛城团团围住，赶紧召集将领和谋士商量对策。荀崧说："如今强敌压境，城内缺兵少员，粮草又不充足，这可如何是好？"众人无言，实在没有办法可想。最后，一谋士上前建议："将军的老友石览，现在襄阳做太守，何不派人到他那里请救兵？"经谋士一提醒，荀崧觉得很有道理，就立即提笔写了一封求援信，向石览求救。信写好后，荀崧问："谁能冲出重围，把这封信送到襄阳去？"问了半天，竟无人敢冒风险接受这个任务，荀崧无奈，只得把信收好，在厅里来回走。

忽然间，从后厅走出来一个梳着一根大辫子的小姑娘。她带着几分稚气，大声说："爹爹，女儿愿去！"荀崧抬头望去，竟是自己的小女儿荀灌。他不由叹息着对荀灌说："你愿去请求救兵当然很好，只是杜曾的军队把城围了好几重，靠你这个弱小的女孩，如何能突出重围！"荀灌见父亲不放心，连忙说："爹爹！女儿平日跟将士们练武艺，学会了刀枪弓箭。我相信自己一定能冲出重围，去给石览叔叔送信，您尽管放心。"两旁站立的将领谋士见小小荀灌如此勇敢，如此沉着，不禁暗暗称奇。

此时，荀灌仅仅 13 岁。她喜好读书，尤喜读兵书；还热衷于骑马射箭，舞刀弄枪，练就了一身好武艺。荀崧尽管有些舍不得女儿，但眼下没有别的办法，就答应了她的请求，把求救援兵的重任交给了她。

荀灌又转身向在场的人说："我虽然愿意突围去请救兵，但毕竟年少力弱，光靠我的力量是不行的。诸位叔叔伯伯，谁愿与我同去，请站出来！"将士们被荀灌的勇敢行为所感动，听荀灌这么说，便纷纷报名，要求同行。荀灌从中挑选了几十个精明强悍的壮士，叫他们先回营准备，约定半夜动身突围，她自己则留下来，单独跟父亲商量突围的办法。

黄昏时分，荀灌与数十位壮士饱餐一顿，随即将作战服装穿戴起来。荀灌用一条丝巾束住长长的秀发，身穿紧身衣衫，身披铁铠，足蹬战靴，腰间悬挂 3 尺长剑，走到大厅之上，辞别父亲。

荀崧见女儿一脸豪气，全身戎装，手握利刃，英姿飒爽，不觉又惊又喜，便走上前去叮嘱说："一路之上，你要小心谨慎。"荀灌回答说："女儿此去送信，必然有佳音，望父亲早做准备，到时与援军内外夹攻，必破敌军。"说罢，从荀崧手中接过书信，藏入怀中，转身走出大厅。

大厅之外，数十位壮士早已准备完毕，手握兵器守候在门口。荀灌走上前去，高声呼唤："我们走吧！"众人轰然答应。荀灌命令大家上马，自己也跨上一匹战马，向前奔驰，来到城门边。

是日夜晚，月黑风高，荀灌一行人暗暗开了城门，向黑暗中飞驰而去。

这时，杜曾还以为宛城指日可破，正在饮酒作乐。荀灌一行离城越来越远，围城的哨兵忽然发现这一队人影，立刻喊叫着追了过来。荀灌对大家说："不要恋战，且战且走，只要进了山，他们就没有办法了。"说着，她手举宝刀和敌兵拼杀了起来，边杀边向前冲去。几十名壮士也一拥而上，打散了敌兵。等杜曾闻讯赶来的时候，荀灌他们早已跑到深山密林里，无影无踪了。

荀灌和壮士们冲出敌人营垒后，马不停蹄，连夜急行军，不久就赶到了襄阳。襄阳太守石览本来是荀崧的部下，他看到年仅 13 岁的荀灌，竟能突出重围，前来求救，不由得肃然起敬。石览读过荀崧的来信，又向荀灌了解了一些情况，当即决定亲自带兵去援救荀崧。为了请到更多的救兵，荀灌还以父亲的名义写了一封信，派人送到寻阳太守周访那里，请求援助。她自己和石览则带着援兵先回宛城。

寻阳太守周访得知好朋友荀崧被围，立即派遣儿子周抚带领 3000 人马，连夜奔赴宛城援救。周抚的援军还在途中，荀灌和石览的援军已经到达宛城。荀灌把援军到达的消息写成信，绑在箭上，射入城中，城内军民拾得信件，交与荀崧。荀崧正日夜盼望援兵，见信中说援军已到，不由得大喜。城中民众闻听，也不由得欢呼雀跃。荀崧立刻决定亲自率领人马杀出城去接应。

荀崧的兵马从城里勇猛地冲杀出来；荀灌、石览指挥援军从敌人背后奋勇进攻。杜曾的军队同时受到了来自前后两个方向的夹攻，只好指挥兵马分头应战，这时，周访之子周抚率领的 3000 援兵亦赶到战场，立即投入战斗。

杜曾抵挡两支兵马的夹攻已感吃力，见又有援军来到，料定此战已无获胜可能，便立即传令退兵。荀崧、石览、荀灌和周抚三路人马乘势进攻，杜曾被打得大败，只得抛弃辎重，慌忙逃命。荀崧、石览合兵一处，乘胜追杀一阵；然后和周抚胜利会师，收兵入城。

当晚，荀崧摆出酒宴庆祝胜利。宴会上，人们谈起荀女突围搬取救兵之事，一致赞扬。从此，荀灌娘突围救城的故事成为千古佳话。

匈奴人称汉帝

当李特流民起义发生时，五部大都督刘渊已经在到处招兵买马，积蓄力量，占据了很大的地盘。刘渊的祖上是匈奴人，从汉高祖刘邦开始，汉皇族和匈奴贵族通亲，一些匈奴贵族认为自己是汉皇室刘家的后代，逐渐改姓刘。东汉末年，曹操征服了匈奴，把匈奴分为五大部，每个部设一个部帅，刘渊的父亲刘豹便是其中的一个部帅。刘渊从小读了许多汉族人的书，力气大，武艺高，能够拉 300 斤重的大弓。刘豹死后，刘渊继承他父亲的职位。后来，在西晋的成都王司马颖（八王之一）部下当将军，留在邺城，专管五部匈奴军队。

公元 304 年，正是"八王之乱"发生时，刘渊借口说回匈奴借兵帮助司马颖作战，跑回匈奴贵族的聚居地离石（今山西离石），召集匈奴 5 个部族，被拥为大单于，发兵攻打当时正在与晋军作战的鲜卑族军队。当李雄自号成王的消息传来后，刘渊也决定自封王号。刘渊认为：自己本是汉朝皇家的外甥，和汉皇族是兄弟关系，现在汉朝灭了，自己称王，正好用"汉"的名称，便正式称为汉王。公元 308 年，刘渊觉得自己的势力够大了，便在平阳（今山西临洽）自称皇帝，派出大将王弥、刘曜领兵攻打洛阳，但两次进攻都没有成功。

刘渊去世以后，他的儿子刘聪继承了皇帝位，刘聪继续让王弥和刘曜领兵攻晋。这一次，王弥和刘曜不是直接向晋国首都洛阳进军，而是领兵在各地转战，把洛阳以外的地方一一占领，割断晋王朝和地方上的关系。当刘曜、王弥在各地打击晋王朝力量时，晋怀帝让东海王司马越率兵 20 万与汉军作战。司马越当时执掌了朝廷的军政大权，对晋怀帝非常瞧不起，晋怀帝也不放心他，想借地方力量来除掉司马越，司马越对晋怀帝也抱有戒心，在和汉军作战时，只满足于维持现状，也不去积极打击汉军。

公元 311 年，正是晋怀帝的元嘉五年，东海王司马越病死，兵权交到了太尉王衍手中。王衍是个崇尚清淡、徒具虚名的空头理论家，他想把晋军主力部队撤到鄄城去，刚走到苦县，就被石勒的骑兵包围，汉军轻而易举地攻破县城，晋军主力 10 万多人溃不成军，全部被杀，随军转移的晋朝皇室成员 48 个诸侯王也全都被杀，大批官员丧生，连王衍本人也被石勒冷嘲热讽一顿之后杀死。

消灭王衍所统领的晋主力部队以后，刘聪又派刘曜、王弥率军攻下了洛阳。汉军拥进皇城，见人就杀，见东西就抢，晋怀帝被俘虏，从王公大臣以下，到一般老百姓，被杀死两万多人。刘曜让士兵把这些被杀的尸体全部迁到洛水北岸埋葬，士兵们在城中放火烧毁宫殿和官府衙门，一座气势雄伟的洛阳城几乎化为一堆灰烬，这就是有名的"永嘉之乱"。

晋怀帝司马炽被俘虏以后，由汉军大将呼延晏派人押送到汉国首都平阳。刘聪听说晋怀帝被押到，升殿高坐，封呼延晏为镇南大将军，将晋怀帝司马炽和随行人员押上大殿。司马炽见了刘聪，弯腰行礼，自称臣子。刘聪封晋怀帝为平阳公，让其留在平阳居住。

不久，刘聪设宴，召晋怀帝出席宴会，喝了几杯酒以后，嘲笑地问司马炽："这么多年来，你们司马家族互相攻战，兄弟之间就像仇敌一样，这是什么道理啊？"司马炽低着头说："这是上帝要灭我们司马氏江山，所以叫我们弟兄之间互相攻战，而您的大汉天下，也就建立起来了。"听得刘聪开怀大笑。

晋怀帝司马炽在平阳的俘虏生活过得很快，不知不觉一年时间就过去了。新年这一天，刘聪在光极殿大摆宴席，召集文武大臣出席，为了炫耀自己的威风，刘聪命令晋怀帝司马炽改穿一身青色衣服，打扮成奴仆的模样，站在酒席旁边为参加宴会的人倒酒，司马炽不得不捧着酒壶，低着头，一杯一杯地为客人倒酒，满脸通红。随同晋怀帝一道被俘的几个旧臣偷偷地痛哭流泪，这些情景都被刘聪看见了，刘聪大为恼火，把晋怀帝赶出了大殿。

几个月以后，刘聪到底不放心，派人用毒酒毒死了司马炽。当怀帝司马炽被杀的消息传到长安以后，秦王司马邺被大臣们立为皇帝，这就是西晋的最后一个皇帝——晋愍（音 mǐn）帝。

316 年，刘聪攻下长安。晋愍帝也遭到了怀帝同样的命运，在受尽侮辱后被杀。西晋王朝维持了 52 年，终于灭亡。

祖逖北伐

祖逖（266—321），东晋名将。字士稚，范阳遒县（今河北涞水县北）人。他出身于北方大族，性格豪爽，才能出众。他年轻的时候，在司州做主簿。刘琨这时也在司州当主簿，他们俩性格相似，志趣相投，有共同语言，晚间在一张床上睡觉。有一天凌晨，天还不太亮，公鸡打鸣，把祖逖惊醒。他睡不着了，索性把刘琨也叫起来，两人在院子里舞剑，舞完之后，感觉身体很舒服，于是每天凌晨，听到鸡叫两人就起床舞剑，切磋武艺，立志为国家出力。这就是"闻鸡起舞"的由来。

东晋建国初期，以长安为中心的中原地区，被匈奴人占据。祖逖就把赶走匈奴、收复中原作为自己的奋斗目标，但以元帝司马睿为首的朝廷却对收复中原不积极，祖逖便主动向元帝请战。态度之诚恳，言辞之激烈，使元帝不得不答应祖逖的请求，任命他为奋威将军、豫州刺史，只拨给 1000 人的粮食和 3000 匹布，人马武器得自己想办法解决。

艰苦的条件和司马睿的冷漠态度，都没有动摇祖逖的决心。元帝分明是敷衍了事，祖逖并不在乎，立即返回京口，招兵买马。百姓们听说要收复中原，统一晋国，踊跃报名参军。祖逖又买了 10 条大船，临行之时，他立在船头，对送行的父老乡亲们说："我祖逖要是不能平定中原，当葬身大江之底……"兵士们听罢，深受感动，群情激奋，表示誓死跟随祖逖，收复中原。

祖逖将队伍驻扎在淮阴（今江苏省清江），继续招兵买马，赶制兵器，训练兵士，很快发展成一支由 2000 人组成的精兵强将的队伍。此时的中原地区，许多地主武装设立了坞堡，各霸一方。祖逖对待这些人，采取不同的策略，能联合便联合，没有联合余地的坚决打击。短时间便收编了 4 个坞堡的兵力。

蓬陂（今安徽省涡阳西北）坞主陈川，有较强的势力，又与石勒关系不错，当祖逖派人招抚他时，他采取阳奉阴违的手段，与祖逖为敌。陈川的部下冯宠带领 400 人投奔祖逖，这可惹怒了陈川，亲自率领数百人疯狂抢掠祖逖驻扎的豫州郡县，抢劫了许多车马子女，但是到半路又被祖逖派人截回。

祖逖下令，将截回来的子女车马，全部物归原主，不得私留半点。老百姓异常感动，交口称赞祖逖的北伐军。

陈川逃回蓬陂，写信向石勒求救，石勒派石虎带领 5 万人马支援陈川。敌众我寡，祖逖决定智取。这一天，祖逖派部将卫策带领 1000 骑兵来挑战石虎，石虎见状哈哈大笑，认为祖逖不自量力，遂率兵 5 万出城迎战。卫策只与石虎战了 5 个回合，便说："你人太多，待我回去叫一支人马再来与你决战！"说完调转马头就跑，石虎高举双锤，统领大军紧紧追赶，大约走了十几里路，进入一条峡谷，卫策的兵马不见了，石虎感到奇怪，正在这时，山上一声炮响，接着飞箭如蝗，射向石虎大军，祖逖大军从山上扑下，喊杀声响彻峡谷。石虎军队只有挨打的份儿，没有进攻还击之力，一会儿工夫死伤大半，石虎、陈川等人只领着七八百人逃走了。

这一仗，大长了祖逖军队的士气，一些坞主陆续前来归顺。两年多时间，祖逖就收复了黄河以南的大部分土地。这些地区的老百姓，有一种被解放的感觉，有人还作诗赞颂祖逖的功劳。

在极端困难的条件下，祖逖领导的北伐军，同占有绝对优势的敌人苦战了 4 年多，终于收复了黄河北面的大片失地；北伐军也由小到大，越战越强，发展成为一支使石勒的军队不敢窥视河南的劲旅。

祖逖在河南各州郡的影响及其势力的迅速发展，使石勒望而生畏，主动和好。利用"和好"这一有利时机，祖逖积极发展生产，加强整备，为北击匈奴，恢复整个中原做准备。

大兴四年，公元321年秋，祖逖正准备进攻河北，扩大战果，谁知朝廷却派戴渊督领豫州之事，这戴渊没有收复中原的志向，虽然有些才能，但为人气量狭小，是个没有作为的人。祖逖提出的种种计划都不免受到戴渊的阻挠而不能实现。祖逖心中郁闷成疾，心力交瘁，猝然发病。

在这种情况下，祖逖仍然图谋进取。他抱病修缮虎牢城，虎牢北临黄河，西接成皋，地理位置极其重要。祖逖担心城南容易被人攻破，特地委派自己的从子祖济率领众人修筑营垒。不幸，祖逖病情急剧恶化，于大兴四年秋，带着满腹遗恨而死，终年56岁。

祖逖逝世的消息一传出，黄河两岸许多地方的人民伤心地放声痛哭。祖逖死后，王敦之乱兴起，东晋的北伐中止。

石勒后赵中兴

在西晋几十年的动乱历史之中，石勒是位举足轻重的人物。石勒是羯族人，原名叫石匐，上党武乡（今山西省榆社）人。长得浓眉大眼，体强身壮，又善骑马射箭，武艺超群。只是没读过书，胆识有余，谋略不足，他曾在洛阳等地当过小贩，做过佣工，是羯族人的小头目。

有一年，并州刺史司马腾派人抓羯族人，并将他们卖到山东做苦力，石匐为了躲避官府，离开家乡，途经介休时，被郭敬收留。郭敬对他亲如一家，令他十分感激。但怕连累主人，住了一段时间就离开郭家走了。不料被官军抓住，卖给荏平一个富户。这位富户见石匐外貌不是等闲之辈，就不让他当苦力。他有相马的技术，与牧场的头目汲桑认识，两人一见如故，结拜兄弟。

不久，石匐又组织了10多位羯族奴隶，杀富济贫，与官府做对，被称作"十八骑"，名气越来越大。

成都王司马颖当权时，有个部将叫公师藩，他不忘旧主，收罗了几百骑兵，攻打邺城，这支骑兵以汲桑与石匐为首。石匐这时改名为石勒。不久，公师藩率领汲桑、石勒拟与成都王相会，但被兖州刺史荀希所阻，公师藩近战荀希，被砍身亡，汲桑、石勒只好又逃回牧场暂避。汲桑、石勒在牧场招兵买马，不断扩充实力。不久，汲桑、石勒遭到"乞活军"的攻击，打了败仗，汲桑回牧场，被乞活军捉住杀了；石勒将乌桓部落张伏、利度率领的2000多人说服，一起投奔刘渊。汉主刘渊当即封石勒为辅汉将军。石勒逐渐有了用武之地，接连打了一些胜仗。

石勒敬佩有知识有学问的人。一天，谋士张宾投奔石勒。石勒非常高兴，因为他自身缺少文化，现在有张宾这样的人才相助，可谓雪中送炭。没过几天，张宾连出妙计，计计得胜，石勒更加认识到读书人的非凡作用。下令在军队里设立"君子营"，让张宾招揽文人墨客，消息传出，许多秀才、文人前来投奔，为石勒以后创业起到重要作用。

不久，石勒杀了都督六州诸军事王弥，接管了王弥的军队，壮大了力量，又有张宾为首的"君子营"一班人出谋划策，便立志创建更大的基业。石勒下一个目标是攻取建业，便率领大军来到长江岸边的葛陂，做渡江的准备。不料，气候突变，阴雨连绵，3个月不晴天，瘟疫流行于军中，天天有官兵病死，军心涣散，石勒召集主要将领商量办法。右长史刁膺率先说不如先归降建业的琅邪王，以后再做打算。刁膺的话音未落，立刻遭到众将官的反对，纷纷要求发兵。张宾见大家的意见都发表完了，这才说话："眼下投降决不可行，马上出兵也不是好办法。凡事应从长打算，灵活应变。琅邪王颇具声望，不易对付。而河北地域宽广，晋朝力量薄弱，若回师河北，定能取胜，休整之后再下江南不迟。"张宾一番话，说得石勒和众将心服口服。

石勒当即命令大军离开长江岸边，向北进军。一路势不可当，最后进入襄国（今河北省邢台）。石勒将襄国作为大本营，命令减轻老百姓的杂税，鼓励农民耕种，同时操练人马，准备进攻幽州，扩大地盘。石勒尚未行动，坐镇幽州的王浚却请他的亲家鲜卑首领段疾六眷带领5万骑兵前来攻打襄国。

鲜卑族人作战勇猛，致使石勒大军将士伤亡严重，石勒只好下令退进城中，只守不攻。鲜卑族大军将襄国城池团团围住，城中粮草已维持不了几天。在这危急关头，石勒决定采纳张宾"突门巧战"和"关门擒虎"二计。

鲜卑军大将段末杯，勇猛顽强，开战以来，连败石勒几位大将，便骄傲起来。这天又率领兵马来到北城，让10多名大嗓门的兵卒向城楼上喊话，要石勒开城门投降。到了中午，喊话的人已口干舌哑，大队人马也疲惫不堪，下马解甲休息。这时，一声炮响，城门大开，大将孔苌带领一队骑兵杀出城来，直奔鲜卑军中。城门两则突然出现几十个突门，许多石勒兵士从突门钻了出来，跟随孔苌杀入敌阵。鲜卑军队措手不及，刚一交手，便纷纷败退。段末杯又羞又恼，狂吼一声，让溃退的人马停住，又带领兵士往回冲杀。孔苌见状，调转马头便往城里跑，士兵连忙跟着主将往回撤，段末杯催马急追，冲入城内，这时，城上守军扯起吊桥，关闭城门，段末杯回头一看，只有少数骑兵跟自己进城，其余大队人马全关在城外了，这才知道上当，慌忙迎战，仅仅几个回合，便被活捉，拥上城楼。

城外的鲜卑大军正要攻城，忽见自己主将段末柸被绑上城楼，顿时惊慌失措，几乎同时，城门两旁的突门再次打开，孔苌一马当先率众将士冲杀出来。鲜卑军群龙无首，阵脚大乱，纷纷后撤，如山倒之势，无数人摔倒又被他人踏在脚下丧生。石勒的军队趁机在后面追杀，追出二三十里，杀死的人难以计数。

石勒捉住段末柸以后，没有处死，而是让张宾写信讲和，鲜卑首领段疾六眷大喜，因段末柸既是主将，又是他弟弟，石勒不杀他，反而要和谈，怎不高兴？见信后立即响应，让人带着厚礼见石勒求和，于是，这两伙兵戎相见的敌人，成为朋友。

石勒在张宾等人的辅佐下，连打胜仗，很是高兴，决心让张宾像当年汉朝张良辅佐刘邦一样，帮助他成就一番大业，张宾欣然应允。石勒大军继续南征北战，捕杀贪官污吏，老百姓非常拥护，许多流民义军都来投奔，石勒都以诚相待。只是对"乞活军"不客气，因石勒曾吃过乞活军的亏，他的结拜兄弟汲桑又被乞活军杀死。这一天，石勒大军捉到一些乞活军，便下令夜里把他们活埋。下完命令以后，石勒心血来潮，要看看人临死之前是什么样。忽然，他在乞活军中看见一个熟人，那人看见石勒，也觉得面熟，两人互相看了一会儿，石勒认出那人，就是当年救助过自己的恩人郭敬，于是问道："您是郭敬先生吗？"那人点头称是，石勒一下子将郭敬抱在怀中，眼含热泪，说："恩人，我就是当年您救过的奴隶啊！"郭敬听罢大惊，想不到自己10多年前救过的奴隶，如今成为声名显赫的大将军。石勒当即设酒款待郭敬，并封他为大将军。又看在他的面上，将乞活军赦免，收编成自己的军队。于是，石勒的名声大震，就连幽州王浚的兵士也有不少投奔石勒的。这些人向石勒讲了王浚的种种暴行，石勒决心攻打幽州，张宾再次策划了智取的计谋。

幽州王浚整天想着当皇帝，不顾百姓死活。他的女婿枣嵩到处搜刮民脂民膏，弄得怨声载道。一天，石勒派王子春、董肇二人给王浚送去厚礼和书信一封。信的内容是愿意归顺他，并拥戴他当皇帝。王浚大喜，双方商定于建兴三年（公元 314 年）三月，石勒率大军到幽州归顺。

三月三日早晨，石勒率大军赶到幽州的蓟城，顺利进入城中，将王浚府第包围，王浚这才恍然大悟，知道中计，慌忙从后门逃走，被早就等在那里的石勒活捉。

石勒班师回到襄国，把恶贯满盈的王浚杀了，并将他的首级示众 3 天。石勒总结这次进攻幽州的胜利，重赏文武大臣，张宾立了头功，至此，黄河中下游地区 8 个州，石勒占了 7 个。咸和五年（公元 330 年），石勒在群臣的强烈请求下，称为皇帝，改元建平，历史上称为后赵，而刘渊称汉王至刘熙被俘时计 26 年为前赵。石勒在襄国称帝，爱护百姓，珍惜粮食，又下令减轻农民的租税负担，鼓励农桑。尤其是对进言献计者，均耐心听取，君臣关系和睦融洽，成为历代皇帝的楷模。连东方的高句丽和肃慎等国，也都表示归顺称藩，西域各部落也自愿称臣。

石勒自己没读过书，却认识到读书的重要，下令在襄国建立 4 所学校，培养人才；又下令论才任职，广开招贤之路，不任人唯亲。石勒这些举措，主要来自张宾的影响。张宾这时虽已故去，但君子营还在，继续辅佐石勒，使石勒的事业，如日中天。

王马共天下

司马睿是司马懿的曾孙，他父亲司马觐曾任琅邪王，死后由司马睿继任王位。从永嘉元年（公元 307 年）开始，司马睿做安东将军，一直坐镇建康城（今江苏南京市）。

司马睿当时非常年轻，在王公贵族中没有多少声望，拥戴他的文武将官不多，这使司马睿感到势单力孤，忧心忡忡。司马睿有一个最亲信的人叫王导，王导出身于世家大族，在上层社会名气很大，而且王导非常有胆识，能准确地判断天下大势，所以，司马睿非常尊重王导，当他从下邳到江南任职时，将王导带着一道同行，让王导为自己的司马，军政大事都向王导请教。

王导认为，江东一带经济、文化都发达，人们比较讲究出身、门第和名望，琅琊王司马睿资历太浅，很难服人，必须有上层社会的大官僚、大贵族、大名人支持，才能显出他的身份来，王导便为司马睿想出了一个计谋。

当地有一个风俗，每年春天清明节前后，居民们都到江边去修禊（音xì），求神保佑，消祸免灾。这一天，江边、集市上是人山人海，所有的大小官僚、有钱人都要去，王导便陪着司马睿也到江边去看热闹。

王导让司马睿坐着肩舆（一种用人力扛抬的代步工具，有的上面有顶，有的无顶）在前面走，王导率领着高级官员，骑着马，神情很恭敬地跟在左右，随行的兵士们个个仪表庄严，非常有气魄。当地的有钱人和大小官僚都知道王导是大家族中的名流，看他对司马睿这么尊敬，都认为这个司马睿肯定有来头。在江边修禊的人中，江东的大贵族顾荣、纪瞻等也在，他俩看到王导和司马睿的风采，心里也很佩服，便主动地在道路旁边向司马睿下跪行礼，司马睿马上让队伍停下来，自己下地，向顾荣、纪瞻还礼，神色非常谦虚、安详，这使顾荣和纪瞻都深受感动。

回城后，王导对司马睿说："今天外出，效果已经很好，下一步应该将顾荣、贺循、纪瞻等人请出来做官，他们在江东一带，深受地方人拥戴，只要顾荣等人愿来，其他人将会一个个地跟着来求你收纳了。"司马睿便写一封信，让王导拿着，亲自去请贺循、顾荣等人，这些人都很乐意出来做官，便跟着王导来见司马睿，司马睿将他们一一封官，收在自己的门下。

西晋灭亡，愍帝投降后活了不足3年，便被杀害。弘农太守宋哲带着愍帝的遗诏，来到建康见司马睿，遗诏说："朕被困长安，若有不测，你可继承帝位。"

司马睿即刻召集文武大臣商议此事。会稽内史纪瞻首先发言支持司马睿继承帝位。但大臣周嵩却极力反对，认为现在不是称帝的时候，等到荡平贼寇、收复长安后再称帝不晚。周嵩的话，使司马睿很不高兴。许多大臣反对周嵩，右将军王导提高嗓音，大声说："大王万勿推辞。大王若继位，臣民有主，才好征讨夷虏，恢复先帝大业。请大王登基吧！"众大臣听罢，忙跪倒在地，请求司马睿即位。司马睿不再推辞，换上朝服，走上宝殿，接受朝贺，正式当了皇帝，成为东晋的第一位君主，改元建武元年（公元317年）。

历史上称司马睿为晋元帝。元帝立司马绍为太子，封王导为骠骑大将军，纪瞻为侍中，所有大臣都赐封了官职，唯有提出反面意见的周嵩，被排斥在朝廷之外，当了新安太守这个地方小官。

司马睿当了皇帝不久，便召集大臣们商议治国大计。他说："朕闻民以食为天，民安才能国泰。朕要倡导农桑，兴办农业，众爱卿以为如何？"后军将军应詹赞成元帝的意见，并且建议军队在没有战事的情况下，兵士们也应该开荒种地，减轻国家和人民的负担。元帝完全同意应詹的建议，并让应詹制订奖励农耕的政策。

元帝乘兴向大臣们征求治国安邦良策，骠骑大将军王导说："曹魏以来，官宦贵族挥霍、奢侈之风盛行，致使国家困难，百业衰败。只有倡导勤俭风气，国库才能充裕，百姓方能安宁。"元帝听罢甚喜，当即让王导负责此事。

王导领了皇帝的旨意，决心以身作则，扭转腐化的歪风。

清明节到了，大臣们像往年一样，带着家眷、随从来新亭游玩，他们在风景秀美的新亭事先搭建好漂亮的临时官邸，清明节时在官邸里饮酒作乐。还有一项内容，就是大臣们互相到他人临时官邸敬酒。今天来的人，王导的官位最高，所以大臣们首先到王导将军的家里敬酒，王导穿着粗布衣衫，桌上仅有几盘小菜、两壶浊酒，大臣们见状惊呆了，这与他们自己华丽的衣服、丰盛的宴席形成鲜明的对比。吏部尚书周顗说："王将军的粗衣浊酒，令我思念起江北苦难深重的百姓。我们不该忘掉沦落胡人铁蹄之下的中原父老啊！"

周顗的一席话，勾起了大家的思乡之情，有的人竟哭泣失声。王导将军觉得到火候了，语重心长地说："现在朝廷无奈之下屈居江东，要恢复中原，怎奈国库空虚。如果文武百官能节俭办事，与朝廷分忧，则收复中原有望！"

大臣们深受触动，纷纷表示，一定齐心协力，为国排忧解难。果然，王公贵族们也穿起了粗衣布衫，平时注意节俭，江东的社会风气大大好转。这样一来，司马睿称帝的东晋建国初期，国泰民安，出现了生机。

王导痛失伯仁

周顗，字伯仁，汝南（在今河南省）人，在西晋动乱期间跟随晋元帝司马睿渡江，他的兄弟周嵩、周谟也都一道渡江南下，在司马睿部下任职。司马睿当皇帝后，周顗被任命为吏部尚书，深得司马睿的信任。

周顗为人非常豪放直爽，敢说真话，而且不怕权势，王导和周顗的私人关系很好。后来，王敦、王导弟兄俩的权力越来越大，而且王敦的性格很暴躁，别人都不敢说他，而周顗却敢于对王敦、王导弟兄进行批评，司马睿便逐渐地把国家大事的决定权交给周顗等人，疏远了王敦、王导弟兄，王敦首先沉不住气，常在背后说周顗的坏话，王导也慢慢地对周顗有点记恨起来。

当王敦从武昌发兵进攻建康时，王导和王氏家族中的人都住在建康。王敦喊出了除灭刘隗的口号，刘隗也在建康请求司马睿早日杀掉王氏家族中的人，但司马睿认为王导还是比较忠诚的，没有对王氏家族进行诛杀。王导见王敦造反，吓得吃不下饭、睡不着觉，领着堂兄弟王邃和宗族中的20多人，每天到宫中请罪。周顗上朝时，经过王导一家人的面前，王导大声呼喊道："伯仁，我家 100 多口人，全靠您照顾！"周颙听到王导的喊声，就像没听到一样，昂着头走过去。

但是，当周颙和晋元帝司马睿谈论起王敦、王导弟兄的事情时，周颙极力为王导开脱，说王导是忠诚的，他不仅扶助皇帝在江东站稳脚跟有功，而且不愿和王敦一同造反，将来王导也是国家的有用人才，司马睿觉得周颙说得很对，没有治王导一家的罪过。周颙和司马睿往往一谈就是半天，周颙退朝时，王导仍然领着家族弟兄在宫门外等候，隔老远喊："伯仁！伯仁。"希望周颙能停下来和自己讲一下宫中的情况。可是周颙仍然像进宫时那样，一句话也不说，却故意大声地和自己同行的人开玩笑说："今年要杀掉那些造反的贼臣，夺过黄金印来！"

实际上，王导不知道，周颙不但在司马睿当面为王导说情，回到家中以后，又特地写了一封书信，为王导说情。这样，司马睿不但不怪罪王导，还亲自接见了王导，并委任王导为前锋大都督，和戴渊、周颙等人一起发兵防御王敦，王导根本不知道这是周颙救了自己。

不久，王敦攻破石头城，司马睿被迫下诏，说王敦不但无罪，而且有功，进一步加封，任凭王敦如何处置朝中的大臣。王敦最担心也最痛恨的就是周颙和戴渊二人，便向自己的堂弟王导征求意见，王敦问："周颙、戴渊二人，名望极高，大江南北都非常推重他们，依你看，是不是应该任命为朝廷重臣？"王导对王敦的提问不作回答。王敦又问道："那是不是应该把他俩的官品降到令仆一级呢？"王导仍然不作声。王敦再问道："既然不能用，那就早点一起杀掉，免得将来造成祸害！"王导仍然默默地不作声。王敦见王导一直不发话，显然是同意杀掉周颙和戴渊二人，便派出兵士，把周颙和戴渊捉了起来。

周颙被绑赴刑场，经过皇有祖庙时，大声疾呼："贼臣王敦，坏了国家社稷，乱杀忠臣，神鬼有灵验的话，早点杀了王敦这个贼子！"士兵们用兵器打周颙的嘴，牙打掉了，周颙仍然继续叫骂。

周顗死后，王导主持国政。一次，王导清点大臣们给皇帝上奏的书表，见到了周顗援救自己的奏章，这才知道自己错怪了周顗，周顗的死，完全是自己态度不明智而造成的，手里拿着周顗的表章，痛哭流涕地说："我虽没亲手杀了伯仁，伯仁实际上是因为我而被杀的，九泉之下，我永远对不起这样一个好朋友了！"后来，王导的这句名言便在历史上流传了卜来，文言说法是："我虽不杀伯仁，伯仁由我而杀。"

司马绍平叛

自从王敦兵变把持政权后，晋元帝司马睿的几个心腹忠臣死的死、逃的逃，司马睿的心情非常压抑，他于公元323年病死，太子司马绍继位为帝，这就是东晋的明帝。司马睿还留下遗嘱，让王导辅助太子执政。

明帝比他父亲更有胆略，很勇敢。据说他从小就很聪明，有一次，他父亲考他："你说长安和日相比，哪个更远些？"司马绍回答说："长安近些。"父亲问："为什么？"司马绍答："只听人说从长安来，没听人说从日边来！"司马睿认为儿子很聪明，想让儿子表现一下，便在许多大臣面前再次问他同样的问题，认为他肯定还像昨天一样回答，哪知道司马绍却说："日近！"司马睿很惊讶，问："为什么？"司马绍回答说："抬头就能看到太阳，却看不到长安，所以知道太阳近。"司马睿非常满意，大臣们也都非常赞赏。晋明帝即位后，不满王敦的专横，起用郗（音 xī）鉴为尚书令，作为心腹依靠力量，和郗鉴秘密策划怎样灭掉王敦。

王敦早就对司马绍不满意，当年司马睿立司马绍为太子时，他就坚决反对，还想找个借口杀掉太子司马绍，大家一致反对，才没有做成。现在司马绍当了皇帝，王敦便和自己的死党沈充、钱凤等人商量怎样起兵。王敦从武昌移到姑孰镇守，实际上也是为将来再次发动兵变打基础，因为姑孰到建康很近。

晋明帝也知道了王敦的阴谋，准备立即发兵，但对王敦兵营情形不清楚，便改换了服装，只带几个随从，偷偷地到王敦大营中来侦察军事部署情况，王敦正在营中午睡，忽听有人报告说："有几个人骑着马在营垒中走来走去。"并描述了其中一个领头的相貌，王敦大惊说："这一定是司马绍，快追！"传说司马绍逃走时，见路旁有一个卖烧饼的老太太，司马绍把自己的一根镶着七色宝石的马鞭送给她，说如果有骑兵追来，就把这根马鞭拿给他们看，又让士兵们用冷水把马刚拉下来的粪便泼湿。当追兵来到路口时，向卖烧饼的老太太问有没有人刚从这里逃走，老太太拿出马鞭来，5个骑兵见马鞭非常漂亮，拿过来你看看，我看看，耽误了很长时间，再看路旁的马烘已经冷透了，认为人已经逃远了，便不再去追。

王敦在积极准备起兵的时候，忽然得了重病。王敦因为自己病重，便和钱凤商量起兵的事情，说出了三种选择："第一：如果我病死的话，你们大家将军队解散，归降朝廷，保全性命，这是上计；第二：是退驻武昌，按时向朝廷进贡，拥兵自保，这是中计；第三：是乘我还活着，发兵顺江而下，说不定能取胜，但假如兵败而死，那这就是下计了。"钱凤认为王敦的三计中，第三个计是上计，应该立即发兵东下，凭自己的庞大的军事实力，一定能胜，大家都同意钱凤的意见，便发信给沈充，约定同时起兵。而这时，晋明帝司马绍也做好了准备工作，他任命王导为大都督，丹阳尹温峤（音 qiáo）为中垒将军，与右将军卞敦共守石头城，以光禄勋应詹为护军将军，总督朱雀桥南诸军事，以郗鉴行卫将军督从驾诸军事，以庾亮领左卫将军，临淮太守苏峻、徐州刺史王邃、豫州刺史祖约等进京护卫，正式发诏讨伐王敦。

王敦一面给朝廷上表，要求除掉温峤，想再重演过去讨伐刘隗的故事，一面命堂兄王含为主帅，与钱凤、邓岳、周抚等人率领水陆大兵 5 万，向秦淮河南岸进攻，被苏峻、刘遐的大兵打败，王敦在重病中听说王含兵败，还大骂这个堂兄不中用，准备自己带病出任主帅，还没起床，便倒下去死了。

王敦一死，晋军大振，沈充、钱凤接连战败，在战斗中被杀，王含、王应父子二人逃到荆州投奔荆州刺史王舒，王舒虽然也是王氏家族人，但他不支持王敦，王舒将王含、王应沉在江中淹死。到这时，王敦的叛乱终于被彻底扫平。

陶侃运砖励志

祖逖死后，东晋王朝接连发生几次内乱。晋元帝想抵制王氏势力，王敦起兵攻进建康，杀了一批反对他的大臣。元帝的儿子晋明帝即位后，王敦又一次攻打建康失败，自己病死了。到了晋成帝（明帝的儿子）的时候，历阳（今安徽和县）镇将苏峻起兵叛变，攻进了建康。东晋的一些大臣束手无策，后来依靠荆州刺史陶侃出兵，花了两年时间，才平定了苏峻的叛乱。

陶侃在王敦得势的时候，本来是王敦的部下。那时候，陶侃立了战功，做了荆州刺史。有人妒忌他，在王敦面前说他坏话。王敦就把他调到广州。那时候，广州还是偏僻的地区，调到广州实际上是降了他的职。

陶侃到了广州，并没有灰心丧气。他每天早晨把 100 块砖头从书房里搬到房外；到了晚上，又把砖头一沓沓运到屋里。人们看到他每天这样做，感到很奇怪，忍不住问他为什么这样做。陶侃严肃地说："我虽然身在南方，但心里想的是收复中原。如果闲散惯了，将来国家需要我的时候，还怎么能担当重任呢。所以，我每天借这个练练筋骨。"

王敦失败以后，东晋王朝才把陶侃提升为征西大将军兼荆州刺史。荆州的百姓听到陶侃回来，都高兴地互相庆贺。

官虽然做得大了，可陶侃还是十分小心谨慎。荆州衙门里大大小小的事情，他都要亲自认真检查，从来不放松。他常常对他的部下说："大禹是个圣人，还爱惜一寸光阴。像我们这种普通人，论智慧和能力，都跟大禹差得很远，更应该爱惜每一分光阴，怎能贪图安逸。如果活着对国家没有贡献，死了没有留下什么好名誉，那不是自暴自弃吗？"

他部下有些官吏，喜欢吃酒赌博，往往因此耽误了公事。陶侃知道了非常生气。他吩咐人把酒器和赌具都收起来，一股脑儿扔到江里去；还把那些官吏鞭打了一顿。打这以后，大家都吓得不敢再赌博喝酒了。

有一次，陶侃到郊外去视察，看见一个过路人一面走，一面随手摘了一把没有成熟的稻穗，拿在手里玩弄。陶侃叫住他问："你拔了这棵稻子，干什么用？"那个过路人只好实说："没有什么，顺手拔一点玩玩罢了。"陶侃听了，勃然大怒说："你自己不耕种，还无缘无故毁坏人家的庄稼，真是岂有此理！"说罢，就命令他的兵士把那人捆绑起来，狠狠地鞭打了一顿，才把他放了。人们听到刺史这样保护庄稼，种田就更勤快了。荆州地方就渐渐富裕起来。

荆州地方在长江边上。官府造船，常常留下许多木屑和竹头。要是在别人手里，不是打扫掉，就是烧了。但是陶侃却吩咐人把它收拾起来，收藏在仓库里。人们见了，不懂他为什么要这样做，也没敢问。

后来，有一年新春过节，荆州的官员都到官府来拜见陶侃。恰好前几天下了几场大雪。天气放晴，积雪融化后，大厅前面又湿又滑，不好走路。陶侃就吩咐管事的官吏，把仓库里的木屑拿出来铺地，这样，走路的时候就再不怕滑跤了。

又有一次，东晋水军造一批战船需要竹钉。陶侃又叫人把收藏起来的竹头拿出来给兵士去做造船用的竹钉。到这时候，大家才知道陶侃收集木屑和竹头的用处，佩服他考虑得周到。

陶侃前前后后带兵41年，由于他执法严明，办事认真，谁都佩服他。据说，在他管辖的地方，社会秩序安定，人们真做到了"路不拾遗"呢！

桓温北伐

桓温是个很有军事才能的人，他在当荆州刺史的时候，曾经进兵蜀地，灭掉了成汉，给东晋王朝立了大功。

陶侃平定了苏峻的叛乱以后，东晋王朝暂时获得了安定的局面。不料，没过几年平稳日子，北边却乱了起来。

后赵国主石虎（石勒的儿子）死了以后，后赵国内部大乱，后赵大将冉闵称帝，建立了魏国，历史上称为冉魏；鲜卑族贵族慕容皝（音 huǎng）建立的前燕又灭了冉魏。公元 352 年，氐族贵族苻坚也乘机占领了关中，建立了前秦。

后赵灭亡的时候，东晋的将军桓温向晋穆帝（东晋的第五个皇帝）上书，要求带兵北伐。但是东晋王朝内部矛盾很大。晋穆帝表面上提升了桓温的职位，实际上又猜忌他。桓温要求北伐，晋穆帝没有同意，却另派了一个殷浩带兵北伐。

殷浩是个只有虚名、没有军事才能的文人。他出兵到洛阳，死伤了一万多人马，被羌族人打得大败。桓温又上了道奏章，要求朝廷把殷浩撤职办罪。晋穆帝将殷浩撤了职，同意桓温带兵北伐。

公元 354 年，桓温统率晋军 4 万，从江陵出发，分兵三路，进攻长安。前秦国主苻坚派兵 5 万抵抗，被晋军打得落花流水。苻坚只好带了 6000 名老弱残兵，逃回长安，挖了深沟坚守。桓温胜利回师，到了灞上。长安附近的郡县官员纷纷向晋军投降。桓温发出告示，要百姓安居乐业。百姓欢天喜地，都牵了牛，备了酒，到军营慰劳。

桓温驻兵灞上，想等到关中麦子熟了的时候，派兵士抢收麦子，补充军粮。

可苻坚料到桓温的打算，就把没有成熟的麦子全部割光。桓温的军粮断了，只好退兵回来。但是这次北伐毕竟打了一个大胜仗，晋穆帝把他提升为征讨大都督。以后，桓温又进行了两次北伐。最后一次，进攻前燕，一直打到枋头（今河南浚县西南），后来，因为被前燕切断粮道，遭到失败。

桓温长期掌握东晋的军事大权，野心越来越大。有个心腹官员知道他的野心，向他献计，说要提高自己的威信，就先得学西汉霍光的办法，把现在的皇帝废了，自己另立一个皇帝。

那时候，晋穆帝已经死去，在位的皇帝是晋废帝司马奕。桓温带兵到建康，把司马奕废了，另立一个司马昱当皇帝，这就是晋简文帝。桓温当了宰相，带兵驻在姑孰（今安徽当涂）。过了两年，晋简文帝病重，留下遗诏由太子司马曜继承皇位。这就是晋孝武帝。桓温本来以为简文帝会把皇位让给他，听到这个消息十分失望，就带兵进了建康。

桓温到达建康那天，随身带的将士，都是全副盔甲，手里拿着明晃晃的武器。朝廷官员到路边去迎接时，看到这个情景，吓得变了脸色。桓温请两个最有名望的士族大臣王坦之、谢安到他官邸去会见，王、谢两人早已听说桓温事前在客厅的背后埋伏一批武士，想杀掉他们。所以，王坦之到了相府，浑身出冷汗，连衣服都湿透了。谢安却十分镇静。进了厅堂坐定之后，他对桓温说："我听说自古以来，讲道义的大将，总是把兵马放在边境去防备外兵入侵。桓公为什么却把兵士藏在壁后呢？"

桓温听了，也有点不好意思，说："我也是不能不防备点儿。"说着，就命令左右把后面埋伏好的兵撤去。桓温看到建康的士族中反对他的势力也很强，不敢轻易动手。不久，就病死了。

桓温死后，谢安担任了宰相，桓温的弟弟桓冲担任荆州刺史，两人同心协力辅佐晋孝武帝，东晋王朝出现了团结的气氛。

怪人王猛辅佐苻坚

王猛是晋朝时期一位奇才怪人，能力似孔明，做派像济公。祖居北海剧县（今山东省寿光市），以后搬到魏都（今河北省临漳）生活。王猛自幼家境贫寒，靠卖簸箕为生。他酷爱读书，有点儿余钱便用来买书，致使学问渊博。但他并不满足，又去华阴山求师学道，拓宽了知识面。当时关中士族嫌他出身低微，瞧不起他，他毫不在乎。有人曾经请他在前秦的官府里做小官吏，他也不愿去。后来索性在华阴山隐居了下来，但他有自己的志向。

晋朝始终处于动乱时期，民不聊生。王猛很想帮助一位贤能之人打天下，但始终未能找到这样的人。东晋征西大将军桓温，想收复中原，这一天率兵打到灞上，王猛闻讯，便想见见桓温。

桓温很重视人才，便让他进见。桓温仔细打量来人，只见他衣衫褴褛，举止随便，但身材魁梧，面目不凡，一看就不是等闲之辈，于是提出几个问题，让他解答。

王猛侃侃而谈，从国家大事、政治军事形势，到普通百姓的生活，谈得头头是道，最后总结说，当前优势在晋朝而不在胡人，应该趁这种机会收复中原。王猛说话的同时，一只手伸进衣服里又摸又抓，原来是在捉虱子，惹得在场的将士窃笑不止。王猛"扪虱而谈"的故事，由此传开了。

桓温觉得王猛是个人才，便聘他为官。但王猛见桓温不是可以信赖的英雄，缺少雄才大略，便拒绝邀请，回华阴山隐居去了。

升平元年（公元 357 年），与东晋成对立的前秦皇帝苻生，大逆不道，滥杀无辜，被苻坚杀死。苻坚夺过前秦军政大权，开始治理朝政。他听说过"扪虱谈天下"的王猛的事，便盛邀王猛共事。两人相见恨晚，话语投机。

王猛讲起打天下的理论，有根有据，使苻坚叹服。苻坚把他当做诸葛亮对待。王猛终于遇见知音，决心竭尽全力辅佐苻坚创建大业。

苻坚任命王猛为始平县令。始平县的秩序十分混乱，几任县令无力治理。王猛上任以后毫不客气地惩治贪官污吏，逮捕横行乡里的恶霸，老百姓拍手称快。由于王猛治理始平县有功，不久升任京兆尹。

王猛任京兆尹后，一个月之内一鼓作气处决了20多个仗势欺人、胡作非为的皇亲国戚、达官显贵，震惊了朝廷内外，风气大有好转。苻坚非常钦佩王猛的才干，一年之内居然升了他5次官，从京兆尹到吏部尚书，再到尚书左仆射、辅国将军、中书令。苻坚在王猛的辅佐之下，凡事能抓住根本，他从长远利益出发，提出兴教育、办学校，并亲自到学校调查研究。苻坚还关心百姓的疾苦，注意宫廷的节俭，深得民心。

有一年，东晋征西将军桓温带领大军讨伐前燕国，前燕国派人向秦国求救，表示可将虎牢以西赠给秦国。苻坚征求大臣们的意见，大多数人的态度是，以前我们秦国有难求燕国相助时，燕国坐视不管，现在也不应管他。王猛却一言不发。

苻坚把王猛单独叫到后庭相问，王猛才说："燕国强大，却不是东晋的对手，如果桓温侵占中原，对我们秦国不利，陛下难举大事。不如联合燕国，共退晋兵，然后再伺机灭燕，中原则唾手可得了。"苻坚连连赞同，派兵助燕，打败了桓温。

不久，秦王苻坚命王猛为统帅，督统镇南将军杨安等10位将领率领步骑6万兵力，讨伐前燕。王猛领命，做了充分准备，于太和五年六月出兵伐燕国。秦军如猛虎下山，势如破竹，锐不可当，连连取胜。但是，杨安率军攻打晋阳遇到麻烦。

晋阳守军凭借城墙高大，拼命死守，杨安久攻不下，死伤1000余人。正在无计可施之际，王猛赶来支援。他看了一下地形，说："晋阳城高池深，不可强攻，只可智取，你就看我的吧！"夜里，王猛命令300名强壮士卒由城下掘挖地道进入城内，打开城门，秦军蜂拥而入，燕军猝不及防，结果，晋阳眨眼之间被王猛占领。

燕主慕容暐听说晋阳失守，大惊一吃，命令太傅慕容评率领40万人马抗击秦军。慕容评屯兵潞州（今山西潞城东北）不敢前进。王猛只派游击将军郭庆带领5000人于深夜绕到燕营后面。点燃火炬，焚烧军粮。燕兵惊醒，看见漫山遍野的秦军拿着火把杀过来，吓得四散而逃。慕容评仓促应战，也无济于事，只好带领几十人逃回邺城。王猛率军将邺城包围，同时将捷报送与秦王苻坚。苻坚大喜，亲自统领10万大军赶赴前线，以助王猛。

燕主慕容暐见邺城危在旦夕，便趁夜色掩护，弃城逃往龙城。半个月之内，燕国的州郡牧守全都投降前秦。前燕就此灭亡了。前燕自公元317年慕容德封公算起，至公元370年慕容暐亡国为止，共计53年。

前秦王苻坚在王猛的辅佐之下，力量由弱变强，地盘由小到大，吞并前燕以后，又陆续臣服了巴氏族建的成汉国，灭了前凉国，攻占了晋兵掌管的襄阳等地，统一了北方大部分地方，等于拥有了半个大中国的土地。大宛、肃慎、天竺等国和海东诸国畏惧大秦的势力，纷纷贡献丰厚的礼品，以求和平相处，免遭侵扰，苻坚能成就大业，王猛立下了头功。

夫人城

正当东晋偏安江南之时，西北边疆许多少数民族乘机进入黄河流域。这些少数民族的贵族统治者之间相互混战，至公元4世纪中期，一个由氏族人建立的国家——前秦逐渐强大起来了。

公元378年，前秦国力非常强盛，逐渐向南推进，攻占东晋的地盘。这年二月，苻坚发出大兵十几万，分几路向东晋的襄阳进发，一路是荆州刺史杨安，率领本部兵马为先锋，与征虏将军石越同出鲁阳关（今河南鲁山县西南）；一路是冠军将军京兆尹慕容垂等，领兵5万出南乡；一路是领军将军苟池等领兵4万出武当，约定在襄阳城下会齐，并且限定时间攻克襄阳。

东晋派在襄阳驻守的是大将朱序，朱序听说苻坚出10多万军队来攻，心里并不怎么在意，朱序认为：秦军久住北方，不会水战，襄阳依靠汉水为险，秦军一时半会渡不过河来，等敌军渡水时，再发兵从水上打击，可以首战告捷，挫尽敌人的锐气。

前秦的征虏将军石越，是个既勇敢，又很会打仗的将军，他知道自己的部队不会水战，如果要搜罗战船在汉水上和晋兵打仗，肯定会失败，但是他认为，正因为秦军不会水战，晋军肯定会放松警惕，只要突然攻到襄阳城下，就可获胜。石越亲自率领着5000骑兵，骑着马，从水面上游过来，突然出现在襄阳城外。

朱序已经开始准备抵御敌人，但没想到敌人会来得这么快，等到石越的1000骑兵快到襄阳时，才手忙脚乱起来，立即加紧部署，调兵守城。当内城全部修筑好也防守好了的时候，外城却还没做好准备工作，石越骑兵一攻入，又把襄阳水军的战船夺过去100多艘，用这100多条船把其他的秦军陆陆续续地渡过汉水，秦军10多万人，一齐集合在襄阳城下。

当朱序在城上布置防守时，朱序的母亲也领着家里的女佣人一齐出来观战。朱夫人见儿子忙着指挥士兵打退秦军的进攻，她一面慰问士兵，一面到处察看。走到城西北角时，看到这里的城墙不坚固，老夫人皱着眉头说："这里的城墙这么差，怎能挡住进攻呢？"便亲自率领家中的男女佣人，搬运砖头，在城中再筑起一道城墙来。人手不够，朱老夫人让家人到全城老百姓家中去动员妇女们一齐出来筑墙，还把自己家中的布匹、首饰、珍藏的艺术品一起拿出来，作为砌城墙的报酬，一天一夜便在内城里斜斜地筑起一道城墙来。

第二天，秦兵果然从西北角攻破老城，幸亏在新墙挡住了秦兵的进攻。这时候，襄阳的军民都知道朱序母亲有见识，非常佩服，把她率领妇女们建起来的这座内城叫做"夫人城"。

秦军围攻襄阳攻了半年多，还没能攻破城池，苻坚非常生气，派人捎信告诉攻城的主将苻丕："不要回来了！"苻丕接到苻坚的命令，只好加紧攻城，朱序仍加紧固守，双方相持不下。后来，朱序瞄准敌军疲劳不堪时，突然领兵出城，给秦军一顿冲杀，弄得苻丕狼狈不堪，只好引兵暂退。朱序看到秦兵退远了，认为秦兵不会再攻城了，城中守军都非常辛苦，便下令让大家休息。

当东晋军队放松防守、休息的时候，苻丕突然又半夜杀回，朱序连忙领兵抵抗，正在拼命作战时，忽然看到手下将领李伯护率领一队士兵冲过来，朱序连喊伯护过来，李伯护来到朱序面前，突然下手，刺伤了朱序的战马，朱序跌下马来，被李伯护捉住送给苻丕，朱序的母亲在内城失守的时候领着几百士兵逃了出去，到此，襄阳城被秦军占领。

当朱序被送到长安时，苻坚很赞赏朱序的忠诚和勇敢，把朱序留在身边，封了个度支尚书，却把叛变投降自己的李伯护杀头治罪。朱序虽然在秦军中做事，可心中时刻想回到东晋去。淝水之战中，朱序向谢玄、谢石透露了秦军内情，为晋军打败苻坚立了大功。淝水之战后朱序又回到东晋。

在东部战场，前秦后将军俱难、右禁将军毛盛等领步骑7万进攻淮阴（今江苏清江西南）、盱眙，扬武将军彭超领军进攻彭城，彭城、淮阴、盱眙随即相继失守。东晋兖州刺史谢玄出兵救援，但只是救出了彭城兵众。

公元379年夏天，前秦兵6万包围三阿（今江苏宝应县），首都建康（今南京）受到强烈的震撼。东晋执政谢安派谢石带领水军驻防涂中，又派谢玄救援三阿。谢玄战胜俱难、彭超，收复盱眙、淮阴，前秦军退守彭城。

以少胜多的淝水之战

早在公元 373 年，前秦丞相王猛临终时，曾语重心长地劝诫苻坚要防备鲜卑、羌人，不要进攻东晋。因为东晋深得汉族人心，上下相安，局势稳定，而国内的鲜卑、羌族上层分子表面上唯唯诺诺，其实心怀叵测。但是苻坚没有把王猛的话放在心上。当军事上取得节节胜利后，他的骄傲轻敌之心陡长，统一天下之志愈盛。

公元 382 年，苻坚召集大臣会议，讨论大举进攻东晋之事。苻坚虽然扬言他的军队把马鞭投到长江，就可以把江水断流，但发现群臣意见不统一，只好暂且罢朝。

退朝后，苻坚留下他的弟弟阳平公苻融，继续商议。苻融也不赞成出兵。苻坚发怒："你都这样，我还能跟谁商量？我有强兵百万，粮食武器堆积如山，而今乘我屡胜之威，攻击垂亡之国，岂有不克之理！"苻融哭泣着说："不可伐晋，理由很充足。我不但忧虑伐晋劳而无功，更忧虑发生内乱。您对那些少数民族，优宠有如，让他们布满京畿，如果倾国南下，一旦京畿风云变幻，就会追悔莫及的。我的见识短浅，意见不值得您采纳，但王猛是一代奇士，他的临终之言不能不重视。"苻坚没有听从弟弟的劝告。

公元 383 年夏，东晋桓冲发兵 10 万进攻襄阳和蜀地。苻坚派儿子苻睿等领兵抵御。桓冲害怕秦兵，便退回上明（今湖北松滋西北）。这年七月，苻坚颁下大举进攻东晋的诏令。诏令规定民户十丁抽一，富家子弟年岁 20 岁以下身强力壮者授予羽林郎，征用州郡公私马匹。八月，苻坚以苻融督张蚝、慕容垂等步骑 25 万为前锋，以姚苌督梁、益诸军事。苻坚随后从长安出发，当他到达项城（今河南项城），凉州兵才抵咸阳，蜀汉兵才从长江顺流东下，幽冀兵进至彭城，只有苻融等所领的 30 万军队进至颖口（今河南颖上），全军有步兵 60 万、骑兵 27 万，旗鼓相望，前后千里。东西万里，水陆并进。

大敌当前，东晋任命谢石为征讨大都督，谢玄领北府兵为前锋都督，与谢琰、桓伊等共同率领 8 万之众抵抗秦军，又另派将领胡彬领 5000 水军增援寿阳（今安徽寿县）。这时，建康人心惶惶。谢玄也不放心，出兵前又向谢安问计。谢安却若无其事的样子，悠然出游山墅，与谢玄下起棋来。大家这才宽心。

公元 383 年，苻融指挥秦军攻下寿阳，擒获晋将徐元喜等人。晋将胡彬听说寿阳陷落，退据硖石（今安徽寿县西北）。苻融一面进攻硖石，一面派将军梁成率领 5 万军队屯守洛涧（今安徽淮南市东淮河支流洛河），截断胡彬退路，也遏制东面的援军。谢石、谢玄率领的大军，果然害怕秦军，在距离洛涧 25 里处停了下来。胡彬困守硖石，粮食已经吃光，派人送信向谢石告急求援。送信的人被秦军捉住，押送给苻融。苻融见信上写道："今秦兵气盛，我部粮尽，恐怕再也见不到大军了。"不禁大喜。于是，派使者骑马飞奔，报告苻坚，让他迅速进攻。苻坚闻报，便把大军留在项城，只带领轻骑 8000，急忙赶赴寿阳。

符坚到达寿阳，没有立刻发动进攻，而是派东晋降将朱序到谢石军中劝降。朱序却悄悄地为晋军献策："如果百万秦军都开到前线，势难抵挡。而他们现在全部军队尚未集结，应该快速出击。只要打败其前锋，挫折其锐气，就可以击溃秦军。"谢石因为听说符坚在寿阳，甚为害怕，本来已经决定不主动出击，这时接受了朱序的建议。

十一月，谢玄命部将刘牢之率北府精兵5000人急行军到洛涧。秦将梁成正严阵以待。刘牢之乘夜指挥军队抢渡洛水，袭击梁成军营，临阵斩梁成等10员将领，又分兵截断退路的渡口。秦兵步骑一时崩溃，落水而死的就有15000人。刘牢之继而纵兵追击，俘虏前秦将王显等人，缴获了前秦军丢弃的军资器仗。

洛涧大捷后，晋军水陆并进，声势大振。符坚在寿阳城上目睹晋军布阵严整，又远眺八公山（今寿县城北）上影影绰绰的草木，颇似人形，以为都是晋兵，不觉骇然，面现惧色，回头对符融说："这也是一支劲敌，怎么能说弱呢！"

秦晋两军夹淝水布阵。晋军想速战速决，谢玄便派人向符融提议说："将军领兵远道而来，却在岸边列阵，这是作持久战之计，并非作速战打算。如果将军能够稍稍往后移动阵地，使我军渡过淝水，以决胜负，不更好吗？"前秦军诸将认为，我众敌寡，不如遏制住不让晋军过河，才是万全之策。符坚却说："只要引兵稍退，乘晋兵刚到河中间，我则以铁骑突然出击，没有不获胜的道理。"符融也认这个理，于是指挥军队退却。没料到，前秦兵一退就制止不住了，被迫当兵的汉族和各少数民族人民乘机逃跑。这时，朱序在阵后大喊："秦兵败了！秦兵败了！"不明真相的兵众更加狂奔起来。谢玄、谢琰、桓伊等率领晋军渡河猛攻。符融飞骑驰入溃退的队伍中，想阻止前秦兵溃退，结果坐骑让乱兵冲倒，摔下马来，被赶到的晋兵杀死。晋军一鼓作气，追击前秦军至寿阳30里外的青冈。前秦兵逃命中互相踩踏，尸体留下一大片。那些逃跑中的士兵听到风声鹤唳，都以为是追兵将至，日夜不敢休息，风餐露宿，加上又饿又冷，一大半死了好多。

苻坚在逃跑中身中流箭，挣扎着回到淮北，见到他的张夫人，潸然泪下，说："我今日还有何面目治天下啊！"

苻坚有志于统一全国，但时机尚未成熟。前秦国内民族矛盾仍然比较尖锐，统治秩序远未稳定，近白力的军队其实是一群乌合之众。淝水之战败后，鲜卑贵族慕容垂和羌族贵族姚苌等人纷纷摆脱他的控制。公元385年，姚苌将他缢死于新平佛寺中。貌似强大的前秦王朝顷刻瓦解。晋军以少胜多，8万人战胜百万人，这就是著名的"淝水之战"。

"书圣"王羲之

在"王马共天下"的东晋时期，王导、王敦家族的子弟，都当上了大大小小的官员。他们大多数是庸庸碌碌的官僚，但这些人当中，出了一个我国历史上有名的书法家。他就是王羲之。

王羲之字逸少，东晋琅琊临沂（今山东临沂北）人。因为做官曾做到右将军，所以也有人称他为王右军。他从小喜爱书法。据说他平时走路的时候，也随时用手指比画着练字。经过勤学苦练，王羲之的书法就达到很高的水平。

王羲之出身士族，才华出众，朝廷中的公卿大臣都推荐他做官。他做过刺史，也当过右军将军。后来又在会稽郡做官。他不爱住在繁华的京城，见到会稽的风景秀丽，非常喜爱，一有空，就和他的朋友们一起游览山水。有一次，王羲之和他的朋友在会稽郡山阴的兰亭举行宴会。王羲之当场挥笔，写了一篇文章纪念这次宴会，这就是有名的《兰亭集序》。那幅由他亲笔书写的《兰亭集序》，历来被认为是我国书法艺术的珍品，可惜它的真迹已经失传了。

王羲之的书法越来越有名。当时的人都把他写的字当宝贝看待。据说有一次，他到他门生家里去，门生很热情地接待他。他坐在一个新的几案旁，看到几案的面又光滑又干净，引起了他写字的兴趣，叫门生拿笔墨来。那个门生马上把笔墨拿来给王羲之。王羲之在几案上写了几行字，留作纪念，就回去了。

过了几天，那个门生有事出门去了。他的父亲进书房收拾，一看新几案给墨迹弄脏了，就用刀把字刮掉。等门生回来，几案上的字迹已经不见了。门生为这件事懊恼了好几天。

又有一次，王羲之到一个村子去。有个老婆婆拎了一篮子六角形的竹扇在集上叫卖。那种竹扇没有什么装饰，引不起过路人的兴趣，看样子卖不出去了。老婆婆十分着急。他很同情那老婆婆，就上前跟她说："你这竹扇上没画没字，当然卖不出去。我给你题上字，怎么样？"

老婆婆不认识王羲之，见他这样热心，也就把竹扇交给他写了。他提起笔来，在每把扇面上龙飞凤舞地写了5个字，就还给老婆婆。他安慰她说："别急。你只告诉买扇的人，说上面是王右军写的字就行了。"

王羲之一离开，老婆婆就照他的话做了。集上的人一看真是王右军的书法，都抢着买。一箩竹扇马上就卖完了。

许多艺术家都有各自的爱好，有的爱种花，有的爱养鸟。但是王羲之却有他特殊的癖好。不管哪里有好鹅，他都有兴趣去看，或者把它买回来玩赏。

山阴地方有一个道士，他想要王羲之给他写一卷《道德经》。可是他知道王羲之是不肯轻易替人抄写经书的。后来，他打听到王羲之喜欢白鹅，就特地养了一批品种好的鹅。

王羲之听说道士家有好鹅，真的跑去看了。当他走近那道士屋旁，正见到河里有一群鹅在水面上悠闲地浮游着，一身雪白的羽毛，映衬着高高的红顶，实在逗人喜爱。他在河边看着看着，舍不得离开，就要求那道士把这群鹅卖给他。那道士笑着说："既然王公这样喜爱，就用不着破费，我把这群鹅全部送您好了。不过我有一个要求，就是请您替我写一卷经。"王羲之毫不犹豫地给道士抄写了一卷经，那群鹅就被他带回去了。

关于王羲之的故事很多，他的儿子王献之、王凝之，都是当时很有名气的书法家。尤其是他最小的儿子王献之，和父亲一样，刻苦磨练书法技艺，在继承张芝、王羲之书法的基础上，还有了"破体"之称的创新，被人称为"小圣。"

三绝画家顾恺之

顾恺之是我国东晋时期最负盛名的大画家，字长康，小名叫虎头，出生于公元345年前后，生长在山清水秀、景色怡人的晋陵无锡（今江苏省无锡市）。他的家庭十分富有，祖父和父亲都做过东晋的大官。顾恺之少年时代就受到了良好教育。在他很小的时候，父亲就请人教他读书、写字，稍大一些，就教他写文章、作诗。他10多岁时写过一篇有影响的《筝赋》，许多人夸他的《筝赋》可与晋著名诗人嵇康的《琴赋》相比，他有自知之明，没在赞扬声中飘飘然。随着年龄的增长，顾恺之对绘画产生了浓厚的兴趣，觉得家乡的山山水水、一草一木都很美，就像一幅美丽的画卷。于是，他拜大画家卫协为师。他进步特快，不久其画技就超过了老师。到18岁时，他已经技压群雄了。

在不知不觉中，顾恺之长成了青年，他在当时很有权势的大司马桓温手下做了一名"大司马参军"。由于他聪明机敏，很受桓温器重。也就在这个时期，因为公务，顾恺之到过许多地方，如四川、湖南、江苏、浙江等地，饱览了祖国的名山大川。大自然的壮美辽阔、风光旖旎的山川景色陶醉了他，更增添了他把美丽的自然风光绘入画中的兴趣和决心。

顾恺之画人物像大部分以日常生活为主要题材，非常注意传达人物的神情。据说，他画人物像时，从来都是把所有的地方都画好后最后才画眼睛，甚至有时画好的人物都好几年了，也不画眼珠子。他认为：人的身体的其他部分画的美一些或丑一些都不十分要紧，要能够传达人的精神面貌，真正画得很像，关键全在这眼睛上。

顾恺之虽然注重画人物的眼睛，但也十分注意人物形象本身的特点，人物的性格、神态。相传有一次，他为朋友裴楷画像，裴楷的脸上有三根毫毛，一般人为求好看，决不会把这毫毛画上，而顾恺之却形象地把这三根毛画了出来，这就使得裴楷的面目特征十分鲜明。还有一次，他为朋友谢鲲画像，把谢鲲画在了岩石中，有人问他为什么要这样画，他说："谢鲲喜欢游山玩水，这样的人应该把他画在山石之间。"又有一次，顾恺之给一位一只眼睛有残疾的朋友殷仲堪画像，为使画上人物的病眼得到很好的掩饰而又不失真，他就用飞白（枯笔露出的线条）指在病眼上，这在当时是一种新的绘画手法。

顾恺之受老师卫协的影响很深，但又有所发挥和创造。虽然他以画人物肖像为主，但也画了许多神仙、佛像、禽兽、山水等。尤其在山水画方面最富有创造性。在我国晋代以前，画家一般是不单独画山水画的，山水只是作为人物的衬影。顾恺之进行了大胆的尝试，他以山水为主题作画，开创了画史上山水画的先河。顾恺之一生的创作很多，流传下来的有摹本《女史箴图》和《洛神赋图》。《洛神赋图》以三国时期曹植的名篇《洛神赋》为题材，用具体生动的形象完整地表现了赋的内容。

顾恺之多才多艺，诗、书、画样样在行。当时人们称顾恺之有"三绝"，即"才绝""画绝""痴绝"。

所谓"才绝"，说的是他的诗、赋、画都很出色。他写过许多诗、赋和游记，比较有名的有《雷电赋》《冰赋》《筝赋》《观涛赋》等，他描写浙江会稽山水之美的名句："千岩竞秀，万壑争流；草木蒙笼，若云蒸霞蔚"，一直流传至今。所谓"画绝"，指的是顾恺之绘画出色超群，自成一体，表现了他卓越的绘画才能。

在当时动荡不安的社会背景下，许多知识分子苦闷徊惶，借以逃避现实，顾恺之更是装呆卖傻，因此称为"痴绝"。据说顾恺之曾将一箱最宝贵的珍品画卷存放在朋友桓玄家里，但桓玄还给他时只是一只空箱子，顾恺之看了之后，非但没有生气，反而说："这些画太好了，可以像人成仙一样变化而去。"顾恺之为什么要这么说呢？因为在当时桓玄是个有权势的官僚，顾恺之惹不起他，只好假装糊涂。

顾恺之不仅能诗、能画，而且他还写了绘画理论的几篇专著，如《论画》《画云台山记》《魏晋胜流画赞》，这是我国较早的绘画理论专著。

顾恺之凭着自己的才气，又经过不懈的刻苦努力，使他的绘画有所成就，超过了晋代以前的所有画家，成为我国最负盛名的画家之一，也是我国绘画史上最早的绘画理论家，被称为一代画圣。

陶渊明淡泊名利

东晋末年，出现了一位在中国诗歌史上享有崇高地位的诗人。他以平淡、朴素而又富有情趣的笔墨，多方面地描写田园风光，抒发他在农村的真切感受。以前诗人忽视的田园景物第一次被他描绘得那样美妙动人，情味隽永，因此后人称他为"田园诗人"。他，就是陶渊明。

陶渊明（365~427），字元亮，一说名潜，字渊明，世称靖节先生。浔阳柴桑（今江西九江市西南）人。他的曾祖父陶侃因军功官至大司马。陶渊明的祖父、父亲虽然做过太守一类的官职，但到了陶渊明的时候，家境早已破败。少年时陶渊明就喜好六经，有大济苍生的宏愿；又厌恶世俗，热爱田园生活。

陶渊明29岁走上仕途。起初做州祭酒，不能忍耐。没多久，自动辞官归田；州官召他为主簿，他不接受，宁愿躬耕自资；此后，又做过如镇军、建威参军一类小官。他还被人举荐去做彭泽县（今江西省湖口县）的县令。有一次，郡里派督邮来彭泽，手下人告诉他：那是上面派下来的人，你应当穿戴齐整，恭恭敬敬地去迎接。陶渊明听后，叹了一口气，说："我不能为五斗米折腰向乡里小人！"言下之意，不愿为了小小县令的五斗米薪俸，低声下气地向这些鄙俗之人献殷勤。当天就辞掉官职，回家去了。这个彭泽令，他才当了80多天。他从此不再踏入黑暗丑恶的官场。这一年，陶渊明41岁。为这一次永远的辞仕归隐，他写了一篇赋：《归去来辞》，表明了自己的生活态度和人生理想。在文章中，他以无限喜悦的心情，想象了归家后田园躬耕生活的无数乐趣。

回家之后，陶渊明在自己家门前种了五棵柳树，自称"五柳先生"。并作《五柳先生传》。这篇《五柳先生传》寥寥百余字，一位贫苦而有操守、不拘礼法而自得其乐的知识分子典型形象便呼之欲出。《五柳先生传》和《归去来辞》成为千百年来传诵不绝的名作。北宋文豪欧阳修甚至说："晋无文章，惟陶渊明《归去来辞》一篇而已。"

《桃花源记》是陶渊明最著名的作品，文中设计了一个"桃花园"的理想社会，这是避秦时乱的农人们开辟出来的一个新世界。它与世隔绝，这里的人"不知有汉"，更"无论魏晋"。人人平等地参加劳动，得到收获没有人向他们征税，过着富裕、安宁的生活。全文300字，它所展现的生活场景，令人悠然神往。

陶渊明的《桃花源诗》和其序《桃花源记》，是一部引起历代争议、众说纷纭的奇诗奇文。关于它的取材与主题，有人以为写的是实地实事；有人以为是愤世之作，有人以为其中寄寓着作者的人生理想和社会理想。这是它拥有经久不衰艺术魅力的根源。但无论如何，它充满了对污浊社会的憎恶和对淡泊生活的热爱。

陶渊明自归居田园后的 22 年间，虽然生活窘困，但以耕读自娱，诗酒为伴，直至终老。享年 63 岁。

从陶渊明的诗文和行迹，可以看出，他的弃官归隐不仅绝无半点虚情假意，而且对自己的认识转变过程，都有十分真诚的坦露。无疑，在他身上，我们能看到伟大诗人屈原的影子。相较而言，他比屈原似乎多了一些普通人的情怀。在"怀良辰以孤往，或植杖而耘耔。登东皋以舒啸，临清流而赋诗。"这样的句子中，可以感受到屈原式的高洁孤傲，但少了屈原式的绝望。陶渊明之所以是陶渊明，是因为他发现了田园，从而在优美的田园中发现了希望。

陶渊明归隐之后，亲事耕作，不仅体察了劳动的艰辛，而且还获得了不计收获的快乐，这在士大夫"耻涉务农"的时代，确实难能可贵。有其《归园田居》诗为证：

> 种豆南山下，草盛豆苗稀。
>
> 晨兴理荒秽，带月荷锄归。
>
> 道狭草木长，夕露沾我衣。
>
> 衣沾不足惜，但使愿无违。

文中写早出晚归的劳动生活和诗人对劳动的真切感受，远非以前的士大夫或诗人文人所能达到。

诗、酒、田园，在陶渊明的生活中融为一体，酒不单可以忘忧避祸，而且可以使人遗落世事，返璞归真，进入物我两忘的境界。417 年秋冬之际，53 岁的陶渊明酒后题咏，写《饮酒》诗 20 首。其中最为人称道的是第五首：

结庐在人境，而无车马喧。

问君何能尔，心远地自偏。

采菊东篱下，悠然见南山。

山气日夕佳，飞鸟相与还。

此中有真意，欲辨已忘言。

鸟日出而出，日夕而返，完全顺应自然，那么我像飞鸟一样，纵身在大自然中，能不欣然自得吗？

与陶潜同一时代还有两位名人，一是周续入庐山学佛，二是刘遗民隐居匡山，他们 3 人被称作"浔阳三隐"。

陶渊明所处的晋宋之际，诗歌作风已经开始慢慢趋向浮靡，但他平淡醇美、质朴深邃的田园诗，无疑是这一时代中国诗歌的奇迹。也正因此，陶渊明诗的价值并未为当时人所重视，到了唐代，陶诗的光芒为人发现；从此以后，其地位渐次上升，甚至有人将陶渊明与杜甫两人并列为"诗圣"。

南北朝

南北朝是从公元 386 年东晋灭亡至 589 年隋朝统一全国的 200 多年间，中国历史上形成的南北对峙局面。

北朝历时 149 年，其间历经了北魏、东魏、西魏、北齐、北周 5 个王朝。其中以北魏统治时间最长、疆域最为辽阔。北魏孝文帝当政时进行改革，确立均田制，实行汉化、迁都等一系列变革，促进了社会生产的恢复发展和民族的大融合。北魏末年，内乱不止，北魏分裂为高欢控制的东魏和宇文泰掌握的西魏。以后东魏被北齐取代，西魏被北周取代。北周武帝又攻灭北齐，统一了中国北方。周武帝死后，政权落入外戚杨坚手中，581 年，杨坚夺取攻权，自立为帝，国号隋，北周灭亡。

鲜卑族对北方的统治使北朝的科技文化发展形成了鲜明特征，出现了贾思勰的《齐民要术》、郦道元的《水经注》等著名的科学著作，产生《木兰诗》等民歌代表作。北朝雕塑艺术发达，遗留至今的云冈石窟、龙门石窟、敦煌石窟等为驰名世界的艺术宝库。

南朝以刘裕代晋开始，至隋军攻灭陈朝止，历时 170 年，其间历经宋、齐、梁、陈 4 个王朝。4 个王朝均建都于建康（今江苏南京），其疆域以宋最广，陈最为狭小。梁武帝统治时期，爆发侯景叛乱，此后南朝日益衰落。陈后主统治时，荒淫奢侈，政治黑暗，隋军于公元 589 年越过长江，攻入建康，南朝灭亡，全国归于统一。

南朝文化在各方面胜过北朝，且独具特色。谢灵运的山水诗、刘勰的《文心雕龙》、钟嵘的《诗品》、刘义庆的《世说新语》等皆为传世之作；史书重要著作有《后汉书》《南齐书》等，南朝科学颇具成就，宋齐时人祖冲之在世界上第一个将圆周率数值精确到小数点后 7 位，即 3.1415926 至 3.1415927 之间，对世界很有影响。

南北朝

刘裕诛桓玄灭诸国

刘裕（363~422），字德舆，小名寄奴，祖籍彭城（今江苏徐州）。出身于破落的低级士族。东晋初年，举家避难，从彭城迁居京口（今江苏镇江）。刘裕幼年家境贫寒，不得读书，只好以耕地为生，有时也兼做樵夫、渔夫及贩卖鞋子的小贩。这种经历，使得刘裕既懂得劳动民众的疾苦，又具有冒险求利的性格。

京口是从北方各地流亡来的士族和民众聚居的地方，号称"北府"，与历阳同为扬州重镇。京口的居民风俗强悍，敢于从军，当谢安辅政，推举谢玄为大将，谢玄在京口招募士兵时，就征得勇士刘牢之等人。刘牢之常常率领精锐前锋，冲锋陷阵，战无不胜，号称"北府兵"。淝水大战，苻坚军崩溃，晋军前锋5000人，全是刘牢之统帅的北府兵。后来，北府兵又在京口招募军队，见前来应募的刘裕身材魁梧、相貌堂堂，就把他留在北府兵当了一名小军官。

399年，刘牢之攻打农民起义军孙恩，刘裕勇敢善战，屡立大功。刘牢之的部下，大多抢掠财物，比盗贼更利害。只有刘裕严格约束部属，纪律严明，大得民心。从此，刘裕成为北府兵的著名将领，镇压孙恩、卢循起义军，主要是刘裕的功绩。

400年左右，桓玄篡晋。这为刘裕灭晋、创建南朝提供了一个绝好的机会。桓玄，东晋大将桓温的少子，从小便承袭爵位为南郡公，长大后，相貌俊朗，并且多才多艺，尤擅作文。但是，他总以为自己的才学和门第举世无双，待人十分傲慢，因而引起众人的不满，朝廷也疑而不用。直到23岁，桓玄才被任命为太子洗马，后来转任义兴太守，总是郁郁不得志。于是，愤然拂袖弃官，返回荆州南郡（今湖北江陵）的封地。

400年年春，桓玄占领荆、雍二州，上表要求统领荆、江二州，朝廷授予他管辖荆、司、雍、秦、梁、益、宁7州的军事，兼荆州刺史，令桓修为江州刺史。桓玄不从，再上书，朝廷迫不得已只得让他管辖8州。他还让他兄长桓伟做雍州刺史，让他侄子桓振做淮南太守，朝廷都不敢不答应。

桓玄在控制了长江中、上游后，以为已经握有东晋天下的三分之二，具备了左右局势的实力。年末，朝廷决定起兵讨伐桓玄。401年初，司马元显派北府都督刘牢之为前锋，但在桓玄策动下，刘牢之再度倒戈。桓玄势如破竹，得以顺利地攻进建康，捕杀了司马元显等人。从此，桓玄安排自己的心腹和亲信，占据了各个重要的城镇要塞，一步步向最高权力逼近。

桓玄任命自己为总百揆、都督中外诸军事、丞相、录尚书事、扬州牧等，集许多大权于一身；又将一些重要职权任命给桓氏家族中的桓伟、桓谦、桓修等人。接着，将刘牢之改任为会稽内史，把他的北府兵权收归己有。这时，刘牢之才觉得上了当，便与同人商量占领江北，与桓玄对抗，有人指出："你一个人既反王兖州，又反司马郎君，还反桓公，到底想要怎么样？"刘牢之无言以对，众人一哄而散。刘牢之无奈，派人到京口去接家人，却又久久不见回来，以为出了事，便带着手下向北逃，到了新州，发现大势已去，就上吊自杀了。

对桓玄篡晋的行为，刘裕全部看在眼里。当时，跟着刘牢之的时候，他心里就在盘算着如何复兴晋室了。他背地里联合北府兵的中下级军官，密谋推翻桓玄。当一切准备停当以后，他从京口起兵，向建康进军。桓玄赶紧派兵阻击，却被刘裕打得大败，被迫撤出建康并带走晋安帝。刘裕乘胜追击，桓玄在江陵聚集了大批人马，再次反扑。峥嵘洲（今湖北鄂城）一战，桓玄惨败。桓玄本人也在逃跑途中被杀。

刘裕大败桓玄以后，把晋安帝接回建康，使之重登皇帝宝座。此时，刘裕已经成了重建东晋皇朝的大功臣。晋安帝令他都督军事，坐镇京口和徐、青二州。过后，又任命他为扬州刺史并兼代理尚书，出兵讨伐北方的南燕和后秦。

南燕是鲜卑人建立的政权，统治范围在今山东一带。它的首领慕容超常常派兵骚扰东晋北部边境，掠走人民去当奴婢，甚至拿掳去的人当礼物，送给后秦等国的统治者。东晋北部的人民，早就盼望着讨伐南燕。刘裕亲自带兵从建康出发，渡过淮河、泗水，很快就拿下了琅琊（今山东临沂北）。

慕容超派人向后秦求救。后秦皇帝姚兴派使臣到刘裕那里进行威吓说："我们已经派出10万铁骑，马上就要到达洛阳；你们如果不退兵，我们将直捣你们的建康！"刘裕回答说："我本想在消灭南燕之后，休息3年，再来平定你们占据的关、洛之地（今陕西、河南部分地区）；而今你们自己送上门来，那就快点来吧！"姚兴原想吓唬一下刘裕，想不到刘裕口气很硬，反倒被吓住了，不敢来救南燕。刘裕很快就攻下了南燕的都城广固（今山东益都西北），生擒慕容超，灭了南燕。

6年后，刘裕乘姚兴刚死，太子姚泓即位不久的大好时机，亲自统帅五路晋军，讨伐后秦，晋军要经过北魏管辖的地区。北魏在黄河北岸集结了10万大军，又派出几千骑兵渡过黄河，骚扰西进的晋军。刘裕派水军上北岸去打魏军，魏兵就逃，等晋军回到船上，他们又在北岸骚扰，弄得晋军来回奔跑，没法顺利进兵。

刘裕从容对阵，他派了一个将军带了700兵士、100辆兵车登上北岸，沿岸摆开一个半圆形的阵势，两翼紧紧靠着河岸，中间鼓出，当中的一辆兵车上竖了一根白羽毛。因为这种布阵形象像个月钩，所以名叫"却月阵"。

魏兵远远观察着晋军的布阵，不懂是什么意思，也没有敢动。一会儿，只见晋军中间车上有人举起白羽毛，两侧就涌出了2000名兵士，带着100张大弓，奔向兵车。魏兵看看这个阵势，也没有什么大不了，就集中3万骑兵向河岸猛攻晋阵。晋军阵上100辆兵车上的弓箭齐发，仍旧挡不住魏兵。

没料到晋军在却月阵后面，另外布置好 1000 多支长矛，装在大弓上。这种长矛约有三四尺长，矛头特别锋利。魏兵正向晋军猛攻的时候，晋军兵士们就用大铁锤敲动大弓，那长矛往魏军飞去，每支长矛就能射杀魏兵三四个，3 万名魏兵一下子就被射死了好几千。其他魏兵不知道晋军阵后还有多少这种武器，吓得抱头乱窜，全线崩溃。晋军又乘胜追击，杀死了大批魏兵。

刘裕打退魏军，打通了沿黄河西进的道路，顺利西进。那时候，王镇恶和檀道济带领的步兵，已经攻下洛阳，在潼关和刘裕水军会师。接着刘裕派王镇恶攻下长安，灭了后秦。

刘裕在长安住了两个月，他怕自己离开朝廷太久，大权旁落，决定立即回师建康。在他离开长安那天，关中的父老流着眼泪挽留他，希望他继续留在北方抗击鲜卑、羌等族的骚扰。

刘裕回到建康，东晋朝廷拜他做相国，尊他为宋公。他看到夺取帝位的时机已经成熟，就在 420 年，把晋朝的末代皇帝恭帝司马德文废掉，自己做了皇帝，改国号为宋，东晋灭亡。中国南方地区进入南朝时期。

海盐公主复仇

宋刘裕做了开国皇帝，国都仍为西晋的京都建康，改晋元熙二年为永初元年。他按传统规矩进行祭天告地活动之后，便开始了封赏，尤其是对劝进立下头功的傅亮恩宠有加，令入中书省，专典诏命，任总国之权。

刘裕登基，并没感到心满意足，有一件事总觉得是心腹之患：被废的晋恭帝司马德文还活着。

这一天，刘裕正在御花园苦苦思索，傅亮来到面前，提出陪刘裕到聚凤殿散散心。刘裕闻听，欣然前往。傅亮陪同皇帝刘裕进入聚凤殿，原恭帝的嫔妃们听说新皇帝来了，纷纷搔首弄姿，以期引起皇帝的注意。

但是，唯有一位素服白衣的少女却与众不同，她既不做媚态，也不露笑容，是

一位绝妙的冷艳美人，皇帝来了也几乎视而不见。刘裕却被她吸引，驻足细瞅了一会儿，不由得点起了头。傅亮见状，忙介绍说："此女是恭帝……不，是陵零王司马德文的女儿，名叫海盐，一十七岁。"刘裕顿时心凉了半截，转身离去，走了几步，问傅亮："陵零王离京时，为什么不把海盐公主一起带走？"傅亮说："臣见她长得姿色出众，讨人喜欢，特意留下的。"刘裕这才放心了。

傅亮同皇帝又来到后殿，这里住的嫔妃都被晋帝宠幸过。庭院无人，厅堂里也无人，傅亮正纳闷儿，忽听内室有男女嬉笑声，便闯进去，只见床上躺着两男两女4个人，不禁大怒，说："圣上驾到，你们这些混账东西……"两对男女听说皇帝来了，吓得衣服也不知道穿了。刘裕见状，怒不可遏，命令两个妃子用白绫自杀；命令刑部将两个男人的阳具割掉，终身做苦役！

这两个男的是孪生兄弟，一个叫褚秀之，一个叫褚淡之，是原晋恭帝司马德文褚妃的弟弟。他俩听说要受酷刑，情急之中，编造出一个重大机密：恭帝司马德文被贬为陵零王出宫去秣陵时，让他们弟兄俩留在宫内做内应，

届时等司马德文联络州郡兵马杀回京都时，里应外合，恢复晋室天下。

当傅亮担保他俩不受酷刑时，兄弟俩说出了这个"机密"。刘裕闻听，立即下令让褚秀之、褚淡之兄弟俩去秫陵处死司马德文和褚妃等人，也就是他俩的姐夫和姐姐。

兄弟两人为了不受酷刑，带着毒酒来到姐姐、姐夫面前，说明来意，司马德文似乎有所预料，说："当年我司马祖上逼曹氏家族让位交权，今日在我身上得到报应了……"

褚妃刚生过孩子不久，抱着孩子恸哭不已，哭了一阵，把孩子交给弟弟褚秀之，让他帮助抚养成人，然后同司马德文一起饮毒酒身亡。兄弟二人立即放火烧尸，又把孩子扔进火海，然后返回皇宫，向傅亮汇报。傅亮问刘裕皇帝如何奖赏褚氏弟兄俩，刘裕说："褚氏兄弟为了活命，竟然不惜杀姊弑君，这种人，断然是不可留的。"傅亮听罢，立即将这兄弟俩处死了。

再说海盐公主，她知道了父亲司马德文被刘裕下令毒死的消息，心中无比悲痛。她压抑着愤怒，不动声色，在刘裕父子身边周旋。

永初三年（公元422年）春，67岁的皇帝刘裕患病卧床不起，张皇后、太子义符、太子妃司马氏（海盐公主）等人轮流守护。这天夜里，该由太子和太子妃护理，不到半夜，太子义符便找地方睡觉去了，只剩下海盐公主，久盼的机会来了，她一步步向老皇帝刘裕逼近……

刘裕蒙眬中感到有人掐住他的脖颈，透不过气，忙睁开眼睛，似乎看见晋恭帝站在床前，向他索命，吓得大叫一声昏过去。第二天，刘裕精神错乱，胡喊瞎叫，一会儿说这个向他讨命，一会儿说那个要他偿命，一直折腾了10多天，才平静下来，瞅着太子义符，说了句"不要做坏事"的话便停止了呼吸。

刘裕仅仅当了两年皇帝，便离开了人世。他在诛桓玄灭前燕、后秦时，为东晋赴汤蹈火，屡立奇功，其英勇善战的业绩不应因后来篡权灭晋而抹杀，仍然彪炳史册。

荒唐的少年皇帝

刘裕去世，由太子刘义符继承皇位。刘义符是个不务正业、喜怒无常的人，17 岁时，仍是顽童的心理，做了皇帝，不是考虑怎样治理国家，而是想：现在我的官最大，谁也管不着了，愿意干啥就干啥。

小皇帝把朝政大事全交给傅亮、徐羡之、谢晦 3 人负责。傅亮是中书兼尚书令（同宰相），徐羡之是司空（相当于中央秘书长），谢晦是领军将军（中央专管军事的长官）。而小皇帝本人的主要事情，就是玩，并且从宫外找来一些胡作非为的少年陪他玩耍。

各种各样的游戏都玩腻了，一天，皇帝刘义符问大家："明天我们做什么取乐呢？"

话音未落，一个恶少脱口喊道："玩'蛊洞'怎么样？当年商纣王给妲己设蛊洞玩，可有趣哩！"

皇帝一听，马上赞成。

紫云殿前，有一只巨大的铜缸，恶少们从宫外弄来许多只毒蛇、蝎子等毒虫，放进铜缸中，这些毒虫就像热锅上的蚂蚁，在缸底乱爬。刘义符命人押来一个死刑犯，大家立即将他的衣服剥光，然后抬起来，丢进铜缸里。

铜缸里的蛇蝎毒虫，一下子爬满囚犯的全身，咬的咬、蜇的蜇、缠的缠，吓得犯人垂死挣扎，惨叫声声，撕心裂肺。少年皇帝和这些无恶不作的伙伴们却围在铜缸四周，看得非常开心！甚至乐得又唱又跳，胡喊狂叫。小皇帝的所作所为，令大臣们忧心忡忡。

一天中午，刘义符躺在床上睡觉，殿顶掉下一块漆皮，落在他的眼皮上，惊醒了他的噩梦。他想了想，便命令内侍敲响景阳钟。

文武百官听到钟声，赶来上朝，看见皇帝坐在殿上，都很高兴，以为他要亲理朝政，干正事了。不料刘义符却说："朕登基已经几个月了，仍住在破烂不堪的紫云殿里，而你们却住在华丽的王公府第之中，于心可忍？限令你们在3个月内，拆掉紫云殿，重建一座比现在大4倍的紫云殿！"

众大臣面面相觑，傅亮略一思考，走出朝列，说："启奏陛下，如今北方战事不断，国库空虚，现在建新殿，恐难按时完成。"话音刚落，徐羡之、谢晦也站出来，支持傅亮的意见，认为不宜拆旧建新。

刘义符听罢，心里蹿火，正不知如何发火，静悄悄的殿上一位大臣放了个响屁，真是火上浇油，义符大声吼道："谁如此大胆，金銮殿上放狗屁，给我斩了！"

文武大臣立时跪地请求皇帝开恩，义符指着傅亮、徐羡之、谢晦说："留着你们的狗头也行，来人！脱下他们的裤子，用手绢把屁股眼儿给我堵上！"

大臣们闻听，哭不是，笑不是，仍然磕头替3位重臣求情。少年皇帝想了想，说："算了。明天，你们都得给我去拆紫云殿，不去的斩首示众！"

散朝以后，3位大臣窝着火聚集在傅亮家，总结出刘义符10条罪状，准备奏请张太后，废掉他的帝位，让刘裕的三儿子继任新君。

傅亮刚写完奏折，家人送来一封插着鸡毛的公文，是庐陵王刘义真（刘裕的二儿子）写来的。信中语言尖刻，指责3位大臣专权欺君，最后要求朝廷拨给大量银两重建庐陵王府，否则便"清君侧"。

3位大臣看罢这封信，又恨又气，怒火填胸，商量以后，决定一不做，二不休，干脆连刘义真一块儿废掉！

刘义符与刘义真矛盾很深，傅亮准备让义符废掉义真的王位。第二天，到紫云殿找刘义符，义符不在殿内，傅亮便在宫内到处找。走到神武门时，发现内城墙根下人来人往，十分热闹，走近一看，竟是一处市场，卖吃的，卖喝的，卖杂货的，还有耍猴的，看热闹的。傅亮以为是白日做梦，仔细再看，清清楚楚，于是动了气，皇宫内怎么能做市场呢！马上要去找御林军，正在这时，一个卖豆腐脑的走到他面前，高声叫卖，并让傅亮坐下买豆腐脑吃。傅亮看罢，大吃一惊，卖豆腐脑的人竟然是当朝皇帝刘义符。

原来，这义是义符和恶少们一起想出来玩的游戏。义符知道傅亮有事找他，便不耐烦地说："你没看见我忙吗？有事快说！"

傅亮忙递上"废庐陵王奏陈书"，刘义符扫了一眼，说"该废！早就该废掉他……我太忙了，玉玺在紫云殿，你去找司马皇后办吧！"

傅亮办完废除庐陵王的圣旨，当即派人去寿阳将义真废为庶人，押往新安（今江苏省万安县西北），然后命人追至新安，将他勒死。下一步，傅亮做好了废掉义符的准备。

公元 424 年夏的一天，义符带领随从到外宫华林园打猎，傍晚拿着猎物来到天渊池边，登上龙舟，趁月色野炊、游玩，并在舟上留宿。傅亮得知这一消息，派人于次日清晨将刘义符抓获，带回紫云殿，宣读了废黜皇帝诏书，收回玉玺，驱逐出宫，解往吴郡（今江苏省苏州市），义符途径金昌亭时，被傅亮事先布置下的人用箭射死，年仅 18 岁，刚刚当了一年皇帝，就这样永远地退出政治和人生的舞台。

文帝与"元嘉治世"

刘裕建立宋朝，做皇帝不到 3 年就病死了，他的长子刘义符继位。刘义符年轻贪玩，不会管理国家大事，没到两年，被大臣徐羡之等人杀了，徐羡之联络另一个大臣傅亮，拥立刘义符的弟弟刘义隆做皇帝，就是宋文帝。

宋文帝刘义隆是精明能干的人。他 14 岁被封为宜都王，住在江陵，把封地内的大小事情都管理得井井有条，因此很有声望。他做皇帝那年，只有 18 岁，已经懂得如何治理国家了。他下定决心，有朝一日，非除掉徐羡之、傅亮、谢晦 3 个大臣不可，为两个哥哥报仇。表面上，宋文帝却给这 3 位大臣加官晋爵，充分信任，大事小情，同他们商量。

3 位大臣对宋文帝开始就存在戒心，怕他为死去的义符、义真复仇，也是处处留神，并做好了精神准备和军事准备。他们密谋让谢晦坐镇荆州，一旦京城有变，马上发兵进京。但后来三位大臣没能看出新皇帝对他们有半点加害之心，反而觉得皇帝信任他们，于是渐渐放了心。一天早朝，傅亮要求宋文帝纳自己的女儿进宫为妃，义隆欣然同意，表示选个黄道吉日进宫，封为贵嫔。傅亮与皇帝有了亲戚关系，不由得免除了后顾之忧。

义隆小皇帝，表面很信任 3 位大臣，暗中却积极地调兵遣将，做扫除他们 3 人的准备。他先把亲信王华、王昙调任侍中（皇帝近侍官），又调亲信道彦之从襄阳到京都任中领军（掌管宫中禁军），并且让道彦之与谢晦结交成朋友。谢晦不知小皇帝的用意，真的与道彦之做了朋友，并且将两个女儿分别嫁给朝中两位高官，这样，他在京都有了耳目，扩展了势力。小皇帝又把谢晦的大儿子世休封为秘书郎，留在皇宫之中，谢晦非常高兴。

3 位重臣傅亮、徐羡之、谢晦对小皇帝彻底放心了，傅亮和徐羡之因年龄过大，没有精力掌管朝中大事，便上表宋文帝，要求辞官回家。义隆不知两位老臣是真心隐退，还是假意试探，便表示不同意辞官。傅亮、徐羡之再三上表，小皇帝见他俩是真心，便答应了。两位老臣辞官回家，小皇帝义隆，开始了灭除 3 位重臣的行动。

一天深夜，傅亮正在睡梦中，忽然有人在窗外告诉他，如果皇帝诏请入宫，不要去，说完迅速离开。天亮以后，果然传来皇帝请傅亮、徐羡之入宫的手谕，傅亮对来人说："老臣的夫人病重，待服药后就去内宫。"来人走后，傅亮即刻派人通知徐羡之，他自己则骑着马逃出城去。

傅亮跑出城100多里，来到一座山前，下了马，让马跑走，他自己钻进草丛，走到一座坟前，挪开墓碑，钻进坟冢里。这是两年前傅亮为去世的二哥傅迪修造的坟冢，修建时，便设下暗道机关，还储存着衣物粮食等生活必需品，以防日后不测。

小皇帝义隆闻听傅亮下落不明，便给屯骑校尉郭泓下了死命令。郭泓只好再次来到傅亮府上，将家人全部严刑拷打，一位老家人被迫说出了坟冢的秘密。

郭泓领兵追到傅迪墓前，让士兵挪开墓碑，不料从墓内射出一箭，正中士兵胸部。郭泓让士兵弄干草点火，往墓穴中放烟，傅亮无奈，从墓中走出，束手就擒，第二天便被砍头处死，并且暴尸3天，下场很惨。当初他投机钻营，全力支持刘裕称帝，得到了高官厚禄，却想不到死在刘裕的儿子手中，而这刘义隆也是他一手推上帝位的。

徐羡之得到傅亮的家人告密，匆匆骑着马往城外跑，跑到郊外的树林时，发现后面来了追兵，知道逃不掉了，便停了马，解下腰带，在一棵树上吊死了，这位帮助刘裕打天下的开国元勋，就这样结束了自己的一生。

在江陵握有兵权的谢晦，听到噩耗，勃然大怒，忙给好友檀道济和道彦之送信，让他们起兵配合，一起讨伐义隆小皇帝，檀道济和道彦之复信，表示同意做内应，谢晦很高兴，亲自率领3万水军，从江陵出发，往建康进军。

谢晦统领战船来到彭城洲（今湖南湘县西北长江南岸）时，远远看见朝廷船队迎了上来，吃了一惊，又得知宋军先锋是他的新朋友道彦之，统帅是老朋友檀道济，此时才明白中了小皇帝义隆的计。谢晦不敢硬拼，无奈之下，弃船逃走，他的江陵军队群龙无首，不战而败。原来，檀道济曾是谢晦的心腹，一并参与了诛杀刘义符、刘义真的行动，宋文帝见檀道济是个人才，便委以重任，主管军事，把他从谢晦身边拉拢过来，谢晦不知其中的奥秘。道彦之与谢晦结成新朋友，这不过是义隆皇帝的一步棋而已，谢晦自然蒙在鼓里。几天之后，谢晦也被抓住处死，只有 37 岁。

了却了 3 位重臣的性命，宋文帝掌握了国家大权。他认为，国家稳定的关键，是让农民有地种，有饭吃，这样他们才不会起来造反，自己的皇位才能坐得稳。当时农民很穷，欠的官债不少，连种子也买不起。宋文帝宣布，农民欠政府的租税一律减半，等秋后收了粮食再交。到了秋天，他看到农民交了欠租以后，第二年播种又要发生困难，就再次宣布所欠的租税一概免除，但以后要好好生产，不许继续欠账。

农民听到减免租税的命令，高兴极了，生产的劲头更足了。接着，宋文帝又下令给全国官吏，叫他们带领农民好好耕种。农民缺少种子的，政府要借给他们。如果哪里生产搞得不好，就要处分官吏。宋文帝还亲自带领文武大臣去京郊耕田锄地，给大家做出榜样。农民看皇帝这样重视农业，都努力开荒种地，战乱中被破坏的农业生产，很快得到了恢复。

农业生产虽然恢复了，可有的地方也还免不了要闹灾荒。宋文帝对救灾的事情很关心。有一年，江南闹旱灾，水稻种不上，宋文帝下令改种比较耐旱的麦子。又有一年，丹阳、淮南、吴兴、义兴一带闹水灾，田地被洪水淹没，农民没有饭吃。宋文帝下令从政府的粮仓里拨出几百万斛（音 hú）米，用船运到灾区，救济灾民。

当时很多地主常常利用灾荒吞并农民的土地，使农民成为他们庄园里的农奴。于是，宋文帝就经常下令清查户口，把农民和他们的土地登记在政府的户籍册上，防止大地主侵吞。同时，土地多的，要向政府多交租税，这不仅增加了国家的收入，也使租税不至于平均摊给土地少的农民，相对地减轻了他们的负担。

要实行上面说的这些政策，光靠皇帝一个人是不行的，所以宋文帝很重视官员的选拔。他派有能力的人到地方上去做官，对于贪官污吏严加处分。

宋文帝对贪官污吏毫不客气地予以惩办。南梁郡太守刘遵考，是宋文帝的堂叔，贪财好利。他在南梁郡做太守的时候，当地发生特大旱灾。他不但没有采取措施拯救灾民，还乘机侵吞朝廷拨来的救灾粮。宋文帝得知刘遵考这种不法行为以后，不徇私情，果断地免去了他的官职，给了他应得的处分。

宋文帝的举措，使得社会经济逐渐繁荣起来。当时有人记载说：宋文帝在位期间，天下太平，老百姓不用负担繁重的徭役，租税也很轻，粮食年年丰收。穷人也娶上了老婆，生了孩子。整个国家出现了人丁兴旺的景象。收割后的粮食垛在地里，没有人去偷，居民晚上睡觉，不用关门闭户。这种记载可能有夸大的成分，但是也说明当时的形势比以前好。宋文帝在位的30年用"元嘉"作年号，历史上就把他在位时候的太平景象称为"元嘉治世"。

"国史"风波

北魏的统治者是鲜卑族拓跋部人。拓跋部落的人都留着长辫子。其历史源于拔跋毛时期。东汉初年，拓跋推寅带领众人迁居到今内蒙古的呼伦湖附近。在东晋初年，拓跋部还是我国东北的一个游牧部落，后来吸收了中原文化，逐步建立了封建的经济制度。

淝水大战之后，庞大的前秦王朝土崩瓦解，中国北方再次出现了严重的分裂混战局面。鲜卑贵族拓跋珪趁机摆脱前秦统治，于公元386年，建立了北魏，他就是魏道武帝。魏道武帝建立北魏王朝以后，任用了一批汉族士人当他的谋士，其中最有名望的要数崔浩。

崔浩在北魏统一北方的战争中，立了很大功劳，受到北魏三代皇帝的信任。到魏太武帝即位以后，他担任司徒，掌握了朝政大权，还派了几十名汉族士人，担任各地郡守。这样，他和鲜卑统治者之间就发生了矛盾。

魏太武帝派崔浩带几个文人编写魏国的历史。太武帝叮嘱他们，写国史一定要根据实录。崔浩和他的同事按照这个要求，采集了魏国上代的资料，编写了一本魏国的国史。当时，皇帝要编国史的目的，本来只是留给皇室后代看的。但是崔浩手下有两个文人，偏偏别出心裁，劝崔浩把国史刻在石碑上，让百官看，以提高崔浩的声望。崔浩自以为功大官高，没有什么顾虑，真地花了大批人工和费用，把国史刻在石碑上，还把石碑竖在郊外祭天坛前的大路两旁。

国史里记载的倒是史实，但是北魏的上代文化还十分落后，有些事情在当时看来，是不体面的。过路的人看了石碑，就纷纷议论起来。北魏的鲜卑贵族认为丢了皇族的面子，就向魏太武帝告发，说崔浩一批人写国史，是成心揭朝廷的丑事。魏太武帝本来已经嫌崔浩太自作主张，一听这件事，非常生气，命令把写国史的人全都抓起来查办。

参加编写的著作郎高允是太子的老师。太子得到这个消息，非常着急，便把高允找到东宫（太子居住的宫），跟他说："明天我陪你朝见皇上，如果皇上问你，你只能照我的意思答话，别的什么也别说。"

高允不知道是怎么回事。第二天就跟随太子一起上朝。

太子先上殿见了太武帝，说："高允向来小心谨慎，而且地位比较低。国史案件全是崔浩的事，请陛下免了高允的罪吧。"

太武帝召高允进去，问他说："国史都是崔浩写的吗？"

高允老老实实地回答说："不，崔浩管的事多，只抓个纲要。具体内容，都是我和别的著作郎写的。"太武帝转过头对太子说："你看，高允的罪比崔浩还严重，怎么能饶恕呢？"

太子又对魏太武帝说："高允见了陛下，心里害怕，就胡言乱语。我刚刚还问他来，他说是崔浩干的。"太武帝又问高允："是这样的吗？"高允说："我犯了罪，怎么还敢欺骗陛下。太子刚才这样说，不过是为了想救我的命。其实太子并没问过我，我也没跟他说起过这些话。"

魏太武帝看到高允这样忠厚直率，心里也有点感动，对太子说："高允死到临头，还不说假话，这确是难能可贵的。我赦免他的罪就是了。"

魏太武帝又派人把崔浩抓来审问。崔浩已经吓得面无人色，什么也答不上来。太武帝大怒，要高允起草一道诏书，把崔浩满门抄斩。高允回到官署，犹豫了半天，也没有写出半个字来。太武帝派人一再催问，高允说："我要求再向皇上面奏一次。"

高允进宫对太武帝说："我不知道崔浩还犯了什么罪。如果仅仅是为了写国史，触犯朝廷，也不该判死罪。"

魏太武帝认为高允太不识好歹，吆喝一声，叫武士把他捆绑起来。后来太子再三恳求，太武帝气消了，才把他放了。事后，太子埋怨高允说："一个人应该见机行事。我替你告饶，你怎么反而去触怒皇上。我想起这件事，真有点害怕。"高允说："崔浩做这件事私心重，是有错误的，但是，编写历史，记载帝王活动，朝政得失，这并没有错。再说，国史是我和崔浩一起编写的，出了事，怎能全推给他呢。殿下一心救我，我是十分感激的。但是要我为了活命说违背良心的话，我是不干的。"

魏太武帝到底没有饶过崔浩，把崔浩和他的几家亲戚满门抄斩。但是由于高允的直谏，没有株连到更多的人。据太武帝自己说：要不是高允，他还会杀几千个人呢。

公元452年，曾经统一北方的皇帝魏太武帝被宦官宗爱杀死；过了一年，宋文帝的儿子刘骏即位，这就是宋孝武帝。

拓跋焘雄才大略

公元 424 年，拓跋珪的儿子拓跋嗣病故，拓跋珪的孙子拓跋焘继位登基，即魏太武帝，是年才 16 岁。拓跋焘牢记爷爷和父亲的教诲，把统一南北方作为奋斗目标。

一天，拓跋焘率领大臣到离国都平城百里之外的丰镇视察，看见上千人正在修长城。监工官吏见皇帝来了，以为皇帝嫌进度慢，忙说："陛下，卑职已令地方增派民夫，一定加快修城的速度。"拓跋焘却说："不必了，长城不用再修下去了。"众人闻听，感到惊讶，拓跋焘说："小小的城墙，能保证国家平安吗？身为大将军，为什么只想到防守而不去考虑进攻？"皇帝的话，使奚斤无言以对。正在这时，一个骑兵飞马来到拓跋焘身边，下马报告："柔然国纥升盖可汗亲率 6 万大军来犯，已攻占故都盛乐城！"

柔然原来也是鲜卑族的一支，西晋末年，组成强大的部落，称为"柔然"。传至社仑时，柔然国地盘东至大兴安岭，西逾阿尔泰山，北临贝加尔湖，南到大戈壁，可谓势力强大。到大檀（自封纥升盖可汗，意思是制胜之王）继位时，更是经常侵犯北魏，抢夺财物。

拓跋焘回到京城，征求大臣们的意见，多数大臣缄默不语，显露畏惧之色，只有侍中崔浩、司空奚斤、司徒长孙嵩等少数人提出应派兵御敌。拓跋焘宣布给崔浩晋爵一等，并警告胆小怯敌者，以后要降职一阶。然后表示，御驾亲征，率大军收复盛乐城。

皇帝拓跋焘率领两万骑兵，马不停蹄地赶到盛乐城下，城墙上挂着一排血淋淋的人头和尸身，还悬挂一个小布人，上面写着"拓跋焘"3 个字。柔然国首领大檀站在城头上，一挥手，士兵们拖上来 10 名老百姓，其中有一名百姓被按在墙垛上，一个士兵举起大石头猛地砸下去，将老百姓的头砸碎，其状惨不忍睹。拓跋焘一挥手，大喊："往后退兵30里！"

北魏大军退后30里驻扎下来，拓跋焘命令士兵将带来的铁蒺藜埋在城外的黄沙地里。第二天一早，拓跋焘又带兵来到城下，只听三声炮响，城门大开，柔然国骑兵蜂拥而出，拓跋焘慌忙率军败退。柔然骑兵紧追不放，追到黄沙地时，踩上铁蒺藜，顿时人仰马翻，惨叫声此起彼伏。然而柔然兵作战非常勇敢，前面的倒下了，后面的踩着同伴的尸体继续前进。

拓跋焘退了几里路便停了下来，将手中黄旗一挥，并排冲出一群战马，冲入敌阵。马背上有装着炸药、毒剂的铁雷，马尾上有硫黄粉，点燃以后，烧得马群在敌军中乱窜，铁雷相撞，爆炸声响彻广阔的空间，柔然兵乱作一团，死伤无数。

柔然首领大檀狂吼几声，压住阵脚，索性脱掉上衣，赤膊上阵。士兵见状，也纷纷脱掉衣服，光着膀子向魏军冲杀过来。

拓跋焘不慌不忙，面带微笑，连挥三下黄旗，士兵们一下子将黑布套套在头上，只露出两只眼睛。大檀吃了一惊，不知拓跋焘又耍什么花招，想退兵已来不及了，两军将士混战一起。大约战了两个时辰，柔然兵人人汗流浃背。拓跋焘从怀中掏出一个小布袋，往大檀身上一扬，甩出一团白粉，落在大檀赤裸的身上，魏兵纷纷向柔然投出小布袋，一时间白粉飘洒，柔然兵突然感到身上痛痒难忍，无法战斗，大檀无心再战，慌忙逃走。拓跋焘率军追杀，最后将柔然兵赶到百里以外。柔然兵见魏兵返回，便停下来，到处找水喝，不料，喝进肚不久，一个个中毒死亡。原来，拓跋焘战前就派人在柔然必经之路的河流投了毒。他知道柔然兵决战有光膀子的习惯，所以事先配制了毒粉，真的派上了用场。这一仗，柔然兵由强变弱，惨败而归。

匈奴铁弗部所建的大夏国国君赫连勃勃是个残暴无道之人，对待国民残忍无比。仅以制造兵器的人为例：弓箭如射不穿铠甲，制造弓箭者必处死；弓箭如射穿铠甲，则制造铠甲者必处死。被斩杀之工匠计数千人之多。如果谁进谏提点儿意见，先割掉此人的舌头，再斩首。赫连勃勃修建夏都统万城（今内蒙古乌审旗南白城子一带）时，动用了 10 万民众，筑城用土都必须蒸过，如城墙能用铁锥刺入一寸，筑城人就要被杀掉。

拓跋焘了解到夏国这些情况，觉得像赫连勃勃这样的暴君应该除掉，但硬攻不行，必须智取。

一天，拓跋焘正在同大臣崔浩商量进攻大夏国的计策，两名卫士押着一个蒙面人进来，说是在殿外抓到的刺客，想行刺皇帝。崔浩建议推出去斩首，当卫士押着刺客走到殿门口时，刺客突然回过头，说有一封绝命书，想请拓跋焘转交给 80 岁的老母亲。拓跋焘接过信，看罢受了感动，知道他来行刺是迫于无奈，而且很有孝心，于是决定放他回去。

刺客听说不杀他了，感激地跪倒在地谢恩。拓跋焘忽然想起一件事，问道："当年北凉、南凉围困统万城两年，但城中无一人饿死，是真的吗？"刺客回答说："陛下，当年赫连勃勃修统万城时，将糜谷蒸熟打成黏糕，再做成米砖，以备断粮时食用。"刺客又告诉拓跋焘，赫连勃勃已死，赫连昌刚继位不久。刺客临走时，向拓跋焘索要一物作纪念，拓跋焘便将腰间佩带的一块玉珑送给他。

拓跋焘闻听赫连勃勃已死，决定立即发兵攻夏。魏军兵分两路，一路由拓跋焘统领 3 万步兵、骑兵进军统万城；一路由司空奚斤为帅，领 3 万兵进攻长安。

拓跋焘渡过黄河以后，将船全部烧掉，断绝了后路。

这一天，拓跋焘只选 2000 骑兵来到统万城下。魏军擂鼓挑战，夏主赫连昌却闭门不出。一连几天，都是如此。

这天晚上，拓跋焘正在帐中冥思苦想诱敌出城之计，士兵推进一个夏军兵士，请求皇帝处置。夏兵立即从怀中掏出一块玉珑，问拓跋焘可识此物。拓跋焘自然认识，此乃自己身上经常佩戴、后赠给夏国刺客的玉珑。于是问道："这玉珑怎么会在你手里？"那位夏国兵士说："陛下，这玉珑是我哥哥死时留下的，我哥哥从贵国回来，便被夏主赫连昌所杀。哥哥临死之前再三叮嘱我不要忘记陛下的不杀之恩。""那么，你今天来有什么事？""陛下，夏主赫连昌已派人去长安向他弟弟赫连定求救，小人怕陛下吃亏，所以连夜来报告此事。"

拓跋焘听罢，有了主意。忽然有一天，魏军正在城下挑战时，一支夏军从身后赶来与拓跋焘交战。拓跋焘与夏军厮杀一阵，便拨马而走，夏军紧紧尾随其后，一名夏军对城上高喊："长安援军已到，请夏主火速派兵出城助战！"

赫连昌闻听，也不多想，马上率领众兵出城。当夏主赫连昌追进山谷时，鼓号声齐响，埋伏在四周的魏兵突然出现，把夏军包围。原来，所谓长安来的夏军，全是魏军装扮的，系拓跋焘的诱敌出城之计。皇帝拓跋焘身先士卒，虽中了数箭，仍跃马挥枪，魏军士兵深受鼓舞，越战越勇，杀至黄昏，夏军大败。赫连昌想逃回统万城，已经晚了，魏将豆代田率兵攻占了城门，挡住去路。赫连昌无奈，只得向城外逃去。

就这样，魏国吞并了夏国，地盘扩大了许多，成为北方最强大的国家。到公元439年，拓跋焘统一了北方，占领中国百分之六十以上的土地。宋朝在南方占据百分之三十多国土，南北朝对峙局面，正式形成。

沈璞勇斗拓跋焘

南北朝形成对峙局面以后，魏宋两朝都想吞并对方，所以边界经常发生战争，公元450年，战争升级。

战斗从春季开始，魏帝拓跋焘亲自率领10万兵马进攻宋朝悬瓠城（今河南省上蔡县），围攻一个多月没有成功，不得不退兵。

夏季到了，南朝宋军又对北魏发动报复性攻击。时值雨季，拓跋焘躲在城内不战。一直拖到冬季，拓跋焘亲领百万大军攻宋，节节胜利，势不可当。魏军所到之处，烧杀抢掳，每打胜一仗，士兵们便任意奸淫妇女取乐。

宋军则节节败退，义隆皇帝无奈，只得派侍中田奇带上御酒、珍宝等贵重物品向拓跋焘求和。拓跋焘在大帐里，一边哄孙子玩，一边接见田奇。田奇说明来意后，拓跋焘傲慢地说："讲和也可以，但必须将你们皇帝的女儿嫁给我这小孙子当媳妇……"

田奇回到建康，向宋帝义隆如实汇报，义隆认为受了污辱，坚决不肯，大臣们都沉默不语，大殿内静悄悄的，一片死气沉沉。过了一会儿，吏部尚书江湛表示愿与魏军决一死战。不料，皇太子劭把江湛骂了，抓着江湛的衣襟说："我看把你的女儿送给胡孙当老婆吧，免得你把胡人带入京都！"

义隆皇帝忙厉声制止太子，但太子的话使他受了启发，找了一个宫女，冒充皇帝女儿送给拓跋焘。

拓跋焘见宫女漂亮迷人，非常高兴，留下自己享用，并当即退兵。魏军退兵途中，经过盱眙城，拓跋焘听说城内粮草充裕，还盛产好酒，便派人送

信给盱眙城太守沈璞，让他将城里的粮草全献给魏军，外加美酒一桶。不然，杀进小城，片甲不留。

傍晚时分，沈璞派人送给魏帝一桶酒，并且说第二天献出粮草。拓跋焘十分得意，忙让众将来品尝美酒。谁知，打开桶盖时，怪味儿刺鼻，一位士兵遵命喝了一口，立即吐出，说是桶里装的是尿。

魏帝被戏弄，气得火冒三丈，第二天便率军包围了盱眙城。拓跋焘在城下指名叫骂沈璞，沈璞毫无惧色，以理反击，并射出一箭，拓跋焘急忙一闪避过，稍慢一点儿便会被射中脑门儿。

魏帝拓跋焘恼怒至极，下令攻城。这时城上箭如飞蝗，滚木垒石似冰雹而下，魏军无法靠近城墙，只好退兵。

第二天拓跋焘又率魏兵包围了盱眙城，并往城上射去一封信。沈璞见信中写道："沈贼，今日攻城非我鲜卑人，而是丁零、胡人和羌人，尔若尽力杀戮，于朕甚利……"

拓跋焘写信的目的是气一气沈璞，不料弄巧成拙，沈璞将计就计，让嗓门儿大的兵士在城楼上高声朗读这封信，魏军各族士兵一听，顿时像开锅一般，议论开来。沈璞又给拓跋焘写了一封回信，大意是：以尿代酒，非璞不恭，因我城中之酒，专给人喝，你不是人，故以尿相赠。我城粮食，廪廪相连，堆积如山，贵军如用，可以物易物。一卒之头可换一粒米，唯你之头，念你系一国之君，可换一廪，怎么样？

拓跋焘看完这封信，气得破口大骂，立即命令攻城。但各族士兵听了刚才那封信，正在气头上，站在原地不动。拓跋焘火了，命令鲜卑族兵放箭，射死许多其他族士兵，于是惹火了这些兵士，反与鲜卑兵厮杀起来，拓跋焘喝止不住，只是鸣金收兵。

拓跋焘越想越来气，为了报复沈璞，连夜让士兵制作一个铁床，上面排满尖刀，刀尖朝上，十分吓人。天亮以后，抬着铁床来到城下。拓跋焘对沈璞大声说："沈贼听着，朕特意为你制作这张床，待破城之后，便让你躺在床上，尝尝是啥滋味儿。"

沈璞略一思忖，让士兵将一口黑漆棺材抬上城墙，指着棺材对拓跋焘喊道："家奴病危，准备了棺木。昨夜观察星象，你将死于家奴之前，念你无暇自备棺材，故借你先用。请过目，此棺盛殓你和幼孙是否可以？"

魏帝气得心里冒火，他下了死命令全力攻城。城上守军忽然将煮开的豆油和热水泼下，魏军猝不及防，烫得哭爹喊娘，直往后撤。魏军仗着人多，退下一批又冲上一批。城上泼完了油和开水，又投下霹雳炮，即用石灰和硫黄制成的炮，炸开以后，威力很大，将攻城魏兵击退。

魏军攻了一个多月，死伤无数，粮草已经不多，每天只能吃一顿饭，士兵饿得面黄肌瘦。拓跋焘骑虎难下，进退两难。这天，沈璞让兵士往城下扔数千个小口袋，袋中装着浸过毒药的炒黄豆。魏兵争夺到，吃下后，很快死亡，一夜之间死了数千人。

拓跋焘见状，又恨又怕，不敢再战，带领剩下的士兵，返回都城平城。

在盱眙城吃了败仗，拓跋焘闷闷不乐，中常侍（侍从皇帝、传达诏令的官）宗爱向皇帝密报：仲尼道盛常接近太子，图谋不轨。魏帝闻听，不问青红皂白，下令把仲尼道盛杀了。太子无奈，留下一封遗书，饮毒酒自杀。拓跋焘看了遗书，知道上了宗爱的当，可已晚了。一气之下，多喝了几杯，醉倒了。

宗爱听说太子写了遗书，知道大事不好，想找拓跋焘请罪，见皇帝睡得很死，心一横，用双手掐死了拓跋焘。曾经统一北方威震四海的皇帝，就这样离开了人世。

宗爱立拓跋焘的六儿子拓跋余为帝，改元永年。拓跋余继位后，整天吃喝玩乐，不理朝政，大权掌握在宗爱手中，宗爱连皇帝也不放在眼里，拓跋余准备除掉宗爱，但走漏风声，宗爱先下手为强，将新皇帝杀害了。

刘尼、源贺、陆丽、长孙渴侯经过密商，除掉了弑君祸国的宗爱，拥立拓跋焘的孙子拓跋濬为帝，拓跋濬是年13岁。改年号为兴安元年（公元452年）。

檀道济从容回师

宋武帝刘裕在南方建立了宋朝后，过了十九年（公元 439 年），北魏太武帝拓跋焘灭了十六国中最后一个小国北凉，统一了北方。从东晋灭亡后的 170 年的时间里，我国历史上出现了南北两个政权对峙的局面。南朝先后换了宋、齐、梁、陈 4 个朝代；北朝的北魏，后来分裂为东魏、西魏；东魏、西魏又分别被北齐、北周代替。历史上把这段时期合起来称为南北朝。

宋武帝做了两年皇帝，到第三年，就病死了。武帝的儿子宋文帝即位以后，北魏大举渡过黄河，进攻宋朝，在黄河以南占领了大片土地。宋文帝派檀道济率领大军抵抗。

有一次，北魏兵进攻济南，檀道济亲自率领将士到济水边，在 20 多天里，跟魏军打了 30 多仗。宋军节节胜利，一直追到历城（今属山东省）。这时候，檀道济骄傲起来，防备也有点松懈了。魏军瞅个机会，用两支轻骑兵向檀道济的宋军前后两翼发起突然袭击，把宋军的辎重粮草，放了把火烧了。

檀道济的将士虽然英勇善战，但是断了军粮，就没法维持下去，准备从历城退兵。宋军中有个兵士逃到魏营投降，把宋军缺粮的情况告诉了北魏的将领。北魏就派出大军追赶檀道济，想把宋军围困起来。

宋军将士看到大批魏军围上来，都有点害怕，檀道济却不慌不忙地命令将士就地扎营休息。当天晚上，宋军军营里灯火通明，檀道济亲自带领一批管粮的兵士在一个营寨里查点粮食。一些兵士手里拿着竹筹唱着计数，另一些兵士用斗子在量米。

魏兵的探子偷偷地向营里望了一下，只见一只只米袋里面都是雪白的大米。探子赶快告诉魏将说檀道济营里军粮还绰绰有余，要想跟檀道济决战，准是又打败仗。魏将得到情报，以为前面来告密的宋兵是假投降，来诱骗他们上当的，就把投降的宋兵杀了。其实，魏将中了檀道济的计。檀道济在营里量的并不是白米，而一斗斗的沙土，只是在沙土上覆盖着少量白米罢了。

第二天清早，檀道济命令将士戴盔披甲，自己穿着便服，乘着一辆马车，大模大样地沿着大路向南转移。魏将被檀道济打败过多次，本来对宋军有点害怕，再看到宋军从容不迫地撤退，吃不准他们在哪儿埋伏了多少人马，不敢追赶。

檀道济靠他的镇静和智谋，保全了宋军，使宋军安全地回师。以后，北魏也没敢轻易进攻宋朝。檀道济在宋武帝和宋文帝两代，都立过大功。但是由于他功劳大，威望高，却引起了宋朝统治者的猜疑。

一次，宋文帝生了一场病。宋文帝的兄弟刘义康就跟心腹商量说："如果皇上有什么三长两短，留了檀道济总是一个祸根。"他们就用宋文帝的名义下了一道诏书，硬说檀道济收罗坏人，企图谋反，把檀道济逮捕起来，要办他死罪。

檀道济在他被捕的时候，气得瞪圆了眼，愤怒的目光像要喷射出火焰来。他恨恨地把头巾拉下，摔在地上，说："你们不是在毁坏自己的万里长城吗？"

檀道济终于被杀了。这个消息传到北魏。魏朝的将士都高兴得互相庆贺，说："檀道济一死，南方就没有叫人害怕的人啦！"

后来，宋文帝也很后悔。有一次，北魏的大军打到江北的瓜步（今江苏六合）。宋文帝在建康的石头城上眺望远处，很感慨地说："如果檀道济还活着的话，不会让胡骑横行到这个地步。"

冯太后整治朝纲

公元 465 年，魏帝拓跋濬被丞相乙浑气得吐血而死，死时年仅 26 岁。

拓跋濬生性软弱，丞相乙浑觉得他柔弱可欺，便不把他放在眼里，手握兵权，说一不二，有时竟敢私闯后宫，调戏皇后。皇帝死后，乙浑准备废掉新君，霸占太后，自己称帝，并加快了行动步伐。许多大臣看在眼里，急在心里，却没有办法。

冯太后刚刚 22 岁，便失去夫君守寡，打击太大，考虑以后乙浑更难对付，便下定死的决心，连续两次自杀，均被后宫詹事（负责皇后、太子家事的官）李奕搭救。在李奕的鼓励帮助下，冯太后终于振作起精神。后来，冯太后以准备牺牲自己为代价，用"美人计"将丞相乙浑毒死，使北魏避免了一场政治危机。

冯太后临朝执政一年，帮助 12 岁的皇帝拓跋弘治理朝政。当拓跋弘 13 岁时，她便退回后宫，把主要精力放在抚养太子拓跋宏身上。同时，与她的救命恩人、情夫李奕恩爱有加，常常朝夕相随，一晃过了 10 年，冯太后与李奕的感情没有淡薄，反而越来越深，成为真正的知音。由于当时的清规戒律，注定二人不可能正式成为夫妻，所以，他们的交往、同居还处于保密状态。但是，时间一长，两人的事成为公开的秘密，除拓跋弘——此时已是太上皇，等少数人外，多数人都已知道。

拔跋弘当了 5 年皇帝，感觉力不从心，年刚 17 岁，就把皇位交给 5 岁的儿子拓跋宏，冯太后只好在背后帮助拓跋宏。

柔然探知魏朝这种状态后，又发兵侵犯边境，以报当年被打败的仇恨。然而，魏朝文武大臣，无一人率领大军出征。冯太后情急之中，把太上皇拓跋弘训斥一顿，拓跋弘才勉强带兵出征。

就在太上皇西征期间，相州（今河北省临漳县邺镇）爆发了农民起义。冯太后派人调查起义原因，原来是相州刺史李欣贪赃枉法，大肆搜刮民脂民膏，乃官逼民反。李欣到任两年，竟然运回家10车金银财宝等物，百姓有灾不赈，致使路有饿殍。

冯太后闻听大怒，命人将李欣押回京都平城，关进死牢。

冯太后的举动，受到老百姓的欢迎，得到了一些清官的拥护，但却触动了朝廷赃官污吏的利益，他们便想除灭冯太后。突破口就是向太上皇拓跋弘密报冯太后与李奕通奸之事。

李欣的女婿裴攸在太上皇西征途中，追上拓跋弘，呈交状纸。拓跋弘见密报怒不可遏，立即下令将他一起出征的李奕腰斩，并降隆旨说，裴攸密告有功，其岳父李欣赦免，官复原职。

李欣的赦免，对冯太后是沉重的打击；李奕的死，对冯太后是致命的打击。朝廷赃官们并没因为李奕死而罢休，而是得寸进尺，步步紧逼，非要诛杀冯太后不可。又让刚出狱的李欣到班师平城的太上皇处密报，说冯太后听到李奕被杀，要杀死太上皇为李奕报仇。

太上皇拓跋弘信以为真，马上要让冯太后自裁，李欣却另献一计，用毒点心毒杀太后。此消息被李冲无意中听到，他敬佩冯太后整治朝纲的魄力，不忍心让她受害，便将这个生死攸关的消息透露给冯太后。

这天傍晚，太上皇派人送给冯太后一盒宫点，说是以示孝心，过几天亲来太华殿问安。

来人走后，冯太后取出一块点心喂猫，不一会儿，猫就七窍出血而死，在场的宫女大惊。冯太后态度严峻，命令宫女们不准往外说出此事。太上皇拓跋弘焦虑不安地等了两天，不见太华殿传来冯太后的死讯，又不能不去请安，只好怀着忐忑不安的心情，来到太华殿。

冯太后见拓跋弘来了，还像以前一样，有说有笑。母子二人谈论了西征之事，拓跋弘忍不住，询问送来的宫点好不好吃。冯太后神态自若地说："皇儿送来宫点，我很高兴，想等皇儿过来问安时一同吃，不是更好？"

冯太后取出宫点盒，亲手拿了一块点心，送到拓跋弘嘴边，要他先吃。拓跋弘哪里敢吃，只好假装礼让，要冯太后先吃。冯太后自然想到他不会吃，也不强求，就取下紫砂壶，让宫女沏茶，两人各斟一杯。拓跋弘接过杯，也不多想，喝了两口茶。顷刻之间，腹痛腰弯，惨叫连声。冯太后忽然变了脸，说："我若吃了你送的宫点，也就这副模样吧？"

拓跋弘已无力回话，倒地而死，死时只有23岁。

次日早朝，文武大臣站列议政殿两侧。出狱不久的贪官李欣喜气洋洋站在群臣之中。他想，该听到冯太后的死讯了，以后自己照样可以搜括民财，越想越得意。

随着"陛下驾到"的喊声，皇帝上朝，众臣跪伏朝拜之后，忽然怔住，只见隐退10年的冯太后神态威严地出现在10岁的皇帝拓跋宏身边。李欣顿时闹蒙了，不知为什么会这样。

冯太后扫视群臣一眼后，问道："尚书李欣在吗？"李欣答应一声出列。冯太后让李冲将那盒毒宫点送给李欣。李欣看见宫点盒，吓得当即跪倒，边喊饶命。冯太后说："念你在相州为政清廉，功德甚高，这是太上皇赏的宫点，我特意赐给你，现在就把它吃下去！"

"不！不……"李欣连连后退，面色惨白。冯太后厉声说："你不吃吗？"

李欣这时知道自己必死无疑，便不再求饶，上前抓起一块点心，放到嘴里吞下，当场七窍出血而亡，大臣们人人自危，不敢言语。

冯太后突然提高了嗓门儿："众卿，李欣是臭名昭著的赃官，我怕他还不满足，就再赏一盒点心。听说你们当中，也有不少人贪赃枉法，是不是也想吃太上皇赏的宫点呀？"

大臣们吓得低头不语。冯太后又说："怎么，你们都不是赃官？那好，我就点出几位大臣的名字……"

话音未落，几个赃官赶紧跪地求饶。冯太后见站立的群臣中，还有人表现得十分紧张，便厉声吼道："还有！"虽然只两个字，却像一声霹雳，在赃官心头炸响，他们不由自主地腿一软，跪倒一片，心中无愧仍然站立不动的大臣，寥寥无几。

冯太后见状，从椅子上站起身，义正词严地说："仅朝廷中就有这么多的贪官，那么，全国各州县又有多少？江山社稷掌握在你们手里还能好吗？只顾自己升官发财，不管老百姓是死是活，百姓岂能不造反？以前朝廷要实行'班禄制'（俸禄制），你们都反对，因为实行班禄制以后，就不能对老百姓任意搜刮强征了。现在还反对班禄制吗？"

跪在地上的朝臣，齐声喊不敢。冯太后见是时候了，接着说："既然大家赞成，明日请陛下降旨，文武百官都实行班禄制，不得私自向百姓索取豪夺。否则，索赃绢一匹者处死，枉法者一律处死！"

后来，冯太后在中书令李冲的支持下，又实行了"均田令""三长制"等改革措施，限制了贪官污吏，使老百姓尝到了甜头，使魏朝出现国泰民安的局面。这位非凡的女性，对当时社会做出了卓著的贡献。公元490年，49岁的冯太后病故。

北魏孝文帝迁都

北魏历经几代人、数十年的努力，于439年统一了中国北方，结束了100多年北方十六国割据的局面，北朝从此开始。

公元471年，拓跋宏即北魏帝位，是为孝文帝，当时年仅4岁。由于孝文帝年纪太小，由祖母冯太后临朝执政，并尊冯太后为太皇太后。冯太后尽管在生活上淫荡不贞，但却是一位颇有才能的政治家。在她的主持下，北魏进行了重大改革，缓和了阶级矛盾，限制了地方豪强势力，扭转了北魏国力衰微的局面。冯太后死后，孝文帝把北魏的改革推向了更高的阶段，使衰弱的北魏又逐渐强盛起来。

北魏孝文帝的改革，包括实行俸禄制、均田制、三长制以及迁都和汉化。其中，尤以迁都和汉化作用巨大，影响深远。

孝文帝以前，北魏的官吏是一律不给俸禄的。中央官吏可以按等级，分享缴获的战利品，或是受到额外的赏赐；地方官吏不同，他们只要上缴规定的租税赋役以外，就可以在其管辖的范围内，任意搜刮，不受限制。有一次，太武帝拓跋焘要出征，向老百姓征调毛驴，驮运军粮。这件事由公孙轨负责。公孙轨下令，老百姓交上来的毛驴，只有每一头加上一匹绢，才能接受。公然索要贿赂。当时，人们都说："驴子没有好坏，背着绢就是壮驴。"官吏如此贪赃枉法，不能不激起人民的反抗。

针对这种情况，孝文帝在公元484年夏，下决心实行俸禄制。他规定：每户征调3匹绢、2石9斗谷作为百官的俸禄；同时，制定了严惩贪官污吏的法律。规定：官吏贪赃1匹以上的绢就要处以死刑。俸禄制实行以后，虽然增加了人民的赋税，但与以前放纵官吏们贪污掠夺相比，对人民还是有利

的。正因为如此，俸禄制遭到一部分惯于贪赃枉法的官吏们的反对。孝文帝改革意图坚决，对这些人进行了严厉打击，先后处死了地方刺史以下的贪官污吏40多人，使北魏的吏治出现了崭新的局面。

公元485年，孝文帝和太皇太后，采纳给事中李安世的建议，实行均田制，均田制的主要内容是：男子15岁以上，给露田（不栽树只种谷物的土地）40亩，妇女20亩，一夫一妻60亩；男子还给桑田（已种或允许种桑、榆、枣等果木的土地）20亩，在不适合种果木的地方，男子给露田40亩，妇女5亩；露田是私有田，可传给子孙，也可以买卖其中一部分；奴婢和良人也一样给露田，一头牛可给田30亩。此外，新定居的户主，还给少量的宅基田。

均田制不是平分土地。对于地主来说，是承认他的土地占有权，又限制了他们兼并土地；对于农民来说，是既承认他们已有的小块土地，又鼓励他们开荒；对于那些流浪者来说，则给他们自立门户提供了条件。

公元490年，太皇太后驾崩，24岁的孝文帝亲掌朝政。他为了加强中央集权，决心进一步改革。现在，改革的重点在于"汉化"。孝文帝很聪明，在他的祖母冯太皇太后的影响下，也读了不少书，对汉族文化有了较深的了解。他知道，要使北魏富强，必须抛弃民族偏见，接受汉族的先进文化。当时，北魏的都城在平城（今山西大同）。由于地处边塞，既不便于加强同黄河流域汉族的联系，又不便于进攻南朝，对控制中原和推行改革都是障碍，于是，孝文帝决定迁都洛阳。

迁都是件大事，关系到许多鲜卑贵族的切身利益。他们大多留恋旧都的田地财产和奢侈的生活，害怕迁都会改变他们的生活方式，所以，强烈反对迁都。孝文帝为了达到迁都的目的，定下了一条妙计。

公元493年，孝文帝亲自率领步兵、骑兵30万渡过黄河，九月进驻洛阳。孝文帝带领大臣们参观洛阳西晋宫殿的遗址，他面对这满目荒凉的景象，对大臣们说："西晋的皇帝没有管理好国家，致使国家灭亡、宫殿荒芜，看了真让人伤感。"他触景生情，朗诵起《诗经》中《黍离》这首诗来。"黍"

是谷子，"离"是指植物长得很茂盛的样子。据说，当年，东周大夫回到西周的镐京，看到旧日宫殿的遗址，种上了茂盛的谷子，感到十分哀伤，就写下了这首诗。

此时，洛阳秋雨连绵。文武百官本来就不愿南征，现在，他们面对连绵惨淡的秋雨和残败破落的宫殿，心情都十分沉重。原来，几十年前，北魏太武帝曾以10万大军南征，结果，被宋军打得大败而逃，伤亡大半。从此"南征"成了他们最感可怕的事情。这一出戏演得很出色，孝文帝南征是假，迁都是真。他针对大臣们不愿继续前进的为难情绪，便下令三军，继续往南进发。

大臣们听了，就纷纷跪倒在马前叩头，请求皇帝不要再南征了。孝文帝乘机说道："这次南征，兴师动众，不可无功而返。不南征，就迁都。"并且下令：愿意迁都的站在左边，不愿迁都的站在右边。文武百官听了，权衡一下南征与迁都的利弊，觉得还是迁都为好。于是，所有随军贵族和官吏都站到左边去了。一时间，停止南征的消息传遍了全军，大家都高呼"万岁！"迁都洛阳之事，就这样决定了。

迁都洛阳后，孝文帝就开始大力推行汉化政策。首先，他改鲜卑姓为汉姓，禁止鲜卑族同姓结婚，鼓励鲜卑人与汉人通婚。孝文帝把拓跋氏改成元氏；把丘穆氏改成穆氏；步陆孤氏改成陆氏；达奚氏改成奚氏……他还带头娶汉族大姓女子为皇后、妃子。并且，给他的弟弟们娶汉族大姓女为妻室，还把公主们嫁给汉族大姓。范阳卢氏，一家就娶了3个公主。

孝文帝还下令，鲜卑族一律改穿汉人服装，孝文帝亲自在光极堂给群臣颁赐了汉服的"冠服"，让他们穿戴。再次，禁止说胡语，要求鲜卑族改说汉语。他规定：30岁以上的人，由于说话的习惯已久，可以慢慢改；30岁以下的人，要立即改说汉语。并严厉规定：在朝廷当官的人再说胡语，就要降爵罢官。

对这些改革，顽固守旧的鲜卑贵族当然不满意。他们暗中勾结起来，煽动皇太子元恂发动叛乱。元恂打算乘孝文帝出游嵩山的机会，偷偷逃回平城，依靠守旧派占据平城搞分裂。孝文帝在去嵩山的路上得知这个消息，立即派人把元恂逮捕起来，亲自用鞭子打了他一顿，并将他废为平民，囚禁起来。过了些日子，又把太子毒死了。正是因为平定了这场武装叛乱，孝文帝的改革才得以推广。

北魏孝文帝在位期间，对北魏的政治、经济、军事和民族旧习，都进行了一系列的大胆的多方面的改革。在他的带动下，北方各族人民在相互交往中渐渐融合，逐渐接受了汉族的先进生产方式以及与这种生产方式相联系的文化。那些"代迁户"在新的地方取得了新的联系，学习了新的风俗和新的嗜好，逐渐汉化了。北魏孝文帝的迁都和汉化政策，促进了北方各民族的融合，为我国多民族国家的发展做出了贡献。

宗悫乘风破浪

刘宋初年有一个有抱负、有理想的少年宗悫（音 què），他从小跟叔父宗少文读书。宗少文很有学问，但是自命清高，不想做官。他见宗悫很机灵、有心计，有一天问宗悫说："你长大想干什么？"小宗悫见叔父问他，微微地昂起头，睁着两只明亮的大眼睛，毫不犹豫地回答说："愿乘长风破万里浪。"这句话的意思是说，他要利用有利的条件，冲破一切困难，干一番伟大的事业。这话表达了小宗悫的远大志向。可宗少文以为侄子将来想做大官，就骂道："你这小子，尽想着钻到那污浊的官场里去，将来不富贵，就一定要败我的家！"宗少文看不惯当时腐败的政治，不愿意做官，也不愿意侄子混入这污浊的官场里去。小宗悫虽然被叔父误解了，可他并没有辩解。他有自己的理想、抱负，想做一个有才能的将军，带领着千军万马，去冲锋陷阵，为国家立功。

那时候，大多数年轻人光知道关起门来读书，不喜欢练习武艺。宗悫却每天挥舞着大刀或双剑，披星戴月，勤学苦练，终于练就了一身好武艺。

在宗悫 14 岁那年，一件偶然发生的事情，使他一下子出了名。那年，他哥哥宗泌娶亲，新娘子家里比较富裕，嫁妆很多，亲戚朋友也送了许多礼品。没想到被强盗盯上了。晚上，当月色朦胧，客人们相继离去，宗悫一家正准备睡觉的时候，10 多个强盗拿着火把和刀枪棍棒，闯入他家抢劫。宗悫抄起平日练武用的大刀，一个箭步冲了出去。强盗看他是个小孩子，没把他放在眼里。宗悫一脚便踢倒一个强盗，又举起大刀，把另一个强盗劈倒。邻居和附近的官军闻声赶来，将这伙强盗一网打尽。少年宗悫勇斗群盗的事，很快就传开了，人们禁不住竖起大拇指称赞说："真是初生牛犊不怕虎呀！"

这件事情传到了江夏王刘义恭那里，他很赞赏宗悫，就派人把宗悫请来，叫他在自己手下当了一名军官。

宗悫立了许多战功，不到 20 岁就当上了将军。他作战时，身先士卒，善于跟敌人斗智。有一次，他在岭南和敌人作战，敌人出动了一支用大象装备起来的队伍。大象的皮很厚，普通的刀剑不容易砍伤它。宗悫心想，狮子是百兽之王，什么野兽见了它都害怕，于是他叫人做了一些假狮子，装在车上，由士兵推着冲入敌阵。大象看见狮子来了吓得四处奔逃，敌人的队伍很快就崩溃了。宗悫还很重视军队的纪律，对部下约束很严，不许抢劫，凡是战利品，都一律上缴，他自己分毫不取，部下当然也就不敢私分。

元嘉三十年（公元 453 年），太子刘劭谋害了宋文帝。消息传开后，人们纷纷起来反对大逆不道的刘劭。宋文帝的第三个儿子刘骏，正任江州刺史（管理今江西省九江市西南一带的地方官），听说这件事情，首先起兵讨伐刘劭。接着，荆州刺史刘义宣，也起兵响应，一起杀向建康。刘骏任命宗悫为将军，和柳元景一起，带领主力部队进攻建康。柳元景和宗悫攻破建康；在枯井中捉住刘劭，把他杀了。

这场动乱平息以后，刘骏继承了帝位，他就是宋孝武帝。孝武帝论功行赏，宗悫被任命为左卫将军，封洮阳侯。不久，又升为豫州刺史（管理河南省东部、安徽省西部一带的地方官）。

宗悫待人宽厚，从不计较个人得失。他有个同乡，名叫庚业，家里拥有良田千顷，生活极端奢侈，每次请客，山珍海味应有尽有。还在宗悫不怎么出名的时候，有一次，庚业请宗悫吃饭，只准备了粗糙的小米饭和萝卜白菜。庚业还故意对别的客人说："宗悫是个武人，吃惯了粗菜淡饭，所以我不敢用别的饭食招待他。"庚业的目的是有意取笑一下出身贫寒的宗悫。宗悫并不在乎这些，照样吃得饱饱的，向庚业道了谢才走。后来，宗悫做了豫州刺史，庚业恰好是宗悫的部下，可宗悫并不计较当初庚业对自己的取笑，对他仍然很客气。庚业对自己当初的不礼貌多次表示歉意，可是宗悫听了总是笑着说："过去的事情就不要再提了，那次不是吃得很香，也没有噎着嘛！"

又过了几年，宋文帝的第六个儿子竟陵王刘诞阴谋夺取帝位。他四处扬言："宗悫是我的得力助手，我一起兵，他就会来帮助我。"宗悫听说刘诞盗用自己的名义招摇撞骗，十分气愤，立即请求孝武帝派他去捉拿刘诞。孝武帝派他跟主将车骑大将军沈庆之去平定叛乱。到了刘诞盘踞的广陵（今江苏省清江市）以后，宗悫骑马绕城大喊："我是宗悫，奉命来捉拿叛贼！"刘诞听了，大吃一惊，赶快派兵加强防守。沈庆之和宗悫很快攻破了广陵城，活捉刘诞，将其斩首示众。

这次，宗悫又立了大功，成为刘宋朝里的一位大名鼎鼎的将军。他年轻时候"愿乘长风破万里浪"的豪言壮语，后来被人们简化为"乘风破浪"这样一句成语，用来形容人们的远大志向和抱负。

大发明家祖冲之

从宋孝武帝即位之后，宋王朝很快就衰落了。在这个时期，却出了一个杰出的科学家祖冲之。祖冲之的祖父名叫祖昌，在宋朝做了一个管理朝廷建筑的长官大匠卿。祖冲之长在这样的家庭里，从小就对自然、科学、文学、哲学有浓厚的兴趣。长大以后，他便开始探讨自然科学的奥秘，尤其偏爱天文、数学、机械制造等各方面的知识，凡认识他的人都称赞他是个博学的青年。

宋孝武帝听到他的名气，派他到华林雀（当时一个研究学术的机关）去做专门的研究工作。在那里，可以更加专心研究数学、天文了，他对太阳和星球运行的情况进行观测，并且做了详细记录，为后来的发展打下坚实的基础。

祖冲之的治学态度十分严谨，他注重学习古人的先进经验，但又不拘泥于古人。他说，不能盲目崇拜迷信古人，要从古今著作中吸取他们的精华。

我国历代都有研究天文的官，并且根据研究天文的结果来制定历法。到了南北朝的时候，历法已经有很大进步，但是祖冲之认为还不够精确。他根据他长期观察的结果，创制出一部新的历法，叫做"大明历"（"大明"是宋孝武帝的年号）。这种历法测定的每一回归年（也就是两年冬至点之间的时间）的天数，跟现代科学测定的相差只有 50 秒；测定月亮环行一周的天数，跟现代科学测定的相差不到一秒，可见它的精确程度了。

公元 462 年，祖冲之请求宋孝武帝颁布新历，孝武帝召集大臣商议。那时候，有一个皇帝宠幸的大臣戴法兴出来反对，认为祖冲之擅自改变古历，是离经叛道的行为。祖冲之当场用他研究的数据回驳了戴法兴。

宋孝武帝想帮助戴法兴，找了一些懂得历法的人跟祖冲之辩论，也一个个被祖冲之驳倒了。但是宋孝武帝还是不肯颁布新历。直到祖冲之死了 10 年之后，他创制的大明历才得到推行。

尽管当时社会十分动乱不安，但是祖冲之还是孜孜不倦地研究科学。他更大的成就是在数学方面。他曾经对古代数学著作《九章算术》作了注释，又编写一本《缀术》。他的最杰出贡献是求得相当精确的圆周率。经过长期的艰苦研究，他计算出圆周率在 3.1415926 和 3.1415927 之间，成为世界上最早把圆周率数值推算到 7 位数字以上的科学家。

祖冲之在科学发明上是个多面手，他造过一种指南车，随便车子怎么转弯，车上的铜人总是指着南方；他又造过"千里船"，在新亭江（今南京市西南）上试航过，一天可以航行100多里。他还利用水力转动石磨，舂米碾谷子，叫做"水碓磨"。

祖冲之爱好广泛，博学多才。他在晚年的时候，主要研究文学和哲学，著有《易老庄义》《论语考经论注》等书，还著有小说《述异记》等。

祖冲之死后，他的儿子祖暅（音 gèng）、孙儿祖皓都继承了祖冲之的事业，刻苦研究数学和历法。据说祖暅在研究学问的时候，全神贯注，连天上打响雷也听不到。他常常一面走路，一面思考问题。有一次，他在路上走，前面来了个大官僚徐勉。祖暅根本没有发觉，一头就撞在徐勉身上。等到徐勉招呼他，祖暅才像梦中惊醒一样，慌忙答礼。徐勉知道他研究出了神，也没有责怪他。

祖冲之取得的巨大成就，使他在中国科技史上永远占据着一席重要的位置。他不愧是我国古代杰出的天文学家、数学家和机械学家。

萧道成除暴君建齐

自宋文帝"元嘉治世"以来，社会经济得到发展，国力也有了提高。宋孝武帝刘骏去世后，刘子业登上皇位，国家出现了衰退迹象。

宋朝皇帝刘子业，3年帝王生活，使他的身体由强变弱，公元466年刘子业被杀，刘彧继位，是为宋明帝。宋明帝死后，太子刘昱继承皇位。

刘昱继位后，江州刺史、桂阳王刘休范带头起兵，想逼刘昱下台，叛军已打到宫外。小皇帝刘昱吓得直哭，皇太后王氏准备悬梁自杀。在这千钧一发之际，右卫将军萧道成率军平息了叛乱，使刘昱的皇位，转危为安。萧道成因功被封为中领军。

刘昱 12 岁时，已当了两年多皇帝，加冕礼之后，他便逐渐暴露出为所欲为、放荡不羁的性格。刘昱在后宫准备了各种刑具，对侍臣和姬妾宫女稍不顺心便亲自用刑。有一回，侍者斟酒溢出杯外，刘昱当场命令将这位侍者用锯拉成两截！

刘昱 15 岁时，有一天中午，他信马由缰，来到萧道成领军府，竟自来到帐前，只见萧道成袒胸露腹地躺在床上睡觉，肚脐子特别大，刘昱就在萧道成的肚脐上拍了一掌，大笑起来："哈！好一个箭靶子呀！"

萧道成被惊醒，见皇帝来了，忙穿衣服。刘昱却说："不用穿了，朕要用卿的肚子试试箭法。"

刘昱让两个随从架着萧道成站到帐外，他用毛笔在萧道成的肚脐上画了一个圆圈，然后取来弓箭，后退 10 步，拉弓搭箭欲射。萧道成的卫队长王天恩急中生智，忙说："启奏陛下，中领军腹大，确实是好箭靶，但一箭便死，以后便不能再射，不如用箭（一种包着皮的圆头箭），日后还可复射。"

刘昱一听，觉得这个主意不错，便让人取来箭，搭箭张弓，瞄准萧道成的大肚脐，喊一声"着"，随着话音，箭射中肚脐。刘昱大笑，问道："朕的箭法如何？"王天恩忙说："陛下真乃神箭，一箭便中，勿需再射。"刘昱听罢，一边笑着一边离去。

萧道成双手捂着肚子，又痛又恨，暗暗打定主意：这样荒唐的昏君，应该除掉！

萧道成找来校尉王敬则，让他收买皇帝身边的卫士杨玉夫、杨万年，让他俩连夜诛杀刘昱。刘昱在宫中残忍无道，人人憎恨，所以两人没有推辞。半夜后，刘昱睡熟了，杨玉夫、杨万年潜入后宫，杨万年抓起刘昱枕边的一把短刀，仅一刀，便切断刘昱的喉咙，结束了他的生命。

第二天，萧道成拥立 11 岁的安成王刘準为新帝，刘準在位二年，刚刚 13 岁，就被萧道成逼迫退位。公元 479 年，萧道成登基称帝，改宋为齐。

"菩萨皇帝"梁武帝

公元479年，萧道成灭宋建立南齐政权。曾任齐雍州刺史、镇守襄阳的萧衍，乘齐内乱，起兵夺取帝位，于公元502年建立南朝梁。

梁武帝萧衍，是一个残暴、愚蠢、伪善而又善于玩弄政治手腕的人。他做了皇帝以后，一心盘算着建立万世基业，一方面用严刑峻法镇压老百姓，一方面又把自己打扮成信佛的善人。

萧衍派宦官黄泰平、张齐杀死齐帝萧宝融后，为了篡位建梁扫除隐患，采取了对齐室后裔赶尽杀绝的策略，大开杀戒。

梁武帝制定的法律规定：一人逃亡，全家判刑，罚做苦工。结果，老百姓每年因犯法而被判刑的就有5000人之多。监狱里总是满满的，到处都可以见到穿着囚衣、被士兵押着做苦工的人。每年被判处死刑的罪犯，为数也很多。但是梁武帝每逢杀人的时候，又总是假惺惺地掉几滴眼泪，念几声"阿弥陀佛"。

梁武帝大力提倡佛教，规定佛教是梁朝的国教。佛教宣扬人们只要规规矩矩，虔诚地吃斋念佛，死后就可以进"天堂"；如果不遵守皇家的法律，犯上作乱，死后就要下"地狱"，遭受种种痛苦。这种说教实际上是叫人们忍受现实世界的痛苦。梁武帝既然叫别人信仰佛教，自己也得做出十分虔诚的样子。他经常手里攥着一串念珠，嘴里诵经念佛，有时候，他还斋戒，不吃荤腥，光吃素食。其实他吃的素食也是十分讲究的，一顿饭花费的钱，足够几个老百姓吃上一年。

梁武帝下令修建了一座同泰寺，他每天早晚都到寺里拜佛念经。在他的提倡下，梁朝境内到处建起了佛寺，大批的人出家当和尚、尼姑，光是首都建康一地，就有 700 所佛寺，10 多万和尚、尼姑。这些和尚、尼姑都是不参加生产劳动，光靠别人养活的寄生虫。寺院还拥有许多朝廷给的和自己霸占的土地，强迫农民耕种，形成一种寺院地主。

萧衍不仅是一般地信仰佛教，他甚至还表示不愿意做皇帝，想出家去当和尚。他先后 4 次斋戒沐浴，到同泰寺去"舍身"，就是把身体施舍给佛爷。其实这不过是一种骗人的把戏。在他的授意下，他每次"舍身"以后，大臣们就拿一大笔钱把他赎回。他"舍身" 4 次，大臣们把赎回 4 次，总共花钱 4 万万。这些钱都是从老百姓身上榨取来的。在他最后赎身回宫的那一天晚上，同泰寺突然发生火灾，把佛塔烧毁了，梁武帝胡说这是魔鬼干的坏事，应该做法事来镇压魔鬼。他下诏说，道愈高，魔也愈盛，行善事一定会有障碍，应该重建佛塔，把新塔修得比旧塔高一倍，才能镇得住魔鬼。他召见了大批和尚、尼姑做法事，给他们吃上等的素斋，消耗了上万斤香烛，念了好几天经，又叫大臣们跟他一起烧香

磕头。还派出大批工匠，上山采石砍树，花了无数的钱财，用了好几天工夫，建造起一座 12 层的高塔。

梁武帝兴佛教愈来愈厉害，剥削压迫老百姓的罪孽也愈来愈大。有人说，宋明帝的罪比塔高，梁武帝的罪比宋明帝的罪还大。人们形容那些表面上信佛，内心里十分龌龊（音 wò chuò）的人是"口念弥陀，心如毒蛇"。梁武帝正是

这样的人，无论他怎样"舍身"，怎样把塔修得高而又高，都难以掩盖他的罪恶，也保不住他的皇位。

梁武帝的胡作非为，终于导致一场大乱——侯景之乱。在那场战乱中，梁武帝被软禁起来，后来，活活地被饿死了。

周武帝统一北方

北魏孝文帝改革，促进了北方各民族的大融合，使社会生产力逐步恢复和发展，商业日渐活跃，国家出现一派繁荣的景象。然而随着生产力的发展和鲜卑族汉氏的加强，北魏统治者日趋腐化，吏治逐步败坏，阶级矛盾日渐尖锐，各地人民陆续起义反抗，统治集团内乱不止，国内迅速衰败。公元 543 年，北魏分裂为东魏和西魏两个国家。以后东魏和西魏又为北齐与北周所取代。

公元 561 年，17 岁的宇文邕即北周帝位，为北周第三位皇帝，也是一位很有作为的年轻皇帝。他是继北魏孝文帝之后，以一个少数民族出身的杰出的政治家和军事家，史称周武帝。他一生雄才大略，励精图治。

周武帝即位后，封宇文护为大冢宰，都督中外诸军事。宇文护从北周建国开始，就身居高位，权势遮天，从来就没有把任何一个皇帝放在眼里，朝中的一切军政大事，他往往不经皇帝同意，就独断专行。公元 557 年，宇文护先后杀掉孝闵帝的心腹赵贵、独孤信和年仅 16 岁的孝闵帝宇文觉；560 年，宇文护又指使膳部大夫李安，把毒药放在糖饼中，给明帝宇文毓吃。明帝吃后，顿感腹痛，自知是为人所害，不久就会身亡。临死前，他口授遗嘱，令其弟宇文邕即位。明帝嘱罢，即刻亡故，年仅 27 岁。宇文邕继位，是为周武帝。周武帝对宇文护专横跋扈，连续杀了自己两个哥哥的罪行，早已记在心头。但他考虑到，宇文护在朝廷中实力很大，是不太好对付的。于是，他一方面不动声色，对朝中大事也不多过问，使宇文护觉得武帝平庸无能，放松警惕；而另一方面，周武帝却与心腹加紧策划，寻觅消灭宇文护的机会。

为了消灭宇文护，周武帝从即位起，等待和策划了 13 年。终于，在 572 年，周武帝捕捉到了机会。这年的三月十八日，宇文护从同州（今陕西大荔）回到朝廷，周武帝先是在文安殿会见了他，然后，又一同到含仁殿拜见皇太后。途中，周武帝把一篇叫《酒诰》的文章交给宇文护，请他在拜见太后时讲谏，劝她老人家戒酒。宇文护不知道这是一个计谋，便欣然同意。正当宇文护慢声细语地向太后诵读《酒诰》的时候，站在他身后的周武帝，突然举起一件玉器砸向他的头部，并连续猛击。宇文护当即昏倒在地。最后，预先埋伏在殿内的卫王宇文直用刀将宇文护斩首。第二天，周武帝下诏，公布了宇文护的罪状，说他眼中无君，行为违背一个臣子的规范，任性残暴，作威作福，使得国无宁日，民不聊生，罪行当诛，死有余辜。

鲜卑人入主中原时，正处于从奴隶制向封建制过渡的社会发展阶段。鲜卑贵族在战争中，掳掠大量人口，强迫他们沦为官家或私家奴隶。因此，从北魏初年至东、西魏对峙的一段时期内生产关系中奴隶制的残余有增无减。周武帝从 565 年开始，就下诏释放奴婢。这一举措，提高了劳动者的生产积极性，有力地促进了北周社会经济的发展。宇文护专政时期，田亩荒芜，农民散失，社会经济遭到严重破坏。周武帝亲政后，推行均田制，减免赋役，让人民休养生息；还组织人民开河修渠，防止水患，这无疑有利于国力的强盛。

周武帝还是继北魏太武帝之后的另一个禁佛皇帝。北魏太武帝虽然在灭佛上采取了好多措施，但没有彻底消灭佛教。太武帝死后不久，他的继承者文成帝，宣布解除了禁佛律令。特别是北魏的宣武帝、孝明帝，都尊崇佛教。在他们统治期间，寺庙林立，僧徒遍布各地，佛教的发展到达了顶点。其时，佛寺有 6000 座，身披法衣的僧尼，多在 75000 人。到了北周，佛寺更是猛增到 3 万座，僧尼多达 200 万人。佛教的发展，使兵源大为减少，并且，严重影响国家的财政收入。

北周武帝通过上述一系列的改革，使国家逐渐强盛起来，为统一北方打下了基础。而消灭北齐是统一北方的最重要的一个步骤。就在灭佛的第二年，周武帝任命讨伐北齐的六路将领，又派出使者去约南朝陈宣帝进兵淮南，牵制北齐的力量。575 年，周武帝亲自带领六路大军，浩浩荡荡向北齐境内进发。

此时，北齐政治腐败，内部矛盾重重。齐后主高纬更是昏庸残暴到了极点。这无愁天子为了享乐，驱使成千上万的工匠为他建造富丽堂皇的宫殿和寺院，还常常想出一些自以为新奇的花招来取乐。573 年，他对上书进谏的汉族官吏一律处死，把被杀者的家属发往北部边境，妇女罚做当官的奴婢，小男孩一律阉割，其财产全部被没收。荒淫无道的齐后主，得知南方陈朝出兵攻占彭城，进攻吕梁，北周武帝占领河阴，连续攻下 30 余城的消息，才赶快分兵抵抗。也算他运气，周武帝在半路上生病，无法跟齐兵交战，只得放弃已经占领的城池，撤兵回国。

第二年冬天，周武帝命令隋国公杨坚等人带兵向北齐的晋州（今山西临汾）进发。不久，周兵包围了晋州。晋州守将崔景嵩向齐后主告急。这天，齐后主正带着妃子在天池打猎，接到告急文书，根本不予理睬。等他们打完猎，才由齐后主亲自带着大军去援救晋州。这时，晋州早已被周军占领。周武帝见北齐援兵新到，用诱敌计，把主力撤出晋州，却吩咐宇文宪、宇文忻两位将领依计行事。齐后主以为周武帝害怕了，下令围攻晋州，又派兵追赶周武帝。

齐兵眼看着要追上周武帝，突然，周武帝手下大将宇文忻和宇文宪带两路人马，从他们的背后和两侧杀了出来。齐军将领贺兰豹子回头应战，对着宇文宪大喊："败军将领，还不赶快下马投降！"宇文宪一听，不禁放声大笑：

"大将军，你们已经被包围了，还要什么威风，赶快投降吧！"说话间，北齐的兵马已经被周兵杀得人仰马翻，贺兰豹子刚想逃走，被宇文宪一刀杀了。齐兵见主将已死，更无心恋战，争先恐后逃散。宇文忻追杀一阵，收兵渡过汾水，与周武帝一起驻扎在玉壁（今山西运城市稷山县西南）要塞。

这时候，齐后主仍在督师围攻晋州。周武帝任命梁士彦为晋州刺史，带领1万兵马，据城坚守。梁士彦亲自在城上巡视，他对士兵说："为了抵抗齐兵，我宁愿死在你们前头！"将士们见主将这样坚定，受到很大鼓舞，大家英勇奋战，一次又一次地打退了齐兵的进攻。周武帝听说梁士彦坚守晋州，赶快汇集各路兵马8万多人，渡河援救。宇文宪首先到达晋州城外，布好了阵势。齐后主见周武帝援兵到来，害怕周兵发动突袭，就派人在晋州城南挖了壕沟，修筑防御工事。周武帝叫宇文宪等人到前线慰劳将士，鼓舞士气，准备发动总攻。

齐后主见周军阵地上一片欢腾、士气旺盛，不由得大为震惊。他问右丞相高阿那肱："我们是战还是退？"高阿那肱说："我们人马虽多，但是，能作战的不过10万，士气低落，不如退守高梁桥。"大将安吐根反对说："丞相不要被周军吓坏了。周兵实在是不堪一击的！"齐后主正在犹豫，经手下人这么一撺掇，便马上命令士兵填平了壕沟，准备出击。

周武帝等齐兵把壕沟填平，就发动了进攻。周军如同猛虎下山，齐后主丢下将士向后方逃命，退回首都邺城。齐军见皇帝逃走，就在一片混乱之中溃散了，此后北齐军心更加涣散。

576年，齐后主把帝位禅让给太子高恒。齐幼主高恒即位不到1个月，周武帝就率军攻破晋阳，大举进攻邺城，烧毁城西门，邺城也被攻破。北齐王公大臣全部投降。齐后主准备投奔陈朝。他刚逃到青州（今山东益都），就被周军抓获。没过几天，在北周的宴会上，周武帝拿齐后主开心，令他给众人跳舞；尔后，又把他及跟随的嫔妃、宗室等30多人全部杀光。齐后主高纬死时才22岁，他的儿子高恒也在8岁时死掉了。自此，北齐灭亡。

公元 577 年元月，周武帝宇文邕灭亡了北齐，使中国北方重新得到统一。周武帝为结束全国长期的分裂局面，促进北方民族的联合，推动社会历史的发展，做出了积极的贡献。

北方民族大起义

北魏孝文帝拓跋宏执政 30 年，治国有方，国富民强。宣武帝拓跋恪继位后，则每况愈下，到孝明帝元诩 6 岁登基后，朝廷争权，官吏腐败，民不聊生。许多农民、僧人起义造反，爆发了著名的六镇起义。由于朝廷和柔然相互勾结，525 年，柔然兵攻破武川、沃野，破六韩拔陵被迫南移，在渡黄河时遭北魏伏击，才把这次规模较大的起义镇压下去。

匈奴人破六韩拔陵领导的六镇农民起义失败后，将近 20 万六镇兵民被魏朝廷迁移到上谷（今河北省怀来县）城等地。这里是一座荒凉颓废的古城，人烟稀少，贫穷落后。

朝廷把这些人押送到这里，再就不管了，人们只好吃野菜、树皮，或乞讨为生。有的只好去偷盗、抢劫，被抓住的或关押或处死。小小的上谷城，住了四五千户六镇兵民，仅两个月，病死饿死和被处死的约千余人。

这些人中有一位中年人叫杜洛周，在被迁徙的途中，他 70 多岁的父亲被活活饿死，他妻子被官兵轮奸后，投井自杀，一气之下，他将不足一岁的儿子送人，决心与官府拼个你死我活。

百姓们见杜洛周气度不凡，便让他为头，领着大家起事，认为这总比等着饿死强。杜洛周曾参加过破六韩拔陵领导的起义，有一定的经验，他了解到一个情况，5 天后是城隍庙会，官府要在庙会上问斩 50 名六镇兵民。杜洛周想出了主意：当时大旱，可将庙会改为求雨大会，这样附近各镇农民都可以来参加求雨活动，不会引起怀疑。杜洛周又具体做了布置，然后让大家分头串联愿意起义的人参加劫法场行动。

5天后的上午，各地百姓打鼓敲锣来到上谷，中午时分汇集了一万来人。一位提督骑着马，带领一队士兵，押着50名死囚来到刑场。死囚们一字排开跪倒在地。午时三刻，三声炮响，骑马的监斩官刚要举蓝旗，杜洛周把手中祭神的酒杯往石阶上一摔，大声呼喊："弟兄们！我们造反了！"话音未落，跪地求雨的百姓齐刷刷蹦起来，取出钢刀斧剑，冲向法场，眨眼之间，官兵们变成了肉泥，死囚们被解开绳子，马上参加到义军之中。

杜洛周率领众人冲进府衙，杀了县官，打开牢门，救出几百名被关押的六镇人，一举攻占上谷城。当天夜里，杜洛周被义民拥为真王。时值公元525年，距破六韩拔陵起义失败只两个月。

消息传出，各地农民纷纷响应，到处都有起义军。鲜于修礼在左人城（今河北省唐县西）率领10万六镇兵民起义，是人数最多的一支队伍。鲜于修礼系丁零族人，原为六镇中怀朔镇的镇兵，他被朝廷迁至定州附近，生活没有着落，杜洛周起义后，他也打造兵器准备起义，但走漏了风声被官府捉拿关进牢狱。在除夕之夜，鲜于修礼率众囚徒暴动，宣布起义，得到了六镇兵民响应。

在鲜于修礼义军当中，有两位别帅，一个叫元洪业，一个叫葛荣。元洪业一天找到葛荣，提出杀掉鲜于修礼，投靠朝廷，他认为起义的下场很可能像破六韩拔陵一样失败被杀。葛荣同意了，两人杀死了鲜于修礼，并写信报知官府，朝廷派元渊去接受。第二天，元洪业、葛荣召集义军开会，元洪业公布了杀死鲜于修礼、投奔朝廷的决定，义军一片反对声，坚决不同意投降。葛荣见状，一剑将元洪业头颅砍下，说："谁敢不顺民心天意，这就是下场！"义军愣怔片刻，立即欢呼雀跃，拥立葛荣为王。这时，葛荣一下子成为拥有30万人的德王。

为了提高威望，葛荣准备打个胜仗，便用了一个声东击西之计，于526

年在白牛罗（河北境内）歼灭魏军一万人马，杀死章武王元融。葛荣声望大增，其亲信独孤信建议他称帝，葛荣半推半就做了皇帝。

公元526年冬，杜洛周率领的起义军攻下重镇幽州，也拥有30万兵马，但这时葛荣兵马已达百万之众。杜洛周虽然兵马没有葛荣多，但接连打了几次漂亮的胜仗，威望不亚于葛荣。所以，葛荣想把他拉过来，吞并掉。葛荣亲自来到杜洛周军中，一派皇帝派头，杜洛周心中很不高兴。而葛荣见杜洛周没下马跪迎，也不痛快。杜洛周为葛荣设宴接风，葛荣让杜洛周尝尝他带来的酒，杜洛周与众将官喝了之后，便都迷迷糊糊睡着了。葛荣见状，抽出宝剑把杜洛周杀死，吞并了他的30万人马。

葛荣以为现在有130万人马，该所向无敌了，528年秋，葛荣指挥起义军包围相州，前锋已过汲都，准备向洛阳进军。这时，秀容（今属山西）有个部落酋长尔朱荣，手下有8000强悍的骑兵，专门和农民军作对。北魏孝明帝就利用尔朱荣的兵力来对付葛荣。

葛荣认为尔朱荣人马少，容易对付。他把兵士在几十里的阵地上散开，准备围捕尔朱荣。想不到尔朱荣把兵埋伏在山谷里，发动精兵突击，把葛荣的兵士冲散，再前后夹击。数十万兵众散尽，起义遭到失败，葛荣本人也被杀害了。

葛荣起义失败后，北魏内部也发生大乱。尔朱荣和胡太后、孝明帝在内乱中互相残杀。最后北魏实权落在两员大将高欢和宇文泰手里。

北魏末年各族人民大起义，时间延续8年，遍及北魏全境，在共同斗争中加强了联系和了解，为民族大融合创造了条件。

苏绰订"六条诏书"

经过边镇大暴动和葛荣起义，北魏的政局十分混乱，边镇将领乘机控制了朝廷大权。高欢原是尔朱荣手下一兵，其貌不扬，由于驯服了烈马，善于打仗，才被提拔为六镇统帅。公元532年高欢拥立孝文帝的孙子拓跋脩当皇帝，即孝武帝，孝武帝不甘心做有名无实的傀儡，跟高欢产生了十分尖锐的矛盾。高欢带兵进逼首都洛阳，孝武帝只好逃走。高欢另立孝文帝的曾孙元善见当皇帝，就是东魏孝静帝，首都也由洛阳迁到邺城。

孝武帝逃到关中，投奔宇文泰。宇文泰年轻时参加过北魏的边镇暴动，18岁担任葛荣手下的大将。葛荣失败后，他投降了尔朱荣，被派到关中镇压关陇起义军。从此，宇文泰的势力一天天强大起来，成为与高欢齐名的将领。孝武帝投奔宇文泰，不久被杀。宇文泰又立孝文帝的另一个孙子元宝炬做皇帝，就是文帝，首都建在长安。从此，北魏同时有了两个皇帝，分裂成了东魏和西魏两部分。

西魏实际上由宇文泰掌权，东魏实际上由高欢掌权。西魏跟东魏比，地方小，经济落后得多。为了跟东魏相抗衡，宇文泰向地方势力让步，争取他们的支持。尤其大力争取当地汉族大地主的支持，他选拔了许多汉族地主到朝廷里做官，竭力推广汉族的统治经验，进行政治上的改革。

有个叫苏绰的汉族名士，出身于高门大族，学识丰富，才智出众，品德高尚。可是宇文泰一直没有重用他，只让他当了一名小官。有一次，大官周惠达回答不了宇文泰向他提出的问题，去向苏绰请教。苏绰想了想，说出一番道理，把问题解决了。周惠达回去报告宇文泰，并且称赞苏绰有做丞相的才能。宇文泰听了很高兴，立刻召见苏绰，提升他为著作郎，让他做朝廷的高级顾问。苏绰的才能有了用武之地。

一天，宇文泰带着一大群官吏去昆明池看捕鱼，路上经过西汉旧宫的仓池，宇文泰问这是什么地方，有什么古迹，随行的官吏都回答不上来，独有苏绰滔滔不绝地说了有关的历史典故。宇文泰非常高兴，跟苏绰并马而行，又问了许许多多有关天地起源，历史上兴亡盛衰的故事，苏绰也都对答如流。宇文泰还有许多问题急着要问苏绰，到了昆明池也没有心思看捕鱼，就下令回府了。

回府以后，宇文泰留苏绰过夜，继续长谈。苏绰从古代帝王治国的道理，谈到春秋战国时期申不害、韩非等法家的主张，谈得娓娓动听，宇文泰越听越兴奋，两人一直谈到天亮。第二天，宇文泰奏请西魏文帝任命苏绰为相当于丞相地位的大行台左丞。

苏绰担任新职以后规定了文书的格式：朝廷发出的文件一律用朱笔书写，地方向朝廷上报的文件一律用墨笔书写。还规定了财政方面的记账和清查户籍的办法，为平均赋役做好了准备。

不久，宇文泰请文帝授予苏绰大行台度支尚书和司农卿的官职。大行台度支尚书是朝廷上管财政的大臣，司农卿是朝廷上管农业的大臣。为了大力推行强国富民的办法，苏绰草拟了六条诏书，奏请文帝批准，公布实行。这六条诏书的内容是：一、为政的人首先应当心和志静，善于分辨是非；二、要教育人们养成淳朴诚实的作风，去掉浮薄虚伪的习气；三、要发展农业生产，保证农民有足够的时间男耕女织、养鸡养猪；四、用人要看能力，不能光看门第；五、法律要公正，不能滥杀无辜，冤枉好人；六、赋税和徭役要根据财产多少平均负担，不能全都加在穷苦老百姓的身上。

六条诏书是使封建国家富强的好办法，充分表现了苏绰的政治才能。宇文泰把六条诏书经常放在自己的案头，随时阅读，他规定，做官的人必须背诵六条诏书，不懂六条诏书的不许做官。

苏绰生活俭朴，不为自己谋私利。他常常说，天下还没有统一，自己的责任还没有尽到，应当好好工作。他又说，要想把国家治理好，应当像慈父爱儿子一样的爱护人民，像严师教学生一样地教育人民。他忠于职守，经常夜以继日地工作。他找官吏们了解情况，把大大小小的事情办理得井然有序。

不幸的是，苏绰因为过度辛劳，只活到 49 岁就去世了。他的逝世，使宇文泰十分伤心。为了尊重苏绰生前十分俭朴的优良品德，宇文泰只用一辆布车载着苏绰的遗体送回故乡武功安葬。在灵车启程的时候，宇文泰亲自带着文武百官，用酒祭奠苏绰的亡灵，情不自禁地放声痛哭，连手里的酒杯都掉在了地上。

苏绰虽然去世了，但是他制定的六条诏书，一直成为西魏治国的准则。他的治世思想也给后人以深刻启发。

侯景叛乱

侯景叛乱发生在梁武帝萧衍统治的末年，正是由于侯景之乱加速了梁朝的灭亡。侯景是被鲜卑同化的羯族人。他原先是北方东魏高欢部下的一员大将，拥兵 10 万，镇守河南 13 州。

侯景狂傲不驯，除高欢外，谁也没瞧得起。高欢死后，其长子高澄接任大丞相，怕侯景不服，设计解除了他兵权。不料被侯景看破，欲投西魏，西魏深知他是反复无常、狡诈多变的人，表面上帮助，实际上压制。这样侯景转降南梁，萧衍让他坐镇寿阳。

高澄不甘心侯景叛逃，便致信萧衍，离间侯景与萧衍的关系，又被侯景获知。侯景认为萧衍也不可靠，于是扩充兵力，准备直取梁朝都城建康。为了出师必胜，侯景找到萧正德做内应。萧正德是萧衍的侄子，曾过继给萧衍当儿子，但萧衍有了自己的儿子萧统后，就把萧正德送还他父亲萧宏了。为此，断绝了萧正德想当皇帝之路。他因此怀恨在心。这一情况，被侯景探知，就派人与时任左卫将军的萧正德联系，准备里应外合，攻卜建康后，让他做皇帝，萧正德非常高兴，当即表示同意。

太清二年（公元548）八月十日，侯景在寿阳发动兵变，攻下历阳（今安徽和县），直奔长江北岸横江。战报频频传到京都皇宫，尚书羊侃等十分着急，萧衍认为侯景不敢过江，只任命萧正德为平北将军，负责保卫建康，屯兵丹阳郡。

萧正德领命，率军赶到丹阳，连夜派大船把侯景的8000人马运过长江，然后两伙人马会师，一同将台城包围。

第二天一早，太子萧纲得知兵临城下，忙向父皇萧衍报告。已是虔诚佛教徒的萧衍正在念经。听到萧正德叛变引狼入室的消息，并不太惊慌，他让太子萧纲自己去想办法守城。幸好羊侃带领士兵勇敢顽强地守城，侯景连攻7天也没有成功。

这天晚上，萧正德对侯景献计说："今若立我为皇帝，守城梁军必乱，城将不攻自破矣！"侯景暗想：你当皇帝的野心也太迫切了，但还是表示赞成。简单地举行了仪式，萧正德早准备好了，皇冠龙袍，就算是皇帝了。

台城守军坚持了130天，终于被侯景占领。侯景因为自己出身微贱，常常被士族歧视，故而愤愤不平。攻破台城，他以为大功告成，就命令将士到处烧杀抢掠。侯景带兵冲入皇宫正华门时，萧正德身穿龙袍跟着进来，侯景大声说："你乃假皇帝，岂能穿龙袍进宫，快脱掉！"

萧正德正在迟疑，侯景又说："先废去你的帝号，但念你攻城有功，暂封你为侍中大司马。"萧正德万万没想到会出现这种局面，悔之晚矣，面对侯景的利剑，只好极不情愿地脱下龙袍。

侯景进入后宫章德殿，见皇帝萧衍躺在床上，便单腿跪地，说："丞相侯景叩见皇上。"萧衍连看也不看，怒斥道："什么丞相，你乃狂徒侯景！"

侯景自此把萧衍软禁起来，使他没有丝毫自由，连饭食都被扣了。不久，梁武帝被活活饿死。萧衍共当了48年皇帝，享年86岁。在南北朝历史上，他是寿命最长、"皇龄"最长的皇帝。

侯景立太子萧纲为帝，萧正德白忙活一场，非常恼怒，想让萧范带兵来建康除掉侯景，没有得逞，反被侯景杖死在太极殿前，落了一个称帝不成反丧命的下场。侯景掌握了朝中大权，竟要娶皇帝萧纲的14岁爱女为妃。萧纲的女儿溧阳公主，长得俊秀迷人，人见人爱，萧纲视为掌上明珠。况且只有14岁，哪里舍得送给侯景？但又不敢不允，只好忍痛割爱，点头答应。侯景随即提出当晚成亲，皇帝心里虽不同意，也只能含泪默许。

侯景逼死萧衍，独揽朝廷大权，惹起众怒，各地纷纷起兵讨伐，侯景等不下去了，想趁此机会过过皇帝瘾，但他的心腹王伟不同意，认为萧纲尚有9个儿子，均有一定的势力，不如先除掉他的儿子再做打算。侯景认为有理，设计将萧纲的9个儿子全杀害了。此前让萧纲退位，萧栋继位。不久，又命令萧栋禅让皇位。于是，侯景宣布称帝，改国号汉。

侯景称帝，更激怒了各地藩王。陈霸先、王僧辩两路大军会师，举行了庄严的结盟仪式，宣誓共同讨伐侯景，报效朝廷。同年三月，王僧辩与陈霸先联军在姑孰（今安徽当涂）大败侯景叛军，以势不可挡的气势逼近建康，并很快形成包围之势。

侯景慌忙出逃，最后只剩下妻兄羊鹍一人陪同他逃亡。

两人弄到一条小船，在海上漂荡。羊鹍问侯景要去哪，侯景回答说听天由命，然后昏昏入睡。第二天，侯景睡醒了，发现前方是建康城，不禁大惊。羊鹍说："陛下，我想借你的头换取富贵。"随即一剑将他刺死。

侯景的无头尸体，被丢在皇宫前御街上，任凭人们践踏、唾弃。这个反复无常的叛贼终于落得了应有的下场。

至此，历时4年之久的侯景叛乱始告平定。

陈霸先灭梁建陈

公元 534 年宇文泰杀害了孝武帝元脩，立元宝炬为帝，设都长安，开创了西魏的历史。从此，宇文泰便伺机篡位，要亲自登上皇帝宝座，但总觉得时机不成熟。公元 551 年文帝元宝炬病故，宇文泰想称帝易如反掌，可勇气不足，又让元钦继位。宇文泰对自己这个决定很后悔，但想到自己的女儿宇文氏是元钦的妃子，又觉得满意。

元钦对宇文泰独揽朝政心怀不满，想除掉他，结果，走漏了风声，宇文泰让元钦喝毒酒自杀，宇文氏也主动喝鸩酒，和丈夫一块儿去了，令宇文泰夫妇十分悲痛。宇文泰想此时篡位，但找人算了算，说魏朝寿命未尽，还有35 年。宇文泰只好立元钦的弟弟元廓为帝，自己再耐心等几年。不久，宇文泰突然患病，意识到自己永远当不成皇帝了，自己两个儿子太小，不能指望，就把侄子宇文觉找来，面授机宜，将手中大权交给了他，宇文泰就这样带着终生的遗憾走了。

宇文泰死后，元氏宗亲想趁机灭除宇文氏势力。大冢宰宇文护听到风声，找到大司寇于谨密谋，决定先下手为强——篡位！

第二天早朝，宇文护、于谨率兵冲进皇宫，将参与密商除灭宇文氏的元氏朝臣全部抓获之后，逼迫魏帝元廓禅让皇位。元廓含泪交出玉玺。

宇文护也算没辜负宇文泰的期望，拥立他的侄子宇文觉即位，国号周，史称北周，时值公元 557 年。至此，魏朝从道武帝拓跋珪登基开始，历时149 年，11 个皇帝；东魏只一任皇帝元善见，在位 17 年；西魏共 3 个皇帝，历时共 13 年。

宇文氏篡位灭魏建立周朝的消息传到南朝梁都建康，已荣任丞相的陈霸先羡慕极了。因为他也有篡位灭梁称帝的野心。

陈霸先，字兴国，吴兴郡长城县下若里人，生于梁天监二年（公元 503 年）。青少年时期，陈霸先即心怀大志，喜读兵书而多武艺。后来，他作战有功，逐步成为梁朝有名的战将。陈霸先与王僧辩平定侯景之乱以后，梁元帝萧绎任命王僧辩为太尉，镇守都城建康，任命陈霸先为司空领扬州牧，屯兵京口。不久，梁元帝萧绎被西魏于谨处死，陈霸先与王僧辩又让晋安王萧方智继位。

萧方智只有 13 岁，一切全听王僧辩的，引起陈霸先不满。不久，北齐皇帝高洋想在南梁安排一个傀儡皇帝，便让王僧辩重立萧渊明当皇帝。王僧辩被迫答应，陈霸先却不同意，发兵攻进都城。王僧辩慌忙迎战不敌，跪地求饶，说："陈将军，我们是儿女亲家，饶我一命吧！"，陈霸先怒道："王大司马，现在才想起我们是亲家，晚啦！"说罢，一剑将他刺死。

萧方智重登帝位，陈霸先掌握了朝廷大权。

北齐皇帝高洋，闻听他推荐的皇帝萧渊明被杀，不由大怒，派兵进攻梁朝；王僧辩被杀，他的女婿吴兴太守杜龛、弟弟吴郡太守王僧智等人，统帅三吴之兵讨伐陈霸先。

陈霸先内外交困，在这危急时刻，得到百姓的支持，提高了士气，打退了北齐的进攻。又派侄儿陈蒨平定三吴，南梁方才转危为安。后来，陈霸先闻听宇文氏篡位灭魏的消息，便加快了他的篡权步伐。太平二年十月，陈霸先进爵为陈王。随后，陈霸先取得心腹大臣支持后，给小皇帝施加压力。小皇帝萧方智被迫禅让。陈霸先终于登上皇位，建立了陈朝，梁朝随之灭亡。其时为公元 557 年。梁朝自萧衍称帝开始，共 4 任皇帝，历时 55 年。

陈霸先即皇帝位后，改太平二年为永定元年。永定三年六月，陈霸先逝世，年 57 岁。

范晔修成《后汉书》

在中国古代社会里，饱尝"夫为妻纲""三从四德"等封建礼教之苦的广大妇女，其地位一向是卑微低下的。与这种社会现实相适应，长期以来封建史学家们在撰写史书时，没有为妇女立传，她们在历史中也没有占有应得的一席之地，致使许多优秀、杰出的女性湮没无闻。这种情况一直延续到南朝宋代范晔写出《后汉书》以后，才得到彻底改变。

范晔（公元398~445年），是顺阳郡顺阳县（今河南淅川）人，南朝宋代著名的史学家。他出身于书香门第，祖上几代在学术上都有一定的造诣，同时，以学取仕，在晋朝都当过大官。他的父亲范泰也是如此，擅长经学研究，写得一手好文章，先后在东晋和刘宋政权中担任要职。出身在家学如此醇厚的家庭里，范晔自然从小就受到了良好的教育。

史书上说，他从小喜欢学习，广泛阅读政治、哲学和历史著作，不仅文章写得好，字也写得很漂亮，还精通音乐，可谓是多才多艺。不过，由于他是妾生的庶子，在家里受到兄长们的排挤，后来过继给堂伯，承袭了一个地位不高的爵号。范晔初入仕途时，在刘裕的第四个儿子刘义康手下任职，颇受信任，屡屡升迁。可他不拘小节，公元424年，已是彭城王的刘义康生母去世，安葬的头天晚上，他竟在酒醉之后，开窗偷听挽歌取乐，惹得刘义康雷霆大怒，把他贬到宣城（今安徽宣州市）做太守。这以后，范晔闷闷不乐，为排遣烦忧，便在专记东汉历史的各家著作的基础上，增损删补，裁以己意，撰成《后汉书》100卷。宋文帝很欣赏他的才能，委以要职和重任，范晔因此受到同僚们的冷嘲热讽、嫉妒排斥，郁郁不得志。公元445年，范晔的外甥谢综等人准备拥戴刘义康为帝，取代宋文帝。范晔也参与谋划活动，事情败露后，于当年

年底被杀害，年仅 48 岁。

范晔写《后汉书》时，原计划写十纪、十志、八十列传，另有序列。由于中年遇害，未能完成这一计划。实际上他只完成了十纪、八十列传，序列没有写完，十志委托给当时另一位史学家谢俨执笔，即将完稿时，谢俨与范晔一同被杀，这部分书稿从此不知去向。后来，南朝梁代刘昭为《后汉书》作注时，根据范晔生前曾盛赞晋代司马彪所写的关于东汉一代的"八志"这一线索，撷取司马彪《续汉书》中的"八志"，移入《后汉书》，弥补它无"志"的缺憾。所以，我们今天见到有纪、有传还有志的《后汉书》，实际上并非出自范晔一人之手，只不过主体部分是由他完成的。

范晔前后，关于东汉历史的著作多达几十种，可是，他的《后汉书》问世以后，其他著作就逐渐销声匿迹，湮没无闻了。这说明，他的《后汉书》具有与众不同之处，这也正是后人所关注、探讨和称颂的地方。确实，无论从体裁的编撰技巧，还是从内容的思想性来说，范晔的《后汉书》都堪称是一部史学名著，在中国史学史乃至文化史上都具有极高的价值和地位。

在编纂体例上，最值得一提的是，《后汉书》突出了妇女的地位。

《后汉书》特立《列女传》，不光颂扬恪守封建道德的所谓贞节女性，对那些才华出众的女性更是推崇备至。所以，他把博学多识、通晓音乐的女才子蔡文姬收入传中，却将她那位"贤而知义"的姊妹拒之传外。在广大妇女被严重桎梏于"三从四德"的封建社会里，敢于率先在史书中，公开为妇女立传，肯定她们在历史上的作用和地位。

其次，范晔针对东汉一代的社会特点，记述人物时以类相从，特辟文苑、党锢、宦者、独行、逸民以及列女等类传，分别叙述当时有影响的文学家、重节义的士大夫、专权的宦官、孤傲的名士、沽名钓誉之徒，这样，既可节省篇幅，行文简洁，又足以反映当时的社会风貌，便于后人了解和研究。

再次，范晔写《后汉书》时，距东汉已有200余年，没有什么直接的利害关系需要考虑，这使他能够据事直书，无须隐讳什么。评价人物时，持论公平，褒贬得当。

此外，《后汉书》用词简练，文笔优美，议论恣肆，可谓文采灿然一新，这也为该书增色不少，使它具有较强的可读性，特别是人物传记部分，读来生动感人。

郦道元与《水经注》

郦道元（公元？~572年），字善长，北魏后期范阳郡涿县（今河北涿州市）人。他是中国历史上著名的地理学家、散文学家，又是一个性格刚毅、断案严峻的执法官。当然，也正因为如此，郦道元深为权贵们所忌恨，终于在公元572年遭到汝南王元悦等人的暗算，死于非命。同时遇害的还有郦道元的弟弟郦道峻及其两个儿子。郦道元所著的《水经注》对中国地理学的贡献巨大，影响深远。

郦道元出身于一个官宦世家。他的曾祖父郦绍，曾任后燕的濮阳太守，后为北魏兖州监军；祖父郦嵩，曾任北魏天水太守；父亲郦范，在北魏官居要职，曾任尚书右丞，后又以东平将军的头衔，出任青州刺史。郦道元从少年时代起就随做官的父亲宦居山东，经常和朋友们一起浏览名山大川，访求名胜古迹，从小就对祖国的山川文物产生了浓厚的兴趣。

北魏孝文帝拓跋宏迁都洛阳这年前后，郦道元开始进入仕途。最初，他以尚书郎的微职随孝文帝北巡，大开眼界。父亲去世后，郦道元继承了父亲的爵位，为永宁伯。他先在首都平城（今山西大同）、洛阳（今河南洛阳）的皇帝身边担任北魏的中央官吏，后任冀州（今河北冀州市）镇东府长史、颍川郡（今河南长葛）太守、河南（今河南洛阳）尹等地方官，还先后担任过黄门侍郎、御史中尉等职，最后在关右太使任上遇害，被追赠为吏部尚书、冀州刺史。广阔的从宦生涯，使郦道元有机会走访了今山东、河北、山西、河南、陕西、内蒙古、江苏、安徽、湖北等地。他亲自了解中国北部的地理情况，有感于当时我国地理著作的匮乏，认为有关山川水系的记录，或是时代久远，河道已变迁，或是以讹传讹，名实不符，或是过于简略不大具体，或是过于琐细而欠周全。于是郦道元决定选择《水经》为底本，采取为其作注的形式，创作了一部综合性地理巨著，命名为《水经注》。

《水经》是我国古代一部专讲河道水系的地理书，多数人认为是三国时候的人写的。全书共3卷，记载了137条河流，指出这些河流发源和流经的地方，有一定的学术价值。可是，书中许多记载过于简单，错误不少，实用价值不大。在北魏当过多年地方官并对地理很有兴趣的郦道元读了《水经》，看出了它的这些严重缺点，决心给它作注，想要通过注释弄清楚每条河流的来龙去脉、沿革变迁和其他有关的历史地理情况。

郦道元决定首先根据《水经》中提到的许多名山大川，进行实地考察，他跑了许多地方，勘察山川形势，还向当地老百姓了解风土人情，参观名胜古迹。有一次，他考察渭水，听说西周的开国元勋姜太公曾经在渭水的支流磻溪钓过鱼，特地去察看了磻溪和当年姜太公住过的石屋，访问了附近的老人，向他们打听有关姜太公钓鱼的种种传说。这样他就掌握了有关渭水和磻溪的第一手材料，在给渭水作注的时候，把这些材料记载了下来。郦道元游览长安的时候，沿着飞渠走访了仓池。仓池在汉朝旧宫未央宫西边，池中有个渐台。西汉末年的王莽曾经从宫里逃到这里躲避绿林军的追击，有个名叫杜吴的屠夫，提着杀猪用的刀冲上渐台，砍下王莽的脑袋，结束了他的反动统治。郦道元把这段史实也写进了渭水的注文里。

郦道元就是这样跋山涉水，追根溯源，寻访古迹，记录民间传说，把祖国辽阔疆域内的大小河流一一加以介绍。对一些下游流到国境以外的河流，根据有关资料也作了介绍。他还对河道的变迁，名称的更改，河流沿岸的城镇的兴废沿革，地形、矿藏、农田水利设施等等，都做了详细考察和描述。

郦道元除对《水经》记载的河流作了详细注释外，对没有提到的河流也加以补充。《水经注》一共记载了 1252 条河流，比原书扩充了近 10 倍，文字增加了 20 倍，成了一部 30 万字、40 卷的巨著。

郦道元生在南北分裂的时期，但是他对分布在南方的河流同样重视。他不仅热爱自己的故乡黄河流域，也喜欢长江流域。《水经注》对长江三峡有过这样一段记述：

冬春之时，则素湍绿潭，回清倒影，绝巘（yǎn）险峻的山峰多生怪柏，悬泉瀑布，飞漱其间。清荣峻茂，良多趣味。

每至晴初霜旦，林寒涧肃，常有高猿长啸，属引（声音连续不断）凄异，空谷传响，哀转久绝。故渔者歌曰："巴东三峡巫峡长，猿鸣三声泪沾裳！"

这是一幅多么美丽动人的图画呀！仿佛长江三峡壮美奇特的景色就展现在我们面前。

郦道元能够写出这样好的文章，绝不是偶然的。郦道元喜欢读书，善于向前人学习。他在《水经注》中引用了 437 种书籍和资料，可见他从前人那里吸取了多么丰富的营养。在写作过程中，郦道元常常是写了又改，改了又写，一定要到能够准确反映河流水系的面貌、表达出各地山水的不同特征才肯停笔。《水经注》写作了多年才完成。

郦道元的《水经注》一直流传到现在。它既是一部记载翔实的地理书，也是一部文笔生动的文学作品。

刘勰与《文心雕龙》

在今山东莒县的浮来山上，原有一座南朝时修建的寺庙，名为定林寺。寺里曾住过一位叫慧地的僧人，他就是南梁文学理论批评家、著名的《文心雕龙》作者刘勰。他的晚年是在寺庙里吃斋念佛度过的，最后圆寂于庙中。后人为了纪念他，还专门在寺庙里为他修建了墓塔，造了一尊铁佛。

刘勰，字彦和，原籍东莞（今山东莒县）人，世代侨居京口（今江苏镇江）。大概生于南朝宋明帝泰始元年（公元 465 年），死于梁武帝普通元年（公元 520 年）。南朝时的文学家，著有《文心雕龙》50 篇，后出家为僧，法名慧地。

刘勰聪明慧颖，但在他很小的时候，做越骑校尉的父亲刘尚就去世了，使得原本就不太富裕的生活变得更贫穷。可是，小小年纪的刘勰却十分好学，他尽可能地读书学习，刻苦钻研，决心要立志扬名。

刘勰因生活清贫，投靠了一个叫僧佑的和尚，到他所住持的位于建康郊外钟山上的定林寺里帮忙整理佛教经典。

刘勰在定林寺里一住就是 10 年，是一名不剃头的佛门弟子。长时间的耳濡目染，使他对佛学也有了一些研究。他利用寺庙里的许多有利条件，抓紧一切时机学习，广泛阅读各种书籍。他认为："文章是经典的枝条。有了它们，礼教和典章制度才得以实施致用，君臣军国大事才能够得以实施和发扬。"刘勰开始评论古今文体，准备对古代文学进行一次总结和论述，对当代文坛上的形式主义文风给予纠正。于是在整理佛卷的剩余时间里，刘勰便开始了这项工作。寒来暑往，经过六七年的苦苦探索，辛勤耕耘，终于在他 30 岁的时候，写成了一部文学批评的理论专著——《文心雕龙》。

《文心雕龙》全书共分 50 篇，大约有 38000 多字。前 25 篇除《原道》等 3 篇是总论外，其余大致阐明的是各类文体的特点及其发展概况。后 25 篇大致是有关文学创作批评问题的论述，其中包含刘勰对文学批评的原则、文学与生活的关系等问题的精辟见解。

刘勰在黄卷青灯之下苦苦写成的《文心雕龙》，尽管内容充实、条理缜密，是一部不可多得的有史以来有关文学批评方面的巨著，但由于他家境贫寒，没有社会地位，在很重视门第的南朝，有权有势的人是不会重视甚至承认他的成就的，更没有人举荐他，认可他的才能，刘勰的内心很是痛苦，在万般无奈下，他想出了一个把书稿送上去的好主意。

有一天，刘勰打听到"一代辞宗"——在文坛上享有盛名的学术权威沈约外出路过定林寺时，他就打扮成小商贩的模样，手拿书稿在路旁。当沈约的车子到来之际，他就上去拦住了车子，对沈约说明了原因，并把书稿呈上，请求沈约帮忙审稿，给予指教。沈约把书稿拿了回去，进行了仔细的阅读，认为这是一部有水平有价值的理论专著，就准备把书给他推荐出去。

公元 502 年，南梁立国。沈约是开国功臣，在朝中的地位举足轻重。他很欣赏刘勰的才气，有意提携他入朝做官。于是，刘勰离开了他生活多年的定林寺，做了一名奉朝请。虽然这只是个闲官，但他毕竟踏出了进入仕途的第一步。南梁天监年间，刘勰做过记室、参军等小官，兼东宫通事舍人，深得梁武帝的长子昭明太子萧统的赏识。但刘勰是个很有远大志向的人，这类没有作为的小官对于他来说，实在是没什么意思。他也曾做过能有点作为的小小县令，本想小试锋芒，施展一下自己的能力，做一个好的父母官，但又被调去任些闲差。

梁天监十七年，定林寺住持僧佑圆寂，他长年搜集的许多佛经放在那里无人整理。由于刘勰曾在定林寺隐居多年，对经典十分精通，梁武帝就派他重返定林寺，和另外几名高僧一同去整理僧佑留下的经藏。

刘勰徒怀鸿鹄之志，还没有来得及施展自己的才能，就又回到了佛门，胸中也难免有些惆怅，但经过了多年的官场生活之后，他对官场上的钩心斗角、你争我夺的互相倾轧也已开始厌恶，他觉得重回佛寺倒也未必不是件好事。他决定剃去头发和胡须，向梁武帝请求正式皈依佛门，出家为僧。一向崇尚佛教的梁武帝欣然同意，还为他赐名慧地。从此，刘勰不再过问政治，一头钻进了研究、整理佛教经典的工作之中。后来，刘勰回到了老家，在家乡修建了一座佛寺，仍取名为定林寺。在那里，他整日埋头研修佛学，最终圆寂在家乡的土地上。刘勰所著的《文心雕龙》，虽在他活着的时候没能得到应有的重视，但在他死后，渐渐地为人们所注意，尤其到了唐代，更是大放异彩，被后人誉为是一部"体大思精"的文学理论巨著。

江郎才尽

南朝梁出了一位才华横溢的年轻诗人，然而他在后半生却再也写不出什么好诗。由于他姓江，人们就说"江郎才尽"了。

江淹（公元444~505年），字文通，济阳考城（今河南省考城县）人。很小的时候，江淹就失去了父亲，母子俩相依为命，日子过得十分艰难。因为家里穷，江淹每天都要到山上去砍柴，然后把砍来的柴挑到集市上去卖掉。

江淹13岁的时候，有一天，他在山上砍柴，捡到一顶不知哪位大官遗失的帽子，帽子质地很好，还是貂皮的。江淹从未拥有过这样名贵的东西，当然喜出望外，就想马上卖掉它，去换点米，但又不忍心，回家后，母亲认为捡到如此质地的帽子一定是一个好的预兆，以后儿子一定能做大官，把帽子留着，将来等他当官的时候就戴上它。江淹就按照母亲的意思，把帽子收藏了起来。

从这时起，江淹就开始拼命地读书。古时候有这样的话。叫"书中自有黄金屋，书中自有颜如玉"，意思是只有通过努力读书，才可能拥有地位和财富，才有可能得到自己想要的东西，包括美人。江淹就是抱着这个目的去读书的。他常常一边背书，一边砍柴。因为用的功夫深，所以他进步很快。写起文章来不假思索，洋洋洒洒，落笔有神。

江淹的诗，善于模拟古人，少有个人的创造性。但也正因为如此，在当时追求辞藻华丽的时风之下，他的诗倒显得令人耳目一新。

江淹还擅长写赋。他最有名的作品是《别赋》和《恨赋》。他的作品集中在《江文通集》中，今天我们还可以见到。他的《别赋》通过描写战乱时期社会上几类人的不同的离别情况，反映人们别离的伤感情绪。他的《恨赋》，描写自古以来的帝王将相、有识之士，不知有多少人因不能得志而死，这些社会历史真实，这其中的遗恨，使人看了，往往饮恨不已。

有个叫檀超的文学爱好者，读了江淹的诗，赞不绝口，特意备了酒菜请江淹到他家做客，他们边饮边谈，相互都很欣赏，后来他们成了很要好的朋友，有了朋友的引荐，江淹的名气越来越大。后来江淹有机会做了宋、齐、梁3代朝廷的官吏。

最初，江淹受到南朝宋建平王刘景素的赏识。刘景素让江淹在南兖州做了官。不过好景不长，有个叫郭彦文的县令犯了罪，为了开脱罪责，他竟诬告江淹接受了他的贿赂，江淹因此被下了狱。幸好爱才的刘景素知他冤枉，放他出来。不久，他就跟着刘景素去镇守京口。

刘宋政权灭亡后，萧道成建立了齐朝。我们一般称这个朝代叫南朝齐或萧齐。萧齐政府邀请江淹和檀超做了编写历史的史官。后来有人在襄阳的一座古墓里，发现一些竹简，竹简上的文字，没有一个人能认得。这是西周时期的文字，这种文字笔画前粗后细，人们管它叫蝌蚪文。江淹不但认识蝌蚪文，而且还读出了其中的内容，原来这竹简上写的是周宣王时期的事情。这下，江淹的名气更大了。他的官也越做越大。

到萧衍灭齐建立梁朝（史称南梁或萧梁）以后，江淹做了梁朝的光禄大夫，已经整日在皇帝左右了。由于皇帝的爱宠，他又被封为醴陵侯，于是有了很多的封地，过上了他从小就梦寐以求的富足生活。

对于功成名就的江淹来说，学问就像敲门砖，再像过去那样刻苦读书已没有什么必要；当然官场的功课也太多，哪里还有时间和心思去钻研学问，偶尔想写点诗文，结果也大不如从前，年轻时所显露的风采也就荡然逝去。于是人们说："江郎才尽"了。为此又有一些传说。

传说江淹做宣城太守的时候，有一次路过禅灵寺，在那里借宿，他梦见有个人来找他，自称叫张景阳（西晋的张协），来人说："以前我有一匹绸缎存放在你这里，现在该还给我了。"江淹稀里糊涂地往怀里一掏，还真的掏出了几尺五彩缤纷的彩绸。就还给了他，不想这个人却大发脾气，说："你怎么把我的绸子给剪剩这么少了！"这时他环顾左右，一眼瞥见梁朝作家丘迟，就对丘迟说："剩下的这几尺玩意儿我留着也没什么用，给你吧！"从此，江淹就再也没有写出精彩的文章。

又有传说，江淹在治亭住宿，晚上梦见有个叫郭璞的人说："我有一支笔存放在你这里多年了，现在把它还我。"江淹掏出了一支色彩斑斓的毛笔还给他，就再也写不出好的文字了。

其实，这些传说，有很多人为的编造成分在里面。有些人在自己中年的时候，对自己事业上的成就不满足或者不自信，往往会反复做此类怪梦，如考试不及格啦，总找不到一样东西啦，赶不上一个机会啦等等。于是推想后半生作品无成的江淹一定没少做这样的梦。

"江郎才尽"的故事以极强的生命力在历史上被传播，大多源于人们对江郎才情丧尽的惋惜。

贾思勰编写农书

北魏末年贾思勰著的《齐民要术》，是一部总结农业生产技术的著作，也是我国现存的一部最古老最完整的农书。"齐民"是使人民丰衣足食，"要术"是重要的方法。"齐民要术"说的是谋求提高人民生活水平的重要方法。

贾思勰能写这样一部书跟北魏时期我国北方农业生产的发展是分不开的。魏孝文帝的改革，有力地促进了北方的民族大融合。各族劳动人民在生产劳动中不断地互相学习。少数民族学到了汉族的农业生产经验；汉族也学到少数民族的畜牧业生产经验。农业有了畜牧业的配合，从耕种到收获，有更多的畜力可以利用，肥料的来源也大大增加了；畜牧业有了农业的配合，牧畜的饲料增加了，牧畜的用途更广泛了。

贾思勰读过许多书，知识渊博。北魏的高阳郡在今天河北省高阳县东边，是当时农业生产比较发达的地区。贾思勰在那儿做太守的时候，一方面努力读书，学习前人总结的生产经验；一方面不辞辛苦地深入民间，向农民、老牧民学习生产知识。有时候，他自己也种些地，养些鸡鸭牛羊。他还把民间关于气候、季节、耕种、畜牧的谚语歌谣收集起来，仔细地加以分析，把合理的内容记下来。贾思勰从书本中和实践中积累了大量资料，为写好《齐民要术》准备了充分的条件。

《齐民要术》这部书，既记载了前人的生产知识，又总结了当时的生产经验，还讲了贾思勰自己的亲身体会。他对许多具体事例从理论上做了说明。

北魏时期，并州（今山西省北部至东南部）不产大蒜，农民想种大蒜，就从朝歌（今河南省淇县）买来上等蒜种，可是种下去以后，收获的却是蒜瓣很小、味道也不辣的小蒜头。贾思勰认为，这是因为地势、土壤、气候不同的缘故。因此，种什么庄稼，必须了解当地的自然条件，种植适应当地条件的作物，才能用力少、收成多。

贾思勰主张从事农业和畜牧业生产，要注意实际的效果，不要只看到表面的形式。他以养鸡为例，养鸡的人总是喜欢生蛋多的鸡，那就要选秋天或冬天孵出的鸡种，不要选春天或夏天孵出的鸡种。秋冬孵出的鸡虽然个子小，毛色浅，脚也细短，外表不好看，可是生蛋多，又会孵小鸡；春夏孵出的鸡虽然个子大，脚长得粗壮有力，外表健美，却爱到处逛荡，不爱生蛋。要想多收鸡蛋，应当从实际效果来选择鸡种。

贾思勰根据亲身体会，总结出搞农业和畜牧业生产要细心观察，积累经验，不能光凭自己的好恶。他自己养了一群羊，为了让羊多吃草，多长膘，就往羊圈里放了许多草料，谁知道没多久，羊却一头一头地死了，这是什么缘故呢？他想来想去也找不出原因。后来他跑了100多里路，找到了一个有经验的老羊倌，才弄清羊死的原因。老羊倌告诉他，羊是最爱干净的，把大量草料放在羊圈里，许多羊都踩在上面吃。羊边吃边踩，还在草料上拉屎撒尿。这样脏的草料，爱干净的羊怎么肯吃呢！羊吃不饱，就慢慢地饿死了。贾思勰没有摸清羊爱干净的习性，结果好心办了坏事。他把这样的经验也写进了《齐民要术》。贾思勰写《齐民要术》，注意实事求是。他对古书记载的，或听人说的一些谷类和瓜果，凡是出产在外国，自己没有亲眼见到的，只在书上记个名字，不写种植方法。不知道的东西决不随便说。

《齐民要术》全书共92篇，11万多字。内容十分广泛，从农作物耕种讲起，一直讲到怎样做醋和酱。凡是有关增加生产和改善生活的事情，几乎都讲到了。这部很有价值的农业科学著作，不仅是贾思勰个人的心血结晶，也是我国古代北方劳动人民生产经验的总结，在世界农学史上有着重要的地位。

钟嵘与《诗品》

钟嵘，字仲伟，颍川长社（今河南长葛）人。大约生于南朝齐高帝建元二年（公元480年），死于梁元帝承圣二年（公元553年），享年74岁。

钟嵘出生于官宦世家，他的祖上许多人做过大官，如东汉时期的钟皓做过廷尉，钟繇任过曹魏的相国和太尉（也是古代书法家，与东晋王羲之合称"钟王"），东晋时钟雅任过尚书左丞，钟嵘的父亲钟蹈在南齐时任中军参军。他的哥哥钟岏和弟弟钟屿也曾做过官，虽然官位不高，但他们都是当时的学者，有一定的知名度，并有文集流行于世。

钟嵘很好学，齐永明中（公元488年前后），他在国子监学习，通晓《周易》。当时国子监祭酒王俭看到钟嵘人才兼美，很是赏识，就亲自举荐他为秀才。建武初年，钟嵘开始进入仕途，做了南康王的侍郎。尽管这只是王府的侍从官，但士族子弟做官大多都从这个官职做起。

当时齐明帝萧鸾对国家大小事务都要亲自过问，生怕别人把事办坏，弄得那些官员无所适从，六署九府及郡县的日常事务都向齐明帝汇报、请示。一些年老有功之臣更是大小事都找齐明帝，根本不把吏部的放在眼里，文武大臣和皇室亲友都不归吏部考核任免，许多人就凭借着权势相互推荐，进而得到重用。齐明帝因此忙得不亦乐乎，下面的官员对皇帝则是应付了事。钟嵘对齐明帝的这种做法很有看法，就上书齐明帝说："古代英明的君主凭着选拔人才辅佐朝政，三公九卿可以办理不少事情，天子只要面南而坐督察就行了。"齐明帝看后大为不快，问身边的太中大夫顾嵩："钟嵘是什么人？胆敢干涉我的事，你认识他吗？"顾嵩对齐明帝平时的做法也有些看不惯，但又慑于帝王的威严，有话也不敢说，看到钟嵘大胆说了，便回答说："钟嵘虽然位末名卑，但所讲的话还是可以采纳的。烦琐的杂事各有主管的官署，现在陛下却都要插手，做皇上的越是辛苦，做臣僚的越是逸乐。这是越俎代庖，或是为木匠砍削木材。"明帝听顾嵩这么一说，又没有理由反驳，所以对钟嵘也就没有追究。但他仍然不肯接受这一意见，还是同以前一样，永元末年，钟嵘被任为司徒行参军。

南梁建国以后，许多齐末时凭借着行贿或靠关系当上大官的官员们仍是趾高气扬，颐指气使，互相勾结。钟嵘看到这些很是气愤，梁武帝天监元年（公元502年），他又上书武帝说："现在所谓的散骑、都尉、郎官、将军并肩接踵，在大街小巷招摇过市，瞧他们官衔高贵，官服华丽，还在干着奴婢的勾当，这样名不副实，真是罕见。"梁武帝把这封书交给尚书省办理。

入梁以后，钟嵘任过衡阳王萧元简和晋安王萧纲的记室，专管文牍，后人称他为钟记室。虽然钟嵘做的只是小官，没有什么官位，但他学识渊博，才富五车，尤其对五言诗有较深的研究，对当时华艳淫靡的文风更是厌恶，对那些一天到晚吃饱了饭没事干的膏腴子弟的无病呻吟和咬文嚼字的诗文很是不满，对那些嗤笑曹植、刘桢古诗的人非常生气，他骂那些人是根本不懂诗歌的轻薄之徒。钟嵘还反对写诗处处用典的写法，认为那只会使其作品呆板，没有生机，他还认为诗歌不要太讲究声律，主张诗词不要受玄学的影响。为此，钟嵘写下了有名的文学评论著作《诗品》。

在《诗品》中，钟嵘首先抨击了"四声八病"之说，主张诗歌贵在自然和谐，诗是感情的表现，写诗要有感而发。其次，反对作诗用典，主张直抒胸臆。

他还列举了一些没引用典故但清闲可爱、人人传诵的佳句，如：曹植的"高台多风"、张华的"清晨登陇首"、徐干的"恩君如流水"、谢灵运的"明月照积雪"等。另外，《诗品》还提出了诗歌"滋味"说，认为诗的风骨与辞采应并重，他说："诗的描写要深刻细致，情景要为一体，做到文已尽而意有余。"

《诗品》是我国第一部系统地评论诗歌创作的专著，同时也是对我国五言诗歌发展的一个阶段作某种总结的重要文献。它不仅是一份珍贵的诗歌理论遗产，也是我们研究古代诗歌史的重要参考资料之一。

《诗品》是我国专门评论诗歌的最早的一部作品，和《文心雕龙》一样同为南朝齐、梁时代文艺批评的重要著作。

南北朝

隋　朝

隋朝（公元 581~618 年）是中国封建社会的一个短暂的统一王朝。公元 581 年由杨坚（隋文帝）建立。隋的统一，结束了自西晋灭亡以来，南北 270 余年的分裂局面。

隋朝历史虽然仅有 38 年，但在中国历史上占有重要地位。在隋文帝统治时期以及隋炀帝杨广统治前期，隋朝进行了一系列有利于统一和加强中央集权的改革，建立三省六部制、科举制、中央任命地方官制度，改革府兵制、赋役制和户籍管理法，并制定《开皇律》和铸造新五铢钱，对后世王朝产生了巨大影响。

隋朝初年疆域辽阔，经济繁荣，全国人口增加到 4600 万，仓库充实，手工业、商业发达。隋炀帝即位后，开凿沟通中国南北的大运河，兴建举世闻名的首都大兴城（后为唐代都城长安）。

隋代的对外贸易分海陆两路，西北陆上贸易尤为发达，远及欧洲东部。海路可通南洋、日本等国，与日本的贸易和友好关系尤为密切。

隋炀帝统治中后期荒淫无度，政治腐败，对外连年征战，赋税繁重，刑罚严酷，在隋末农民大起义下灭亡。

隋朝的统一推动了文化科学的发展，哲学、文学、音乐、美术等出现南北交流、共同发展的局面。隋朝工匠李春在赵州洨河上修建赵州桥，为中国现存最古老的单孔弧券大石桥，并采用空腔式拱式结构，比欧洲同类桥梁的出现要早700多年，显示了中国古代人民的智慧和才能。

隋　朝

隋文帝励精图治

隋朝是我国历史上短命但又影响深远的朝代，隋朝的建立经过了一个曲折的过程，它是继承北周而建立的。北周武帝是一个英明的君主，他在历史上以灭佛而闻名，然而继他之后的宣帝、静帝没什么本事，军政大权掌握在左大丞相杨坚手中。

杨坚是北周的皇亲国戚。他的妻子是鲜卑大家族柱国大将军独孤信的女儿。杨坚祖父为汉族人杨元寿，是北魏武川镇的司马，杨坚的父亲杨忠是鲜卑大贵族独孤信的得力部下，后从宇文泰起兵，以战功封隋国公，任宰相，掌握军政大权，声名显赫。杨坚的女儿嫁给周宣帝为妻，成了皇后，所生之子成为后来的周静帝，所以，杨坚既是周宣帝的岳父，又是周静帝的外公，在北周的身份很不一般，身为宰相，权倾北周朝野。

杨坚总揽国家大权后，在汉族官僚们的支持下，积极布置夺取帝位，周静帝形同傀儡。

杨坚篡位之心渐渐被人识破，亲近北周皇族的势力纷纷起兵反对杨坚。首先发难的是相州（今河南安阳）总管尉迟迥，同时，郧州（今湖北安乐）总管司马消难，益州（今四川成都）总管王廉也相应起兵，杨坚针锋相对，毫不示弱。部将高颖挺身而出，主动要求率兵前去镇压，他与众军团结一致，浴血奋战，很快就把尉迟迥的部队镇压了下去。

尉迟迥是北周旧势力中最有力的代表，他一垮，其他几股反杨势力也就相继衰败。接着，羽翼已丰的杨坚开始大杀北周的皇族，北周宗室子孙死亡殆尽，周静帝成了孤家寡人，彻底无助。公元580年，杨坚自称隋王。次年，周静帝被迫让位，杨坚称帝，即隋文帝，改国号为隋，年号开皇。公元589年，隋军平定南陈，结束了中国历史上 400 多年的长期分裂局面，隋文帝统一了全国。

作为开国之君，隋文帝吸取了历代因奢侈而亡国之帝王们的教训，他以节俭著称于世，与民同甘共苦。有一年，关中闹饥荒，他得知百姓吃糠拌豆粉，就命人拿给大臣们看，责备自己没有治理好国家，下令饥荒期间，百官一律禁吃酒肉，包括他自己。他平时的生活也很俭朴，他的车马用具坏了，从不让换新的，派人修补之后接着再用。有一次，他配止泻药，要用一两胡粉，找遍宫中也没有；还有一次，他的衣领实在是破旧得无法再穿，他想找一条织成的衣领，宫中也没有。可见，他平素是不允许宫中为他储备许多日常用品的。

严于律己的隋文帝同样也不允许皇后与皇子们有任何奢侈的举动。皇后有一次去库中领一条绣带被他发现，毫不留情地训斥了皇后一通，皇后愧然地将绣带又交还库中。

太子杨勇喜好奢华，有一次，他又大摆宴席，歌舞弹唱，美姬如云，隋文帝得知以后，断然废除了杨勇的太子之位，立了平素总是显得异常俭朴的晋王杨广为太子。杨广工于心计，知晓隋文帝的喜好，所以将自己装扮成朴素的样子。

三儿子秦王杨俊自恃灭陈时立下战功，生活也越来越奢侈。他模仿皇宫建造自己的宫殿，还从民间搜罗许多美女，日夜寻欢作乐。隋文帝知道以后，毫不留情地下令罢免了杨俊的官职，并将他幽禁起来。许多大臣都为杨俊说情，觉得杨俊不过是将房屋修饰得稍微华丽了一些，文帝的处罚未免太重了，隋文帝根本不听大臣们的求情。又悔又怕的杨俊没过几天竟然病死了。有人请求为他立个石碑，隋文帝不允，并且命令将杨俊府中奢侈豪华的装饰全部拆毁。

对待自己以及皇室成员、文武百官如此严格的隋文帝，却废除了过去严苛的法律，制定了新律，即开皇律，减轻了刑罚，取消了宫刑、辕刑、枭首、鞭刑和孥戮连坐等酷刑。新律"以轻代重,化死为生",比以前的法律和缓许多。在法律诉讼程序上面,也作了有利于百姓的改动。即使对待罪犯,他也赞成用感化的方式教育他们。

勤政爱民的隋文帝深知暴虐的统治不得人心的道理,他采取了一系列的措施减轻人民的负担。首先,他减轻封建剥削,缩短农民服兵役和徭役的年限。原来18岁的男子就要服兵役或徭役,被隋文帝改为21岁。并且50岁的男子可以用交纳绢帛来免除徭役。其次,他减少了农民的服役时间,以前成年男子每年必须服役30天到45天,隋文帝减为20天,比北朝的减少了一半左右。

开皇十二年(公元592年),朝廷府库堆满了粮食,文帝下诏,令河北、山东当年的田租减收一份。5年以后,全国的府库无不盈积谷粮,文帝再次下诏,令全国当年的赋税全免,以奖赐黎民百姓。在封建社会里,一般遇到灾年荒岁,政府才会减免赋税,而隋文帝却能在平时减税,充分说明了在他的统治之下,全国农业生产的恢复和发展以及国库的充盈。

农业的发展使隋朝的粮食储备大增,设在各地的官仓,仓仓粮满。库藏之多,亘古未有,到隋炀帝初年,洛阳的布帛已堆积如山,太原的粮储可支10年,而全国所有的粮食储备可应五六十年之久。隋朝灭亡了20年,他们所储备的粮食、布帛还没被用完。

居安思危,开皇五年(公元585年),隋文帝下令在全国设置义仓,作为救灾之用。在风调雨顺的年份,农民交纳一些粮食,放在义仓,由本地官员管理,一旦灾荒出现,便开仓放粮,这样,无论年景的好坏,百姓的生活都有保障。

在实施了一系列政治、经济改革的同时,隋文帝还统一了货币与度量衡。南北分裂之时,钱币轻重极端紊乱,文帝即位后,遂渐废除了各种标准不一的旧钱,新铸一种五铢钱,作为标准货币,流通全国。南北朝时期的度量衡混乱不堪,隋文帝规定以古尺的1尺2寸为1尺,以古斗的3升为1升,以古秤的3斤为1斤,统一了度量衡。这两项措施促使商业进一步发展,城市更加繁荣。

隋文帝还有一项重大的贡献，就是创立了科举制度。隋以前一直奉行汉代的九品中正制，开皇年间，取消了九品中正制，实行科举，即用分科考试的方式选拔官员，而不像以前那样用推荐的方式选取官员。这项伟大的创举对中国封建社会产生了巨大的影响，在中国奉行了1000余年，直到清末才被废止。科举制决定了封建社会文人的命运。

经过隋文帝的励精图治，隋朝社会稳定，人民安居乐业，全国人口呈持续增长的趋势，国库充盈，中外经济文化交流频繁。另外，隋文帝制定的一系列政治、经济制度确立了中国封建社会的基本制度，后世的许多制度都是由此沿袭而来的。隋朝的社会发展为此后我国的封建盛世的出现奠定了坚实的基础，在这一点上，隋文帝杨坚可谓功不可没。

隋文帝虽然极会治国，却不善于治家，他去世后不久，由于隋炀帝的暴政，隋朝很快便灭亡了。

陈后主亡国

陈武帝建立南陈王朝的时候，北方的东魏、西魏已经分别被北齐、北周代替。公元557年，宇文觉建立了北周。北齐和北周互相攻战，到北周武帝时，灭掉了北齐，统一了北方。在北方政治上动乱的时候，南陈王朝获得了一个暂时的安定局面，经济渐渐恢复起来。

南朝陈自公元557年陈霸先登基开国，只当了3年皇帝便病故，皇位传给侄子陈茜，陈蒨在位7年去世，儿子陈伯宗继位，仅二年，又被他叔叔陈顼篡位。14年后，公元583年。传到第五个皇帝，却是一个荒唐得出奇的陈后主。

陈后主名叫陈叔宝，他不懂国事，只知道喝酒享乐。他大兴土木，造起了3座豪华的楼阁，让他的宠妃们住在里面。宰相江总、尚书孔范等，都是腐朽的文人。陈后主和宠妃经常在宫里举行酒宴，宴会的时候，让他们一起参加，大家通宵达旦地喝酒赋诗，你唱他和，还把他们的诗配上曲子，挑选了1000多个宫女，为他们演唱。

陈后主穷奢极侈，他对百姓的搜刮当然非常残酷。百姓被逼得妻离子散，流离失所，到处可见倒毙的尸体。有个大臣傅縡上奏章说："现在已经到了天怒人怨、众叛亲离的田地了。这样下去，恐怕东南的王朝就要完了。"陈后主一看奏章就火了，派人对傅縡说："你能改过认错吗？如果愿意改过，我就宽恕你。"傅縡说："我的心同我的面貌一样。如果我的面貌可以改，我的心才可以改。"陈后主就把傅縡杀了。

陈后主过了5年的荒淫生活。这时候，北方的隋朝渐渐强大起来，决心灭掉南方的陈朝。

隋文帝听从谋士的计策，每逢江南将要收割庄稼的季节，就在两国边界上集结人马，扬言要进攻陈朝，使得南陈的百姓没法收割。等南陈把人马集中起来，准备抵抗隋兵，隋兵又不进攻了。这样一连几年，南陈的农业生产受了很大影响，守军的士气也松懈下来。隋兵还经常派出小股人马袭击陈军粮仓，放火烧粮食，使陈朝遭到很大损失。

公元588年，隋文帝造了大批大小战船，派他的儿子晋王杨广、丞相杨素担任元帅，贺若弼、韩擒虎为大将，率领51万大军，分兵8路，准备渡江进攻陈朝。

隋文帝亲自下了讨伐陈朝的诏书，宣布陈后主20条罪状，还把诏书抄写了30万张，派人带到江南各地去散发。陈朝的百姓本来恨透了陈后主，看到了隋文帝的诏书，人心更加动摇起来。

杨素率领的水军从永安出发，乘几千艘黄龙大船沿着长江东下，满江都是旌旗，战士的盔甲在阳光下闪闪发光。南陈的江防守兵看了，都吓得呆了，哪里还有抵抗的勇气。其他几路隋军也都顺利地开到江边。北路的贺若弼的人马到了京口，韩擒虎的人马到了姑孰。江边陈军守将告急的警报接连不断地送到建康。

陈后主正跟宠妃、文人们聚会取乐，他收到警报，连拆都没有拆，就往桌下一丢了事。后来，警报越来越紧了。有的大臣一再请求商议抵抗隋兵的事，陈后主才召集大臣商议。陈后主说："东南是个福地，从前北齐来攻过三次，北周也来了两次，都失败了。这次隋兵来，没有什么可怕的。"

陈后主这么一说，大臣们也随和着。然后，继续玩乐。公元589年，贺若弼的人马从广陵渡江，攻克京口；韩擒虎的人马从横江渡江到采石，两路隋军逼近建康。到了这个时候，陈后主才有些惊醒过来。城里的陈军还有10余万人，但是宠臣江总、孔范一伙都不懂得怎么指挥。陈后主急得手足无措。隋军顺利地攻进建康城，陈军将士只好投降。

隋军打进皇宫，到处找不到陈后主。后来，捉住了几个太监，才知道陈后主逃到后殿投井了。隋军兵士找到后殿，果然有一口井。往下一望，是个枯井，隐约看到井里有人，就高声呼喊，井里却没人答应。兵士们威吓着叫喊说："再不回答，我们要扔石头了。"说着，真的拿起一块大石头放在井口，装出要扔的样子。

井里的陈后主吓得尖叫了起来。兵士把绳索丢到井里，好几个人一起用力去拉，才把陈后主和两个宠妃拉了上来。这口井原名景阳井，自从陈后主跳了这口井，它就被改称胭脂井了，人们借此嘲笑荒淫无道的陈后主。陈朝的遗老们称此井为"辱井"。

南朝的最后一个朝代陈朝灭亡了。中国自从西晋灭亡起，经过270多年的分裂局面，至此重新获得了统一。

那位荒淫无道的陈后主，被掳到长安之后，隋文帝赐了他一个官职，过了一段日子，他厌倦了，请求隋文帝赐给他一个闲职，隋主恩准了。于是，他日日无所事事，浑浑噩噩，直到604年客死于洛阳，才结束了他荒唐的一生。

"奇妒"皇后

中国历代皇帝，都是妻妾成群，因有"后宫三千佳丽"之说。但是，也有例外，隋朝开国皇帝杨坚，就只有一位老婆，即皇后独孤氏。独孤氏为人厉害，而且嫉妒心特别强，有"奇妒"之称。为了避免杨坚与别的宫女有染，几乎寸步不离丈夫身边，上朝同乘一辇，散朝双回后宫。

有的大臣提出选妃之事，杨坚却说，我这样更好，一个母亲生的儿子好团结，将来不能互相迫害。有一天独孤皇后患病卧床，没法监督皇帝。杨坚趁此机会，独自出宫散步。文帝沿着一条青石小路西行，走着走着，发现一座二层小楼，门额牌匾上书"珠玑楼"3字。杨坚听说过珠机楼是藏书楼，便想进去看看书。刚走到门口，一位宫女走了出来，向皇帝下跪施礼。

杨坚没见过这位宫女，她长得非常俏丽，不觉心动。随口问她姓氏，宫女回答叫尉迟珠儿。这尉迟珠儿也有些来历，她的爷爷尉迟迥在北周时期与杨坚同在朝廷做官，杨坚想篡位时，被尉迟迥发觉，起兵讨伐，但被高颖打败，自杀而死。尉迟迥死后，其眷属收入宫中，此事至今已19年，尉迟珠儿当时还在襁褓之中。19年来，她是以奴隶的身份度过的。

尉迟珠儿掀起门帘，请皇帝进屋。杨坚进去，随便拿下几本书翻看，但心不在焉，始终打量尉迟珠儿。尉迟珠儿发现皇帝总看她，脸倏然红了，越发显得妩媚动人。杨坚控制不住自己，当时就把尉迟珠儿宠幸了。事毕，杨坚表示，要好好赏赐她。第二天赏了尉迟珠儿许多珍珠。

不料，皇帝光顾珠玑楼的事，被皇后的侍女发现，向独孤皇后告了密。皇后一听，怒不可遏，病似乎一下子好了，爬起床，同宫女、太监一行人，奔向珠玑楼。独孤皇后见了尉迟珠儿，妒火中烧，命令太监用竹杖往死里打。

太监把她摔倒在地，便举杖狠打，独孤皇后站在一旁边看边骂，仍不解气。文帝杨坚去仁寿宫回来，不见了皇后，听说皇后出宫门向西走了，不禁又吃一惊，担心珠儿，慌忙往珠玑楼跑。杨坚三步并做两步，一脚踢开门，只见尉迟珠儿已经血肉模糊，早就死了。杨坚怒火直蹿，但还是忍住，一跺脚离开珠玑楼，信步走到马棚边，要了一匹马，骑着出了宫门。

独孤皇后让太监把尉迟珠儿的尸体丢在山谷喂狼，才算出了口气。她回到后宫，不见皇帝，命令宫女、太监到处寻找也没找到，不禁慌了，忙报告了高颖和杨素。

隋文帝一气之下，骑着马往山上走了20多里，天渐渐黑了，也不理会，高颖一行追了上来，劝他回去，杨坚说："朕枉为天子，不能保护一区区宫女，真没意思。"高颖安慰道："陛下乃万乘之尊，岂能为一妇人而不顾江山社稷呢？"

杨坚一听，觉得有理，调转马头，慢慢往回走。文帝杨坚赌气出走，高颖把他劝回来，当时说过一句话：岂能为一妇人而不顾江山社稷。此话并无恶意，但传到独孤皇后耳中，立时来了火，认为用"一妇人"来指皇后，是

对自己极大的侮辱，发恨非报复高颖不可。高颖与独孤皇后两家是世交，独孤氏小时候，她父亲去世以后，高家对她家曾多方照顾，她也常去高家玩耍，她当皇后以来，对高颖也不错，这句话应该无所谓。可今非昔比，皇后的脾气见长，不管是谁，顺我者昌，逆我者亡。

还有一件事，独孤皇后也对高颖不满。她想废掉太子杨勇，改立次子杨广为太子，但高颖不同意，他认为长幼有序，杨勇是长子，应该为太子，不能随便废掉。

这两件事和在一起，使独孤皇后对高颖很憎恨，总想寻找个报复的机会。不久，高颖的大人去世，独孤皇后想：何不将自己亲戚的女儿嫁给高颖，套上亲戚关系，把他拉过来，为己所用，岂不更好？皇后把自己的想法对文帝说了，当然只是说续娶之事，以示关心。皇帝自然同意，一天，皇帝亲自对高颖说："皇后听说你最近丧偶，非常关心，特意让朕给你提媒说亲，你看如何？"高颖含泪推辞道："臣已老矣！退朝之后，只能在家里读读佛经而已。对'二圣'（指皇帝和皇后）的垂爱，臣铭记在心。至于续娶，臣已不想。"皇帝一听，也就把续娶之事放下。

几天之后，高颖的妾生了男孩，文帝很替高颖高兴，并对皇后说了。独孤皇后一听，更来了气，她对妾、妃、嫔之类本来就反感，又放在高颖身上，焉能不气？于是说："前几天，陛下亲口为高颖提亲，他却用一套好听的话来敷衍，现在明白了吧，他是钟爱小妾，所以用假话来欺骗皇上，按说是欺君之罪。这样的人不治他的罪，也不能信任他了。"

文帝觉得皇后说得似乎有理，于是也对高颖有了看法，渐渐地开始对他疏远了。

开皇十九年（公元600年），凉州（今甘肃武威）总管王世积被人密告，王世积是高颖原来的部下，文帝杀了王世积，借机撤了高颖仆射的职务，让他闲居。一些大臣知道高颖受了冤枉，便上表求情，然而，不仅没求下来，反而连他们也受了处罚。给高颖讲情不起作用，但对高颖落井下石的，却立竿见影。有人见高颖落了威，便想揭发他，好立功受奖，于是向皇帝密告。这样，高颖被送进狱中受刑审讯。有司判高颖死刑，皇帝心里明白，高颖没什么罪过，就给了点面子，贬为庶民，免去一死。

高颖出狱，高高兴兴地搬出齐公府，没有半点怨恨情绪。因为，他常想着母亲说过的一句话，那是他刚当上仆射时，母亲说："你的富贵已达到顶点，再往前一步，就要杀头了，可千万小心呀！"现在，已经下了大狱，又顶着脑袋出来，岂不万幸？

到仁寿年间，文帝杨坚想起了高颍许多好处，又把他封为太常寺卿重新任用。可是，杨广即位以后，在大业三年，编了个罪名，把高颍杀害了。她母亲担心的事，终于发生了。

杨广为什么要杀高颍呢？那还是隋军刚攻进南朝陈国都城建康时，捉住了陈朝皇帝陈叔宝和贵妃张丽华，杨广见她长得漂亮，便捎信给高颍，不要杀她。高颍想，张丽华乃妲己一样的人物，留着后患无穷，便下令把她杀死了，杨广闻听，便说："我将来一定要报答高公的！"心胸狭窄的杨广一旦得势，又怎能放过置他嗜好于不顾的高颍呢？

杨广弑父夺皇位

隋文帝的长子杨勇因为生活奢侈，渐渐失去隋文帝的欢心。又因为他不听独孤皇后的话，宠爱一个叫云昭训的姬妾，因此也受到皇后的冷落，他的太子地位越来越不稳固了。这时候，隋文帝的儿子晋王杨广加紧活动起来，想取代杨勇的地位。

杨广为了得到隋文帝的欢心，就处处投其所好。每当隋文帝要到他的王府来，他就把那些花枝招展的姬妾们锁在屋里，只留下几个又老又丑的女人，穿着粗布衣服，在左右侍候。他故意把乐器的弦弄断，乐器上的尘土也不让人擦掉，摆在惹人注意的地方。隋文帝看到这种情景，以为杨广不好声色，非常满意。

有一次，杨广外出打猎，遇到大雨，侍从给他送上油衣（雨衣），他说：

"士兵们都被大雨淋着，我怎么能一个人穿呢？"坚持和士兵们一样淋雨。隋文帝听说以后更加高兴，认为杨广有仁爱之心，可以成大事。

杨广知道皇后不喜欢杨勇，对皇后更加恭敬。凡是皇后派来的人，不论地位高低，他都和妻子亲自设宴招待；凡是执掌权力的大臣，杨广都去结交；他还笼络了一大批人才。这样，人臣们都说晋王仁义厚道，皇后对他更是宠爱有加。

有一次，杨广要离开长安回扬州，去辞别皇后的时候，他故意装出难舍难分的样子，哭哭啼啼地说太子要害他，他怕再也见不到母后了。皇后非常气愤，越发地恨杨勇。

杨广回到扬州，就开始秘密策划谋取太子地位。他的部下宇文述对杨广说："废立太子，是一件非常重要的事。皇上最信任杨素，如果这事有杨素支持，定能成功。杨素最信任他的弟弟杨约，我和杨约有交情，愿到长安去办这件事。"杨广非常高兴，就派宇文述到长安去找杨约。

宇文述到了长安，就请杨约喝酒。他知道杨约最爱古董，事先把各种珍宝摆在客厅最显眼的地方。杨约一见就被吸引住了，摸摸这件，看看那件，赞不绝口。宇文述乘机说："这些珍宝都是晋王特地让我送给您的。"杨约十分惊讶，问："这是为什么？"宇文述笑了笑说："这点小礼物算什么，晋王还要送大富大贵给您和越国公（杨素）呢！"杨约更加吃惊了，他说："我杨约虽然谈不上富贵，可是家兄却是富贵已极，哪里还要人送呢？"宇文述说："虽然你和越国公富贵已极，可还很难说能永保富贵。越国公执掌大权多年，不知得罪了多少人。太子做事，越国公又常常反对，太子能高兴吗？一旦皇上去世，太子登了基能饶过他吗？"杨约忙问："您有什么高见？"宇文述贴在杨约耳边说："皇上皇后有意要废除太子，改立晋王，这全仗您一句话了。事成之后，晋王一定感激您，您的富贵还愁不长久吗？"杨约连连点头。

杨约见了杨素转告了宇文述的话，把杨素也说动心了。杨素答应马上行动。过了几天，杨素便对皇后说："晋王对父母很孝顺，平时非常节俭，很像皇上。"接着又说了一通太子的坏话。杨素的话正合皇后的心思，皇后便给了杨素很多金银，让他想办法废太子，立晋王。隋文帝派杨素去看望太子时，杨素故意拖延着不进去，想激怒太子。太子果然大怒。杨素回去对隋文帝说："太子怨恨陛下，我去的时候他正在发脾气，恐怕会发生意外，陛下得多加防范。"隋文帝信以为真，派人监视杨勇。

杨广又收买了太子的亲信姬威，姬威写表揭发太子说："太子经常找人算卦，然后高兴地说，十八年（开皇十八年）皇上必死，眼看就到了。"隋文帝看了之后，流着眼泪说："想不到杨勇心肠这样狠毒！"于是下令把杨勇抓起来。

公元600年，隋文帝宣布杨勇为庶人，立杨广为太子。4年以后，隋文帝得了重病。杨广以为时机已到，就写信给杨素，询问应该怎样处理隋文帝的后事。想不到，杨素的回信被送信人错送给了隋文帝。隋文帝看了，勃然大怒，立即召杨广责问。

这时候，隋文帝的妃子陈夫人慌慌张张跑了进来，哭着向隋文帝说："太子无礼！"原来杨广见陈夫人长得漂亮，趁陈夫人换衣服的时候跑去调戏。隋文帝拍着床大骂："这畜生怎能担当治国的大任哪！快把我儿子叫来。"身边大臣柳述、元岩不知道发生了什么事，正要派人去叫太子杨广。隋文帝脸气得通红，好半天才说出两个字："杨勇！"柳述、元岩这才明白隋文帝要重新立杨勇为太子，就急忙去写诏书。

谁知杨广和杨素已经得到消息，带着军队，拿着假造的诏书，包围了仁寿宫。他们宣布皇帝命令逮捕柳述和元岩。随后，又用东宫的卫士代替了仁寿宫隋文帝的卫士，把守住宫殿的各个出入口，并命令照顾隋文帝的人一律离开，由右庶子（东宫官员）张衡负责一切。大家刚刚走开，只听见殿内一声喊叫，过了一会儿，张衡出来说："皇上早已死了，你们为什么不及时禀报？"宫内外的人大惊失色，可是谁也不敢说什么。就这样，隋文帝被杨广、杨素一伙害死了。随后，杨广派人给杨勇送信，说皇上有遗嘱，要杨勇自尽。还没等杨勇回答，派去的人就把杨勇拉出去杀了。

这年七月，杨广登上了皇帝的宝座，他就是隋炀帝。

隋炀帝游江都

公元604年，杨广指使亲信杀害了自己的父亲隋文帝，又杀掉了自己的哥哥杨勇，当上了皇帝。杨广就是我国历史上臭名昭著的隋炀帝。

荒淫无耻的隋炀帝在位期间，曾经先后3次乘舟南下，游历江都（今扬州），这种远出巡游，既是为了炫耀武功，以达到政治和军事的目的，同时也是为了满足其游玩享乐的欲望。

大业元年（公元605年），通济渠刚告竣工，隋炀帝就迫不及待地带着皇后、嫔妃以及百官出游的龙舟和杂船几万艘，乘轻舟从洛阳显仁宫出发，到河南洛口（今巩义市）换乘龙舟。

隋炀帝所乘龙舟，高45尺，宽50尺，长200尺。船上共分4层，上层有正殿、内殿、东西朝堂，中间两层有房间120间，每间都是雕梁画栋，玲珑剔透，金玉装饰，满壁生辉。下层是宦官和内侍住的底舱。这艘巨大的龙舟就像一座水中的宫殿，如此庞大的身躯，在水面上篙撑不动，橹摇不动，桨划不动，2000多里的路途是怎样走完的呢？早有大臣王弘献计，命人用七彩缎匹制成锦帆挂在船上，遇风时，龙舟可乘风张帆，顺风而行，无风时，就用五色锦缎拴住龙舟上的殿柱让人牵着往前拉。拉船的人叫做殿脚，龙舟有殿脚1080人，所选的全是吴越之地的民女。岸上有郭衍带领的前军骑兵20多万人，沿两岸护送。这支绵延200余里的船队见首不见尾，浩浩荡荡地向江都行去。

隋炀帝与皇后、嫔妃坐在舟中，一边饮酒作乐，一边观赏着沿途风光，不禁心旷神怡。船队所过州县 500 里地以内的，皆令百姓贡献食物，多者每州 100 抬，少的也得数十抬，所献山珍海味、美馔佳肴，皇上与嫔妃们吃不完的就丢弃，出发的时候就地埋掉。走了 1 个多月，才到达江南繁华胜地江都。隋炀帝住在豪华的江都宫里，宫中以金玉为饰，富丽堂皇。

留居江都的日子，隋炀帝邀约了一批当地的文人学士，带领着嫔妃，每日游山玩水，春赏琼花，夏观长江，无边美景使隋炀帝乐不思蜀，一直流连到第二年春，才恋恋不舍地起驾回东都洛阳。回程改走陆路，自然又免不了一路的招摇，沿途百姓再被搜刮了一次。隋炀帝畅游一次江都，耗费财物不计其数，隋炀帝一路欢歌，百姓怨声载道。

隋炀帝回到洛阳，住不多久，又思念起江南的游乐生活，决定再次巡幸江都。大业六年（公元 610 年），大运河全程通航，隋炀帝高兴万分，随即乘龙舟出发，沿途百姓再次遭殃，贪官污吏拼命搜刮民脂民膏，争着向皇上敬献厚礼，以换得升官晋爵。

隋炀帝在第三次准备下江都时，隋朝的统治已经摇摇欲坠。对内残酷剥削人民，建东都，挖运河，百姓徭役繁重，死伤无数；对外 3 次出兵高丽，穷兵黩武。为造战船，民夫们昼夜在水中劳作，腰部以下都腐烂生蛆，死者十之三四。人民再也忍受不了他的暴虐统治，全国各地，农民起义的烈火此起彼伏，尤其是北方的农民起义已成燎原之势，住在东都洛阳的隋炀帝惊恐万分，随时都在担心起义军会杀入宫中。

隋炀帝预感到自己的末日来临。一次，东都大业殿的西院失火，火光冲天，宫中慌作一团，隋炀帝以为是起义军杀进宫中，吓得逃出宫殿，直奔后院，躲在草丛中。当大火扑灭以后，人们四处找寻隋炀帝，终于找到了蹲在草丛里的他，拉他出来，他全身仍在瑟瑟发抖，颤声问宫人叛军走了没有。

住在洛阳的隋炀帝为保全他的性命，企图在南方维持半壁河山。于是隋炀帝在公元 616 年决意三下江都。前两次游江都的船只已被起义军烧毁，隋炀帝下令重新造龙舟和随行船只几千艘，龙舟的规模丝毫不减，反而越发奢华，排场也丝毫不比前两次逊色。一意孤行的隋炀帝带着一群佞臣出发了。当他的车驾走到建国门时，奉信郎崔民象拦驾上表，请求皇上不要抛弃北方的百姓，隋炀帝大怒，命人将他拉下去斩首。

隋炀帝的龙舟行到汜水时，奉信郎王受仁冒死拦驾上表，试图劝他回心转意，留在洛阳。隋炀帝不等王受仁说完，就派人将他斩首示众，至此，谁也不敢再上书劝阻他下江都。

几千艘制作精美的船只跟随着豪华的龙舟，最后一次向江都行去。一路上隋炀帝继续强令各地贡献食物，永济渠沿岸的村落，几乎找不到男丁，劳力缺乏，田园荒芜，加之洪水泛滥，政府横征暴敛，人民只能靠树皮野菜充饥，而荒淫的隋炀帝根本不顾人民死活，仍然加紧搜刮百姓，过着挥霍奢侈的生活。舟中宴饮不断，笙歌不停，一路载歌载舞地前往江都。

大业十二年（公元616年）冬天，隋炀帝到了江都，住在江都宫，一面连忙命人修建丹阳宫（在今南京市），准备将都城南迁。同时，还命令王世充在江淮地区大肆选取美女进宫，他偏安江南，继续过着荒淫无度的生活，每日醉生梦死，虽然全国农民起义已风起云涌，但他平日不许一个人在他面前提及当前纷乱的局势，过着自欺欺人的歌舞升平的日子。

江淮地区的农民起义势力日趋强大，而卫护隋炀帝的禁军多是关中人，他们思念家乡，想要逃回北方，大业十四年（公元618年），右屯卫将军宇文化及利用兵士的不满情绪，发动兵变。这天夜里，只听得外面杀声震天，内监急报叛军已杀到内殿来了，隋炀帝与萧后并坐而泣，束手无策，宇文化及领兵前来，武士们一齐动手，用一条白绢勒死了隋炀帝，这位荒淫之君死时才29岁。隋朝的统治就此结束，三下江都的隋炀帝最终死于江南。历史无情，14年前，隋炀帝对亡国的陈后主极力嘲弄，在陈后主病死后，赐给陈后主"炀"的谥号。他连陈后主都不如，不仅被自己的部下所杀，而且戴上自己制造的"炀帝"的丑名。隋朝就这样葬送在隋炀帝手里。

李春与赵州桥

隋朝虽然短暂，但是科学技术方面却有不少卓越的成就。比如，保留至今的赵州桥和历史上曾经繁荣一时的著名城市——东都洛阳，在工程设计、技巧和建筑艺术上，都达到了很高的水平。

河北省赵县城南的洨河上有座雄伟的石桥，叫做赵州桥。这座桥的设计和监造者，是隋朝时候的一个名叫李春的石匠。尽管经历了1300多年的风风雨雨和无数次的洪水冲击，赵州桥依然挺立在河面上，这不能不说是一个伟大的奇迹。据一些研究者介绍，赵州桥不仅是我国，也是全世界现存的最古老的一座石拱桥。

关于赵州桥的建造者李春，可惜史书上对他并没有什么记载。虽然我们已无从了解他的生平事迹，但是我们可以断定，他既是心灵手巧、不畏辛劳的工匠，也是一位才智出众、富于创造精神的建筑大师。他默默地劳动一生，没有人知道他的历史；但他的劳动成果却在我国的建筑史上留下了光辉的一页，为千千万万人所津津乐道。

赵州桥也叫"安济桥"，整个桥身只有一个弧形桥洞。这种弧形桥洞以及门洞之类的建筑，在我国历来习称为"券"。石桥的券，一般都是半圆形，而赵州桥却是小于半圆的一段弧，样子十分美观。券的两肩叫做"撞"。一般石桥的"撞"都用石料砌实。赵州桥却与众不同，券的两肩还有两个弧形小券。人们把这种形式的桥叫做"空撞券桥"。

原来，这样的设计符合科学原理。首先，节省了大量石料。科学家曾作过估算，不把撞砌实而砌成4个小券，节省的石料约为180立方米，使桥身的重量减轻500吨左右。其次，减轻了洪水对桥身的冲击。在洪水季节，洨河暴涨，流量很大，如果把桥的撞砌实了，水流不畅，上游的水就会漫上岸来，石桥可能会承受不了洪水的冲击而倒塌。有了4个小券，增加了桥洞的过水量，自然大大减轻了洪水对桥身的冲击，保证了石桥的安全。这种空撞券桥，在欧洲直到14世纪才出现于法国，也就是法国太克河上的赛雷桥。算起来，赛雷桥比赵州桥晚了700多年，却早就毁坏了（不是因为战争的破坏）。从这个比较中，我们更能看出李春设计的高明与卓越。

赵州桥的设计，除了采用"空撞券桥"这种形式外，还有许多别致而值得称道的地方。例如，赵州桥的桥洞跨度很大，两端的距离长达37.4米，在当时可算是世界上最长的石拱。这样长的跨度，按照通常的设计，采用半圆形，券的高度一般是长度的一半。这样算来，赵州桥的桥洞就有18.7米高，车马行人过桥，像是翻过一座小山，吃力而不方便。因此，跨度较长的桥，只好多造几个桥洞，以减低桥的高度，这样做，又会导致另一不足，即既费石料又费工时。赵州桥的高度比通常的设计低出很多，只有7.23米，克服了两方面的缺陷，而这主要归功于李春独特的创造，他设计的桥洞不是半圆形，而是小于半圆的弧形，像一张弓。因此，赵州桥的桥面没有陡坡，比较平缓，便于车马上下，路人行走，而且省工省料，实是一举多得、超逸绝伦的设计。

赵州桥设计的别致之处，还在于桥洞的砌法也是一反常规的。桥洞的砌法，常用的是"纵联式"，就像砌墙那样，一层一层往上砌，各层石块相互交错，最后形成的桥洞是一个整体，比较坚固。另一种砌法，叫做"并列式"。这种方式是先并排砌成许多道窄券，最终合成一个整券。由于各道窄券的石块之间没有联系，因此不如纵联式坚固，一般也就不为人们所乐于采用。然而李春的设计却恰恰选择了后一种。整个赵州桥的宽度是9.6米，这么宽的大券，就是由28道小券并列而成。

李春之所以采用并列式而不用纵联式，是因为他看到了纵联式的缺点，发挥了并列式的长处。纵联式虽然坚固，但是只要有一块石块坏了，修补起来十分困难，就会牵连整个桥洞，以致造成全部的倒塌。恰恰相反，并列式的桥券，坏了一块石块，只不过是坏了一个窄券，在整个大券中是微不足道的，根本不会影响全局，而且坏了的石块，修补起来也并不困难，即使在修补的时候，桥的交通也用不着中断。正是因为李春看到了一般人所没有看到的两种方式的优短点，所以他大胆地采用了并列式，同时又吸取了纵联式的优点，即在各道窄券的石块之间加了铁丁，把各道窄券拴连在一起，成为整体，从而形成一个既相互独立又紧密联系的独特结构，达到了前所未有的坚固效果。

1300 多年的漫长岁月，正是这种效果的最好体现与检验。

杨玄感造反李密献策

隋炀帝第一次进攻高丽，被打得大败。100 万隋军兵士，逃回来的不到 3000 人。对沉重的惨败，这个暴君仍不死心。大业九年（公元 613 年），他又发动第二次对高丽的进攻。他亲自率领大军攻打辽东，派大臣杨玄感在后方黎阳督运粮草。

杨玄感的父亲杨素，原是隋炀帝的亲信，帮助炀帝夺取皇位。因杨素功高盖主，杨广想除掉他，便设宴同杨素、太子杨昭一起喝酒。有一杯毒酒是给杨素准备的。但宫人弄错了，毒酒被太子喝了。3 天之后，毒性发作，太子临死前说："想不到我替杨素死了。"杨素知道后，郁郁不乐地死去。杨玄感恨透了隋炀帝，这一回看到局势混乱，就想利用这个时机推翻隋炀帝。

杨玄感用督运粮草的名义，征发了年轻力壮的民夫、船工 8000 多人，要他们运粮到辽东前线。那些年轻人怨透了劳役，听说叫他们远离家乡去干苦差事，更加气愤。

有一天，杨玄感把民夫集合在一起，说："当今皇上不顾百姓的死活，让成千上万的父老兄弟死在辽东，这种情况不能再忍受下去。我也是被逼来干这件事的。现在我决心跟大伙一起，推翻暴君。你们愿意跟我一块起兵造反吗？"

大伙儿一听有人带头反对朝廷，怎么不愿意，顿时响起一片欢呼声。杨玄感见状，深受鼓舞，当下同王仲伯、赵怀义一起商议整编队伍。

杨玄感把 8000 民夫编成队伍，发给武器，准备进攻隋军。他发现他身边缺少一个谋士帮他出谋划策，不禁想起了正在长安的好朋友李密。

李密的上代是北周和隋朝的贵族，父亲是隋朝有名的武将，被封为薄山公。李密少年时候，被派在隋炀帝的宫廷里当侍卫。他生性灵活，在值班的时候，左顾右盼，被隋炀帝发现了，认为这孩子不大老实，就免了他的差事。李密并不懊丧，回家以后，发愤读书，决定做个有学问的人。

有一回，李密骑了一条牛，出门看朋友。在路上，他把《汉书》挂在牛角上，抓紧时间读书。正好宰相杨素坐着马车在后面赶上来，看到前面有个少年在牛背上读书，暗暗奇怪。

杨素在车上招呼说："哪个书生，这么用功啊？"李密回过头来一看，认得是宰相，慌忙跳下牛背，向杨素作了一个揖，报了自己的名字。杨素跟李密亲切地谈了一会儿，觉得这个少年人很有抱负。回家以后，杨素跟他儿子杨玄感说："我看李密这孩子的学识、才能，比你们几个兄弟强得多。将来你们有什么紧要的事，可以找他商量。"从那以后，杨玄感就跟李密交上了朋友。

杨玄感想起他父亲的叮嘱，就派人到长安，把李密接到黎阳来。李密到了黎阳，杨玄感向他请教：要推翻隋炀帝，这个仗该怎么打法。李密说："要打败官军，有 3 种办法。第一，皇上现在在辽东，我们带兵北上，截断昏君退路。他前有高丽，后无退路，不出 10 天，军粮接济不上，我们不用打也能取胜，这是上策。第二是向西夺取长安，抄他们的老巢。官军如果想退军，我们就拿关中地区做根据地，凭险坚守，这是中策。第三是就近攻东都洛阳。不过这可是一条下策。因为朝廷在东都还留着一部分守兵，不一定能很快攻得下来。"

杨玄感听完这 3 种计策，却认为李密说的下策是上策，以为攻下洛阳，可以动摇东征的军心。当即决定进兵洛阳，让他弟弟杨玄挺为先锋。杨玄感的反朝廷队伍，迅速得到拥护，很多士兵和百姓来投奔，短时间便达到 5 万人。但是，洛阳守军听到消息，加强了防守，而且洛阳城本身修得非常坚固，杨玄感久攻不下，造成僵局。在这种形势下，杨玄感采取了李密的中策，放弃洛阳，去攻长安。

不久，杨玄感的队伍已发展到 10 万人。他率领 10 万人马，向长安进军，路过弘农（今河南省灵宝）时，弘农太守杨智积（杨广叔兄弟）站在城楼上大骂杨玄感。他这样做的目的，是想拖住杨玄感，不让他攻占长安。杨玄感不知是缓兵之计，命令兵士攻城，李密看出问题，说："我军目的是西进长安，兵贵神速。追兵就在后面不远，怎能在此逗留？如果不能迅速占领潼关，追兵赶到时，退无可守，就非常危险了。"

杨玄感不听李密的劝阻仍下令攻城。就在这时，追兵赶到，杨玄感这才命令撤军西进，可惜已经来不及了。追兵数量多出好几倍，把杨玄感的队伍切割成小块包围，以多胜少，杨玄感大败。他和弟弟杨积善逃到一个小地方叫葭芦戍，面对荒凉的景色，杨玄感悔恨交加，对弟弟说："我后悔没听李密的话，落到今天这一步。我不能让他们杀戮，你把我杀了吧！"

杨积善无奈，举刀刺死杨玄感，然后自杀。但未杀死，追兵赶到，将他抓获。

隋炀帝从辽东返回后，下令焚毁杨玄感的尸体，又把杨玄感的弟弟全部杀死。杨广怒气未消，对御史大夫裴蕴说："杨玄感造反，随从者达 10 万之众，看来天下人太多了，如不多杀一些，就不能惩戒后人！"斐蕴等人疯狂地大开杀戒，凡是与杨玄感沾点边的，全部处死，累计有 3 万人。还有 6000 人被发配边境。

这次杨玄感造反失败，战斗中死伤的和受株连被杀被流配的人数远远超过 10 万之众，损失惨重。作为隋朝高官，杨玄感无论是出自个人的恩怨，还是国家的前途，他率民众奋起反隋的精神都是难能可贵的。在此之后，各地的起义军不断攻打隋军，隋王朝处于摇摇欲坠之中。

李世民雁门解围

隋炀帝杨广两次征讨高丽未果，觉得脸上无光，于大业十年（公元614年）又带领几十万人马，第三次讨伐高丽。

大队人马赶到辽水西岸时，已经没有刚出发时人多了，有一些兵士在途中偷着开小差跑了。水军船队登上平壤西海岸，准备进攻平壤。实际上隋军将士已无斗志，如果高丽兵还像头两次那样勇敢抗击隋军，很有可能再次获胜。但经过两次战争，高丽国大臣不愿再交战，大多要求讲和。高丽王同意了多数人的意见，押解着以前逃到高丽的隋将、兵部侍郎解斯政，过辽水去见炀帝，表示愿意归降。

杨广很高兴，因为他内心也没有把握是否能打赢这一仗，更怕第三次再输，现在高丽求和，正合他意，这就等于他胜利了，挽回了已经丢过两次的面子。于是下令退兵返朝。

班师路上，杨广让士兵们大唱凯旋歌，他自己不在车辇里坐着，而是骑在一匹高头大马上显出神采飞扬、不可一世的样子。不料，大军走到邯郸境内时，突然杀来一伙农民军，带头的是杨公卿，一马当先扑向杨广。杨广大吃一惊，幸亏有勇敢的禁卫军保护，才算保住了命，杨公卿一伙义军抢走40多匹好马飞奔而去。杨广没了威风，从马背上爬下来，钻进车辇里，不敢露面了。

十月份，杨广回到长安，把押回来的叛将解斯政处死了，然后让高丽国使臣回去捎信，说大隋皇帝宣高丽王来朝，当然是要显示一下他的威风。然而，高丽王不买他的账，推辞不去，这又使杨广丢了面子，下令做好第四次东征高丽的准备。

事后杨广冷静一想，时值冬季，辽东寒冷，不宜作战，于是决定推迟到来年再做计较。

这期间，各地农民起义军风起云涌，但大臣们都知道杨广愿听好消息不愿听坏消息，所以谁也不报告义军的事，杨广则以为天下太平无事，他可尽情享乐了。长安住腻了又移居洛阳，第二年夏天，杨广又带领百官到北方避暑。

杨广在各地都修了行宫，宫中都有妃嫔、宫女、太监。他们一行首先来到太原郡晋阳宫，宫中两位贵人不知空等了多少年，才算见到了皇上。杨广在这里住了几天，觉得太原不算凉快，又继续北走，来到汾阳宫（在山西阳曲）。这里气温凉爽，适合避暑，但行宫小，百官和兵士住不下，只好在野外山谷搭草棚子住，杨广却不理会这些，只管自己凉快。

转眼到了秋天，杨广心血来潮，要到边塞去视察。这一天，杨广一行过了雁门关（在今山西省代县）往北走进入牧区，正放眼欣赏草原风光，远处急驰而来的两匹快马，眨眼间来到杨广面前，从马上跳下一位突厥打扮的人，呈给杨广一封密信。

杨广展开书信，见是义成公主亲笔写的。义成公主是杨坚宗室的女儿，当年文帝杨坚把她许配给突厥酋长启民可汗，结成亲戚关系。大业五年，启民可汗病亡，他儿子咄吉即位，称始毕可汗，按风俗，义成公主成为始毕可汗的可贺敦（妻子）。如此一来，杨广与突厥酋长始毕可汗也是亲戚了。但是，杨广竟无事生非，鼓动始毕可汗的弟弟叱吉没与他哥哥作对。叱吉没告诉了哥哥，始毕可汗大怒，遂与隋朝断绝往来。

始毕可汗听说杨广只带领 2 万禁卫军，便召集几十万兵马，进攻隋炀帝。义成公主担心隋朝没有防备会吃亏，便写信密报这个消息。

杨广看罢义成公主的信，吓得立即往回返，刚进入雁门关，始毕可汗就率突厥大军追过来了。突厥大军全是骑兵，进军的速度快，烟尘滚滚而来，刹那间将小城雁门关包围起来。

杨广胆战心惊地登上北城楼，察看敌情，突厥骑兵之多，一眼望不到边，吓得他冷汗直流。就在这时，突厥兵一齐往城楼上射箭，一支箭射中杨广头上的皇冠，吓得他扑通一声坐在地上，竟失声大哭起来。杨广哭够了，才想起召集大臣们商量退兵之计。有人提出让皇帝带 3000 骑兵突围，但大部分人反对，认为 3000 骑兵要突破几十万大军非常危险，应该派人到四方调兵救援，再派人去突厥让义成公主帮忙。

杨广采纳了后一种意见，然后又亲自对守城的士兵许愿，只要守住城，以后不再征辽，而且论功予以重赏。士兵们增添了勇气，前赴后继，坚持战斗。

山西、河东抚慰大使李渊，接到皇帝的求援信，忙派二儿子李世民带 1000 亲兵奔赴雁门关。

李世民路经五台山时，发现一支隋朝人马驻扎在这里，原来是屯卫将军云定兴带领的 2 万救援部队，他们见突厥兵太多，没敢交战，在这里等候其他援军。李世民虽然只有 18 岁，却很有头脑，他对云定兴说："突厥可汗始毕因为我军离雁门关遥远，才敢发兵攻击大隋天子。如果等援兵到齐，雁门我军就危险了。不如采取虚张声势迷惑敌人之策，白天在几十里山林中插满旌旗，夜半击打钲（行军用的铜制打击乐器）鼓遥相呼应，突厥则误以为我援军汇齐，便会自行撤兵。"

云定兴认为是好计，立即制作旗帜，筹集钲鼓，短短 3 天时间，五台山脚下处处飘扬着隋军旌旗，夜里钲鼓声阵阵，不绝于耳。始毕可汗果然以为隋朝来了大量援军，不禁心虚起来。义成公主也派人报告始毕可汗，说突厥有紧急战事，让他立即返回。于是，始毕撤兵而走。

隋炀帝终于转危为安，急忙赶回洛阳，但对守城将士论功奖赏的诺言，早忘得无影无踪，对于立了大功的李世民，也没有半点儿封赏。

瓦岗军大败张须陀

从大业七年到大业十年（公元 611 年到 614 年），隋炀帝曾接连 3 次发动侵略高丽的战争。这又给人民带来一次大灾难。一次征兵就是 300 万人，还征调民工在东莱（今山东省莱州市）海口造船 300 艘。不仅如此，隋炀帝还征发民夫运军粮，两个人推一辆小车，车上只能装 3 石粮，道路遥远，3 石粮仅够民夫一路的口粮，运到指定地点，米已吃光，民夫无力缴纳，只好逃亡。百姓为了逃避兵役、徭役，甚至把自己的手脚砍掉，还起名叫"福手""福足"。在忍无可忍的情况下，农民起义终于爆发了。

大业七年（公元 611 年），王薄首先在山东长白山（今章丘、邹平等县交界处）起义，活跃在齐郡（今济南）、济北郡（今茌平）一带。隋炀帝调集大军进行镇压，更加激起了广大农民的愤怒。不久，各地起义军汇合成 3 支强大的队伍，一支是由窦建德领导的河北起义军，一支是由翟让领导的瓦岗军，一支是由杜伏威领导的江淮起义军。其中瓦岗军力量最强大。

瓦岗军的首领翟让，是韦城（今河南省滑县）人，在东郡（今河南省濮阳县）衙门做法曹（管理监狱的小官）。后来，因为犯了一点小过，被关进监狱，判了死刑。狱卒黄君汉平日很敬佩翟让，看到翟让突遭横祸，非常同情他。一天夜里，趁天黑无人，黄君汉打开翟让身上的枷锁，让他逃跑。翟让一边道谢，一边哭着说："蒙您救助，我得以死里逃生。可是，我走了以后，您怎么办呢？"黄君汉生气地说："你这是什么话！我看你是个有抱负的人，将来能干出一番拯救百姓的事业，才不顾个人安危放了你，你只管去干大事业吧，不要为我担心。"说完，两个人就分手了。翟让逃出东郡，回到韦城老家。这时候，他家乡的农民正在酝酿起义，他和哥哥翟弘、侄儿翟摩侯，还有同郡的青年勇士徐世勣（后来改名李勣）、单雄信等人一起上了瓦岗寨，举起了起义的大旗。起义军活跃在南北河之间200多里的广大地区，杀富济贫，队伍不断壮大。

一天，瓦岗寨门口突然来了一个衣衫褴褛的人，要见翟让，卫兵把他带到翟让那里。原来他就是远近闻名的李密。原来李密在杨玄感起义失败之后，也被捉去。在押送的路上，李密逃了出来。他在外面流浪了两三年，穷到吃草根、树皮的地步。隋朝官府到处追捕他，最后，他终于上了瓦岗寨。

李密是个很有才干的人，他做过隋朝的官，政治斗争经验和指挥作战的本领比翟让这些人高明。他看到瓦岗军力量越来越大，可只是袭击来往官兵、抢劫运河上运货的船只，没有远大政治目标，便给起义军的将领们分析形势。他对翟让说："如今杨广昏庸残暴，老百姓怨声载道，这和秦朝末年刘邦、项羽起兵时候的形势完全一样。凭你的才干，又有精锐的兵马，完全可以席卷洛阳和长安，推翻隋朝！"李密的分析，使农民军的首领大开眼界，他们对李密十分钦佩和信任。接着，李密又去说服瓦岗军周围的小股农民起义军和瓦岗军组成联军，共同作战。这样，瓦岗军越来越壮大，成为一股强大的反隋力量。

大业十二年（公元616年），瓦岗军在翟让、李密的指挥下，打下金堤关（今河南省滑县南）。拿下荥阳附近的几个县城，直逼荥阳城下。荥阳地势险要，是通洛渠入黄河的枢纽，自古以来是兵家必争之地。瓦岗军围困荥阳，吓坏了荥阳太守杨庆，他急忙向隋炀帝告急。隋炀帝任命张须陀为荥阳通守（一个郡的副长官），带领两万精兵，去援救杨庆。

张须陀是隋朝有名的猛将，十分阴险狡猾，王薄领导的农民起义军就是被他镇压下去的。过去，他曾几次打败过翟让，所以，翟让听说张须陀带兵来救荥阳，很紧张。李密和他研究，决定"智取"，由翟让带领部分兵力迎击张须陀，李密把大部分兵力埋伏在荥阳大海寺北边的树林里，徐世勣和王伯当分别埋伏在大海寺的两侧，摆成口袋形的阵势，等着张须陀的到来。

翟让按照计划行动，边战边退，把张须陀引入埋伏圈。只听咚、咚、咚三声鼓响，左边徐世勣，右边王伯当，背后李密，一起杀出，把张须陀团团围住。张须陀急忙下令撤退。可是，退路早被截断。隋军乱成一团，被瓦岗军杀得尸横遍野，溃不成军。张须陀也送了命。从此，瓦岗军声威大振。

第二年春天，李密又率领 7000 精兵，攻下了隋朝设在东都洛阳附近最大的一个粮食仓库洛口仓（又叫兴洛仓），打开仓库，把粮食分给老百姓。人们奔走相告，感谢瓦岗军，纷纷送自己的子弟参加起义军。瓦岗军在很短的时间内就发展到几十万人。

翟让看到李密很有政治眼光，又屡建战功，就把瓦岗军的领导权让给了他。瓦岗军发布了讨伐隋炀帝的檄文，列举了隋炀帝 10 大罪状，指出："罄南山之竹，书罪无穷；决东海之波，流恶难尽。"号召人民起来共同推翻隋王朝。

李密咎由自取

大业十三年（公元 617 年），强大的瓦岗军正式建立统一的政权。屡建战功的李密担任了魏公兼行军元帅，翟让任司徒。建立政权后的瓦岗军，吸引了南北许多小股起义军，他们纷纷前来归附，李密成了中原起义军的领袖。

李密、翟让领导的瓦岗军，杀富济贫，纵横千里，与腐败的朝廷对抗，使隋朝皇帝害怕，老百姓欢迎，其中名将程咬金、秦琼、单雄信等一些脍炙人口的故事至今还在民间流传。

占据中原的瓦岗军，极有可能夺取全国的胜利。但是起义军内部发生了一起流血事件，动摇了瓦岗军的基础。

大业十三年（公元617年），瓦岗军与王世充带领的隋兵交战，取得胜利，李密设宴为主将们庆功，将翟让、翟弘、单雄信、徐世勣等人请至帅营。几位将领刚刚坐下，卫士们站在身后，李密就让自己的卫士下去喝酒，只留下一名叫蔡建德的随从，左长史房彦藻建议翟让的卫士也到外面去喝酒，翟让同意了。

营帐内，酒喝到高潮之处，李密让翟让鉴赏一下新买的弓。翟让站起身，接过弓，两臂用力将弓拉圆，就在此时，蔡建德突然挥刀向翟让砍去，翟让惨叫一声，倒地而亡。李密埋伏在帐后的杀手一拥而出，将翟弘、王儒信等人杀死，对单雄信、徐世勣等将领予以保留。

翟让等高级将领被杀以后，从表面上看，李密的统治地位更牢固了，实际却相反，一些将士心灰意冷，同他离心离德了。

隋朝皇帝杨广被杀死以后，朝廷大权落在禁军统领宇文化及手中，他将皇室宗亲不管老弱妇孺，统统追杀，又借萧皇后名义立杨浩为皇帝，他自己任仆射，下令江都的朝廷官员、兵士全部出动，奔赴长安。

宇文化及一行5万人马，走到滑台（今河南省滑县），所带粮食快没了，正在着急之时，得到消息，滑台附近的黎阳有个粮仓，但被瓦岗军占据，宇文化及当即决定，带领3万人马去打黎阳。

他来到黎阳，才知粮食不在黎阳而在黎阳附近的仓城，他立即率大军直赴仓城。黎阳守军由瓦岗军大将徐世勣统领，他原本属于翟让麾下，李密杀翟让时，没有杀他。此时听到宇文化及要来夺粮，徐世勣考虑到自己兵马不多，便放弃黎阳，全力保卫仓城，又派人去向主帅李密报告，李密派秦琼、程咬金为先头部队，自己随后，共有两万兵马，来仓城救援。

宇文化及来到仓城下，指挥禁军攻城，禁军个个武艺超众，作战勇敢，很快冲上城头。但瓦岗军毫无惧色，拼力抵抗，将扑上城头的禁军打下城去。

就在宇文化及指挥攻城之际，远处杀来一支人马，在宇文化及大军的背后开战，为首的两员大将，一个是手执长槊的秦叔宝，一个是手舞双斧的程咬金。宇文化及见状，急忙迎上去与二将厮杀，大战数十回合，渐渐力不能支，幸亏禁军人多，才没有吃大亏。此时天色已晚，双方只好休战。

第二天，宇文化及继续指挥禁军攻城，几乎同时，瓦岗军又在背后杀来，宇文化及无奈，再回过头来迎战秦叔宝和程咬金。李密大军这时也赶到泾水河边。李密和宇文化及都不愿恋战，怕被夹击。宇文化及怕李密大军和仓城之中徐世勣大军夹击；李密怕宇文化及和洛阳城内隋军的夹击。

洛阳城由越王杨侗和王世充留守，王世充与李密多次交锋，胜少负多。他听到杨广被杀的消息，便立越王杨侗为皇帝，改元皇泰，王世充为郑国公。

洛阳城中官员也人心惶惶，害怕李密与宇文化及联合起来攻打洛阳，一位叫盖宗的出了个主意：招降李密，让李密继续与宇文化及斗，等到一方败退、一方疲惫时，再乘虚而入，定可取胜。官员们都赞成这个计策，所谓的皇帝杨侗派盖琮带着他的诏书去招降李密。

李密见到诏书非常高兴，认为这样就解除了后顾之忧，马上表示同意。于是，他专心对付宇文化及了，他知道宇文化及缺粮，便假装与他讲和，并说送他3500车粮食。

宇文化及对李密的建议正求之不得，立即答应讲和退兵。想到马上就有了粮食，便让将士们吃顿饱饭，将剩余的粮食一扫而光。但是，预定交粮的时间过了，粮食不见送来，派使者催问，使者一去不返，宇文化及这才知道上当，不由大怒，命令全军与李密决斗。

战斗在童山下展开，从清晨打到下午，双方伤亡惨重，李密被一箭射中，倒在马上，大将秦叔宝挥舞一支长槊，像无数长蛇，击败李密身边的禁军，将昏迷的李密救到自己马上，杀出重围。

战斗结束以后，真正是两败俱伤，宇文化及只剩一万人马，逃往魏郡（今河南省安阳）。李密则率领疲惫不堪的瓦岗军，去归顺洛阳皇泰帝杨侗。走到半路，得到洛阳发生宫廷政变的消息：王世充杀死几位重臣，软禁了杨侗，自己主持朝政。李密这才有所醒悟，不能去洛阳，返回金镛城，准备休息整顿之后再说。但是，王世充不给李密喘息的机会，按照盖琮的计策趁瓦岗军刚进行完一场恶战需要补充与休整之际，发兵讨伐。

李密召集军事会议，研究抗敌之策。老将裴仁基说："王世充率大军离开洛阳，洛城必然空虚，我军可兵分两路，一路守在他进军的重要通路；一路绕道去攻洛阳。当王世充回军救助洛阳时，我军则撤兵；王世充再来进攻时，我军又去攻打洛阳……如此三番两次，王世充两头奔命，这时我军全面出击，便可获胜。"

这是一条非常英明的计策，然而，多数将领却不同意，认为王世充如在城内不出，难以攻下，如今倾城而出，正是歼灭的好机会。单雄信积极要求出战，投降瓦岗军的禁军陈智略、樊文超也要求当先锋。在这种情形之下，李密决定亲率大军，与隋军正面决战。

这天，隋军赶来，王世充派几百骑兵先去攻打先头部队单雄信。李密让裴行俨、程咬金去支援单雄信。二人走到途中，遇到隋军，裴行俨被箭射中，掉在马下。隋军冲过来，程咬金抢起两把大斧，杀开隋军，把裴行俨救到马上便往回撤。就在此时，一名隋将追来，猛刺一槊。程咬金不慌不忙，躲过长槊，左手顺势抓住槊杆，一用力，居然将槊杆折断，右手大斧一掠，隋将惨叫一声掉到马下。其余隋军惊得目瞪口呆，不敢再追，程咬金平安地救回裴行俨。

以前李密多次战胜王世充，所以这次相遇，仍不把他放在眼里，不认真思考战略战术，认为正面决战便可获胜；而王世充做了充分准备，又设伏兵用巧计，首先在战略上胜出一筹。

第二天，王世充带着一位面貌酷似李密的兵士，向瓦岗军进攻，李密指挥大军与隋军展开激烈交战，你来我往，杀声震天，正在这时，隋军大喊："李密被抓住啦！"瓦岗军循声一看，果然有一人被绑在马上，很像李密，便信以为真，顿时慌乱起来。就在这时，隋军号炮大响，伏兵出击，进攻瓦岗军的后阵，并放火烧了李密大营。李密指挥不灵，只好率军退到路口，当初积极请战的陈智略等却投降了。

洛口守将是瓦岗军的邴元真，他对李密杀翟让一向很不满，此时见李密兵败来到洛口，便悄悄派人与王世充联络，里应外合。

王世充大军渡过洛水，直逼洛口李密。单雄信见李密有难也不去救，因为他也对李密杀翟让心怀愤恨。此时此刻，李密才意识到，当初杀翟让是不应该的。

瓦岗军两年多时间，发展到数十万人，威震四方，使隋朝统治者恐惧。然而北邙山一仗，竟然彻底瓦解。李密还想重整旗鼓，但所剩将士心灰意冷，他只好带领两万人马去投奔李渊。从此，作为独立的瓦岗军，已经不复存在了。

李密带领剩余的两万瓦岗军，投奔李渊，受到热烈欢迎，李渊封他为邢国公，开口则以兄弟相称，还把表妹独孤氏嫁给他。但是，却不给兵权，仅让他做光禄卿，属于从三品的官，李密心中不满，因为以前李渊与他通信，都称李密为盟主，那时李渊才3万人马，而李密在瓦岗寨已有十几万兵马。今非昔比，李密心中很不是滋味儿。不由得对昔日副将王伯当说："唉！想不到我会落到今天这种地步！"王伯当也为李密感到不平。

在唐朝时最出名的敢于直谏皇帝的魏徵，当时随同李密一起来长安投奔李渊，他心怀坦荡，处处为公。刚到长安就向李渊上书，应该招抚仍守在黎阳的瓦岗军大将徐世勣。李渊觉得魏徵的建议很对，便封他为秘书丞，带着诏书去招降徐世勣。徐世勣也有投靠李渊的意思，得知魏徵的来意，就与长史郭孝恪商议。郭孝恪问徐世勣是怎么想的，徐世勣说："黎阳的民众和土地，当初均为魏公李密所辖，我不愿直接将其献给李渊皇帝而讨功受赏。还是将这里的土地人口、兵马等登记造册，送给魏公，让他自己去献吧！"

郭孝恪很赞成这种做法，带着图册来长安，交给李密。

李密与郭孝恪带着图册，来见李渊，讲明徐世勣的态度，李渊十分佩服徐世勣这种义举，封他为国公，任其为黎阳总管，并赐"李"姓，即与皇帝同姓。此后，徐世勣就变成李世勣了。郭孝恪也得到好处，被任命为京州（今河北省商丘市）刺史。

然而，唯独那亲自献出图册的李密，没有得到封赏，他越想越觉得受了侮辱，于心不甘，决定离开长安。

这天，李密去见李渊，说："臣虚蒙恩宠，安坐京都，无法报效朝廷，心中不忍，今闻山东臣旧时部下大多对王世充不服，臣愿去山东收抚他们，共同征讨王世充。"

李渊也不多想就同意了，还答应贾闰甫和王伯当作李密的副将。李密率领李渊给的一万人马，离开长安东去。这一万人马，是两个月前李密投李渊时所带的两万人马的一半。其中有一位李密的亲信部下叫张宝德，最了解李密的为人，他认为李密此去山东，肯定有野心，非重新开辟地盘与李渊做对不可。张宝德怕跟着李密弄不好要掉脑袋，于是离开长安不久，又偷着跑回来，向李渊密报。李渊大惊，忙下令召回李密。

李密离开长安，犹如困龙挣脱了羁绊，确实不想再回长安在李渊手下称臣。可是，刚走到稠桑（今河南省灵宝以北），御史从后面快马追来，传达皇帝旨意，让李密自己回京，说有要事商量，兵马交给王伯当，继续东行。

李密的确精明，一猜就知有人在李渊身边说了他的坏话。当即与王伯当、贾闰甫商量对策。

李密说："此事突然生变，肯定有人跟皇上说了我的坏话，如若回去凶多吉少。"王伯当说："皇上没召回大军，可能是有要事同您商议。"李密说："我了解李渊的为人，表面一套，背后一套。好像对我挺亲热，却只让我做个光禄卿，没有一点实权。此次中途变卦，是怕我不甘臣服，要加害与我。这里是桃林县（今河南省灵宝市）境内，我们干脆攻破桃林，夺取粮食，然后去黎阳，在山东地区重整旗鼓。"

贾闰甫却不同意李密的意见，认为一旦举事，区区一万兵马，不堪一击。李密对贾闰甫很恼火，竟然声称再有二心便杀之。贾闰甫流着泪说："眼下是强者为雄，败者为寇。明公处于流亡之中，谁还肯驯服？况且自从翟让被害之后，很多人都认为明公忘恩负义，恐怕再无人将兵权拱手相送了……今直言相告，望明公三思。"

杀翟让的事，是李密的一块心病。今贾闰甫旧事重提，使其恼羞成怒，拔刀要砍贾闰甫，被王伯当拉住。贾闰甫愤愤出了营帐，独自骑马奔熊州去了。

王伯当也不赞成起事，但李密已鬼迷心窍，听不进反面意见，王伯当无奈，只好说："我王伯当既与你以义相交，则生死不变，将来同归于尽不足惜，只是没有价值呀！"

李密带人攻进桃林县城，杀死县令，消息传到熊州，唐右翊卫将军史万宝和行军总管盛彦师商量对付李密的办法，他怕李密来攻打熊州。盛彦师仿佛胸有成竹地说："您尽管放心，李密志在占据山东，攻熊州没有用，给我5000兵马，就可取下他的头来！"史万宝半信半疑，询问盛彦师有什么妙计，盛彦师一笑了之，认为现在还不能说破。

盛彦师率5000人进入熊州城南熊耳山，在一处峡谷两侧埋伏下来。一位部下不解用意，问道："李密声称要去黎阳投徐世勣，我们不在通往黎阳的大路上阻截他，反而钻进深山老林里，有什么用呢？"

盛彦师答道："李密要去黎阳不假，但走大路去黎阳需经洛阳，洛阳守将王世充与李密是老对手，岂能让他过去？而襄城守将张善相是李密的老部下，李密肯定先去襄城，而后绕道去黎阳。去襄城必然要走熊耳山，所以我们在这里埋伏，正好以逸待劳，居高临下，战而胜之。"

果然不出盛彦师所料，第二天，李密、王伯当率领一万人马到了熊耳山。

进入埋伏圈后，盛彦师一声令下，乱箭齐发，杀声震彻山谷，李密的兵士猝不及防，慌做一团，纷纷中箭倒下，没中箭的只顾逃命，失去了战斗力。

李密万没想到这里会有伏兵，想组织反抗，身中数箭，落马而亡，年仅37岁。可怜王伯当，也中箭身亡，陪着他同赴黄泉，正如王伯当所说：死得毫无意义。

在黎阳的李勣，虽然归顺李渊，但念在旧情分上，将李密和王伯当安葬在黎阳山上，而且举行了规模盛大的殡葬仪式，亲自为李密戴孝。

窦建德起义

隋炀帝杨广做皇帝期间，对内实行残酷的剥削压迫，对外实行侵略扩张，其结果是民不聊生，起义者、造反者层出不穷。其中窦建德领导的农民起义军，影响比较大，深受当地百姓欢迎。

窦建德是漳南县（今山东省德州西南部）农民，有一副侠义心肠，愿意助人，他的这种性格，使广大起义者愿意投奔他；但是，他最终的失败，也是因为这种性格。

窦建德起义时间不长，很快就把山东、河北一带零散的小股义军收归到自己麾下，成为力量最强的起义军。窦建德的驻地在乐寿（今河北省献县），有一天，乐寿境内突然飞来 5 只大鸟，后面跟随着成千上万只小鸟，足足停留一天才飞走。窦建德认为这是吉祥的预兆，是上天有意让他称王，所以在乐寿建立了夏国，年号为"五凤"，定当年为五凤元年（唐武德元年）。

窦建德称王的消息，被挟持肖后、百官、宫人逃到黄河以北魏县的宇文化及听到，他想连窦建德这样一位农夫都能称王，我堂堂朝廷大将为何不能称帝？想到此，心一横，把所谓的皇帝杨浩毒杀了，自己当了皇帝，定国号为"许"，把当年定为天寿元年。宇文化及原来的禁军，已逃跑了许多，现在他没有多少兵马，为了扩大兵力，便用金银珠宝把农民起义军王薄收买。然后与王薄一起攻占聊城（今山东省聊城）。

窦建德的地盘也在黄河以北，宇文化及攻占聊城，是对他的威胁，所以，窦建德亲自带领大军进攻聊城。宇文化及出城迎战，连战连败，只好退回城内坚守。但是，那位被收买不久的王薄，却打开城门，迎窦建德率领的夏军进城，将宇文化及活捉。

窦建德将宇文化及和他的死党斩首示众，却把1000多名隋朝宫女全部送回家，并发给路费。禁军还剩一万人，去留随便，一个不杀。这种举动，立时得到宫女们和禁军官兵的热烈欢迎，众口齐赞夏王的恩德。

窦建德攻占聊城以后，不久便班师回乐寿，但不等休整，又听说易州（今河北省易县）的宋金刚带领一万人来捣乱。窦建德立即率军赶往易州，把宋金刚打败。宋金刚带着剩余的4000兵，狼狈不堪地逃往山西，投奔刘武周。

李渊建唐称帝后，天下并不太平，还有王世充、窦建德等与其对立。王世充原是拥立杨侗为皇帝，不久废了杨侗，自称皇帝，改国号为"郑"。按照李世民的建议，李渊与窦建德讲和，共同对付王世充，并要回妹妹同安公主和堂弟李神通，他俩是在黎阳时被窦建德抓去的。窦建德非常爽快地答应与唐朝讲和，把同安公主、李神通、魏徵等人全部送还。

这期间，李世民率领唐军攻打王世充，不断取得胜利。

王世充连吃败仗，在没有办法的情况下，派使者向窦建德求救。窦建德因与李渊和好，没有马上答应。中书侍郎刘彬却说："现在天下呈鼎足之势，唐李渊占据关西，郑王世充占据河南，我们夏国占据河北。可现在唐军讨伐郑国，连连得胜，郑国地盘越来越小，一旦唐兵灭郑，乘胜北进，夏国就危险了。不如跟王世充联合，共同对付唐兵，也许取胜不难。当王世充疲惫时，我们可见机夺取他……那时，天下不就是大王的了吗？"

窦建德被说得动了心，决定亲率大军救援洛阳王世充。

李世民率军与夏军交锋，打了几仗，大多获胜，并切断了夏军的粮道。窦建德开始怀疑自己与唐对抗，是一步错棋，想撤离洛阳，谋士凌敬献出一计：不直接救洛阳，而绕道山西，进攻唐境河东州郡，如唐兵来救河东，洛阳之围便解了。

窦建德觉得这个建议不错，正要采纳，王世充派来的使者却向他苦苦哀求，不要去河东，直接与唐兵交战以救洛阳。窦建德便意气用事，不去考虑后果，答应了王世充使者的请求，继续与唐军作战。

五月的一天，窦建德拒绝了部下和妻子的劝阻，一意孤行，令夏军主动进攻唐军，唐军开始坚守不出，等夏军饥饿疲惫时，突然出击，获得全胜，窦建德也受伤被俘，李渊下令将他斩杀了。

窦建德是一位正直的农民起义军领袖，为老百姓做过许多好事，给隋朝统治者以沉重打击，功不可没。但关键时刻未把握住，决策失误导致失败，令人惋惜。他的部将刘黑闼率领河北夏军，继续和唐作战。唐军又花3年时间，才把河北稳定下来。公元623年，唐统一中国的战争基本结束。但是，唐朝皇室内部的矛盾却尖锐起来。

李渊太原起兵

隋末农民起义风起云涌，席卷全国，极大地动摇了隋朝的统治基础，隋朝的崩溃已成定局。但农民起义的胜利果实被李渊为首的地主集团所利用，从而为重建封建政权奠定了基础。

大业十一年（公元615年），隋炀帝任命唐国公李渊为河东宣慰大使，留守太原，赴山西镇压农民起义。李渊，字叔德，祖籍陇西成纪（今甘肃秦安西北）人。他出生在一个大贵族家庭，其祖父李虎曾帮助宇文泰在关中建立政权，是西魏、北周的府兵八柱国之一，死后被追封为唐国公。李渊8岁时继袭唐国公的封爵。李渊升任太原留守后，一些关东世族子弟为逃避辽东兵役，纷纷投靠李渊，河东的一些官吏看到隋朝大势已去，也和隋朝统治者貌合神离，不断劝李渊乘机起兵，建立新王朝。

李渊次子李世民是太原起兵的主要策划者，晋阳县令刘文静向李世民分析当时的形势说："现在隋炀帝远在江淮，李密围攻洛阳，各地起义军不下数万，在这种形势下如果有人起来倡呼，取天下易如反掌。现在乘虚进入关中，号令天下，就可以成就帝业。"于是李世民开始秘密进行起兵准备。

当时，李渊与突厥作战失败，隋炀帝准备把他招到江都（今江苏扬州市）治罪，李世民乘机劝说李渊起兵。"现在隋炀帝荒淫无道，百姓困穷，太原城外已是烽烟四起，如果你只知道效忠隋朝，那么既有不能平定农民起义的忧虑，又有被隋炀帝治罪的恐惧，恐怕要大祸临头了。不如顺民心，兴义兵，就能够转祸为福了。"听了世民的主张，再加上其他谋士的劝说，李渊渐渐

地坚定了起兵反隋的决心。公元617年，李渊命刘文静假造隋炀帝的诏书，伪称要征发太原、西河（今山西汾阳市）、雁门（今山西代县北）等地，派李世民、刘文静等到各地募兵，召集到1万余人。另一方面隋炀帝为了东征高丽，搞得人心惶惶，更加深了百姓反抗隋朝的情绪。

太原的两位副留守，其实是隋炀帝派到太原来的耳目，专门监视李渊等人的行

动。现在看到李渊招兵买马，就心存疑虑，准备告发。正巧这年太原大旱，一天，李渊要前往晋祠，为民求雨。于是两位副留守准备借晋祠祈雨之际，捉拿李渊父子及其亲信。没想到竟弄巧成拙，李渊先发制人，伪称二人与突厥暗中勾结，结果，两人反而成了冤死鬼，史称"晋阳事变"。这次事变，是李渊集团公开起兵的开始，然后，他们联合突厥势力，依靠关陇、河东地主集团的力量，尊称隋炀帝为太上皇，拥立代守长安的杨侑为帝。李渊令长子建成为左军大都督，次子世民为右军大都督，率领招募的"义兵"，从太原誓师出发，进军长安，四儿子元吉则留守太原。

同年七月，李渊和长子建成、次子世民率3万人马，沿汾水河谷南下，到达霍邑（今山西霍县）。适逢大雨，大军不得不停下来。另据探子报告，隋炀帝已急派虎牙郎将宋老生率2万精兵镇守霍邑，又遣左武侯大将军屈突通屯驻河东，一起阻止唐军的前进。此时，军中又流言四起，说原隋将刘武周勾结突厥，乘太原空虚，想要偷袭。

李渊被这些凶信搅得心神不宁，进退两难，于是急忙召集众将商量对策。长史裴寂建议道："大将军，看来只有撤军了。"但建成和世民二人坚决反对。李渊一时拿不定主意，紧锁双眉，摆摆手说："那么都回去吧，这件事要从长计议。"过了两天，中军传出命令：撤回太原，左军先行，右军过两个时辰跟上。于是，李建成无可奈何地准备率兵先撤。

李世民望着没精打采的士兵，想着前途，不禁一阵酸楚，忍不住放声大哭。哭声惊动了李渊，于是，世民又把利害关系向李渊仔细分析，一步一步地打消了他的疑虑。李世民的意思是，现在正是收获的季节，何必担心粮食不够；霍邑的守将只是一个武夫，有勇无谋，不足挂齿；如果不尽快攻下长安，夜长梦多，妄图攻取长安的人马会越来越多，今后就不会再有这样的机会了。听了世民的哭谏，李渊也恍然大悟，又决定继续作战。

八月初，天气转晴，军粮也运到了，李渊亲自带兵逼近霍邑城下，向宋老生挑战，守城的隋将纷纷要求出战，宋老生拿不定主意。而霍邑县令建议他以守为上策。宋老生看见李世民与一帮人围着城墙指手画脚，仿佛在商量围城对策时，他冲着县令叫道："我留1万人马让你'守为上策'吧，我要活捉李世民！"县令来不及阻拦，宋老生已带着1万人马冲出城门。没想到，到了城外，却不见了李世民。

城外统领唐军的李渊和李建成，见宋老生出城应战，便率领大队人马，杀向宋老生，刚一开战，就败下阵来，往城南退去。这时候，李世民已带领一支人马，埋伏在城南的一座高土城的后面。看见宋老生的军队一路追来，李世民发号出击，于是拦腰斩断了隋军队伍。隋军大乱，李渊、李建成和李世民两头夹击，杀得隋军落花流水，宋老生也惨死战场。守城隋军见主将已死，顿时弃城逃散。就这样，唐军轻松地攻下了霍邑城。随后势如破竹，连续攻下临汾、绛郡、龙门。

之后又开始进攻河东（今山西省永济市），在河东，由于隋将屈突通的坚固防守，久攻不克。裴寂认为应该不惜任何代价攻下河东，然后再进入关中，李世民则认为兵贵神速，应该直捣关中。这两种意见都有道理，如果不消灭屈突通，可能会前有长安隋军，后面有屈突通的隋军，李渊就会腹背受敌；如果一直围攻河东，关中隋军就有可能做好充分准备，李渊又会失去战机。李渊权衡两种意见，各取其长，兵分两路，留部分将士转攻河东，牵制屈突通，自己率领李建成、李世民大军攻取长安。

十一月，李渊汇合李建成、李世民的兵马20多万攻打长安。李渊下令，不许侵犯隋朝的宗祠和代王宗室，违令者一律灭杀三族。很快，长安被攻克，为了争取和拉拢隋朝的一些地方势力，减少敌对力量，李渊立隋炀帝长子杨昭之子、代王杨侑为帝，就是隋恭帝。恭帝即位，改年号为义宁。并且，遥尊逃到江都的隋炀帝为太上皇。这充分表明李渊具有老谋深算的政治经验。因为立恭帝，既承认了隋朝仍然存在，又等于取消了隋炀帝的皇帝的合法地位。为推翻隋室江山，建立唐朝打下了基础。

唐　朝

　　唐朝（618~907）是中国历史上著名的封建王朝。隋朝太原留守李渊乘隋末农民起义之机起兵，建立唐朝，在消灭各地割据势力后，统一了全国。

　　李世民即位后，基本上沿袭了隋的国家法制，并根据当时的实际情况进一步推行经过修订的府兵制、科举制、均田制、租庸调制和户籍法，重视用人纳谏，使唐王朝经济迅速恢复，军事力量日渐强大，出现了"贞观之治"的繁荣稳定局面。在唐太宗、武则天以及唐玄宗统治前期的百年间，唐政府重视发展农业生产，兴修水利工程，唐朝农业出现了极其繁荣的局面。

　　唐朝的疆域空前辽阔，东至大海，南抵南海诸岛，西到巴尔喀什湖，东北达黑龙江北外兴安岭。唐太宗在高昌（今新疆吐鲁番）、武则天在庭州（今新疆吉木萨尔）分别设安西都护府和北庭都护府，管辖天山以南，帕米尔高原、巴尔喀什湖以西等广大地区。

　　唐代手工业生产超过了以往任何一个朝代，手工艺品日益精巧，生产技术达到了很高水平，著名的"唐三彩"、百鸟羽毛裙是陶瓷业和丝织业的出色产品。随着农业手工业的发展，商品经济空前繁荣，商业都会和城市车水马龙、繁花似锦，都城长安人口超过百万，不仅是全国的政治中心，也是全国的经济、文化和商业中心。

唐朝实行了对外友好开放的政策，使唐朝和亚、非地区的许多国家保持着广泛和密切的经济文化联系。对世界文明的发展做出了重大贡献。中国僧人玄奘曾前往印度取经，促进了中印两国的文化交流。

唐代文化科技也取得了辉煌的成就，涌现出天文学家一行，地理学家贾耽，药物学家孙思邈，史学家刘知几、杜佑，文学家柳宗元、韩愈、刘禹锡，画家阎立本、吴道子，书法家欧阳询、褚遂良、柳公权、颜真卿，伟大诗人李白、杜甫等大批著名人物。唐代的诗歌，在我国文学史上有着突出的地位，风格流派之多样是前代无法比拟的。雕版印刷的发明是唐代的重大技术成就之一。

唐高祖称帝

李渊率兵攻入长安后，觉得自己当皇帝的时机还不太成熟，便按从前曾说过的拥立代王杨侑为皇帝。他封自己为唐王、大都督内外诸军事、大丞相等要职。杨侑只有13岁，所以，实际权力掌握在李渊手中。

李渊有了权，进行了必要的封赏，然后就开始报仇了。左翊卫将军阴世师和京兆郡丞骨仪曾经派人掘了李家祖坟，烧了李氏宗庙，此时李渊找了个理由把他俩杀了。然后又准备杀马邑郡丞李靖，因为两人过去有私仇。李靖是当年名将韩擒虎的外甥，很有些名气，李世民便向父亲李渊求情，免除其一死，收罗到自己手下，这位李靖以后起到十分重要的作用。李渊颁布了《约法十二条》，废除隋朝一些不合理的法律，使长安百姓民心稳定，附近郡县官员都来投奔。

隋炀帝杨广整天沉湎于酒色之中，根本不理朝政，于大业十二年来到江都，在江都设了100多个宫室，每宫住着成群美女。杨广带着肖皇后和嫔妃们轮流到各宫去玩，并且大摆酒宴，每天换一个宫，每次宴会有上千名姬妃参加。

杨广为了自己整天吃喝玩乐，把朝政大事交给虞世基管理。这时国家已经很混乱，东都洛阳和西都长安都处于危险之中，坏消息天天传到朝中，但虞世基对杨广报喜不报忧，杨广整天被蒙在鼓里。时间久了，杨广听到一些风声，似乎预感到隋朝江山不稳，夜间观星相，预测吉凶，越看越不妙，一次竟突然对肖皇后说："我的脑袋长得很好，不知以后谁能把它砍掉！"皇后闻听此言吓了一跳，他却不以为然，认为"贵贱苦乐的滋味都应尝一尝。"杨广嘴上如此说，实际还是怕有人砍他的头的，他不去想如何平定中原混乱局势，却想再往南走，迁都至丹阳（今南京），并派人修建丹阳宫。

随着杨广来到江都一年多，禁卫军思乡情切，想尽快回家探望北方的亲人眷属。但是，杨广不仅不打算回关中，反而要南下丹阳，所以，都心怀不满。一位叫窦贤的将领率众人潜逃，结果被杨广派兵捉回，全部杀死。事件发生以后，另外几个禁军将领司马德戡、元礼、裴虔通等在一起密谋，一致认为，与其等死不如谋反，将暴君杨广杀死。

这天，司马德戡在禁军中间散布说，皇帝得知大家都想回关中，非常恼怒，备下了毒酒，准备以犒赏禁军的名义，将大家全部毒死。此言一出，迅速传开，都想造反。司马德戡带头起事，几万禁军积极响应，包围了皇宫。有人在东城放火，杨广在宫内发现火光，听到声音，问值班的元礼、裴虔通发生了什么事？两人齐答：草坊起火。不一会儿，元礼打开宫门，禁军冲进皇宫，宇文化及捉住杨广，押到前殿，司马德戡和裴虔通各拿一把大刀，站在杨广身旁。

杨广从来没见过这种阵势，战战兢兢地问："你……你们要做什么……我有何罪？"禁军郎将马文举代表大家列举了杨广的种种罪行：违弃亲庙、到处巡游、骚扰百姓、骄奢淫逸、草菅人命、频繁对外征讨、无数兵丁百姓死亡、民穷国贫、盗贼四起，还要迁都丹阳……杨广觉得马文举说的句句是实话，叹了口气说："我是对不起百姓……"杨广12岁的儿子杨杲，在杨广身边大哭，裴虔通挥手一刀，将他杀死，杨广吓得脸色惨白，说："天子不能用锋刃，拿毒酒来吧！"但是，将领们不同意，杨广无奈，解下身上的丝带，交给马文举。两位将领在杨广的脖颈上缠了几圈，然后用力一拽，这个杀父害兄的皇帝，只挣扎几下，便结束了罪恶的一生。至此，杨广共在位14年。

李渊在长安听到杨广被杀的消息，似乎有些难过，并且流了泪，他们是表兄弟。实际上，把杨广赶下皇帝宝座，也正是李渊的打算，没料到禁军将领们替他除掉了这个绊脚石。为了避免夺位的嫌疑，他便暗示部下逼杨侑自己提出让位的建议，而李渊则假意再三推辞，实际上逼使小皇帝杨侑禅位。

38年前，杨侑的祖父杨坚篡周，逼着小皇帝宇文阐禅位；38年后，李渊又逼使杨坚的孙子让位，历史重大事件，有时相似得惊人。

大业十四年（公元618年），李渊称帝登基，国号为唐，改年号为武德，李渊为唐高祖。从此，开始了盛唐历史。

唐高祖称帝后，便打出唐朝的旗号，决心和各个敌对的集团争夺天下，实现统一的大业。

玄武门之变

唐高祖即位以后，封李建成为太子，李世民为秦王，李元吉为齐王。三个人当中，数李世民功劳最大。太原起兵，原是他的主意；在以后几次战斗中，他立的战功也最多。李建成的战功不如李世民，只是因为他是高祖的大儿子，才取得了太子的地位。

李世民不但有勇有谋，而且手下有一批人才。在秦王府中，文的有房玄龄、杜如晦等；武的有尉迟敬德、秦琼、程咬金等著名勇将。太子建成自己知道威信比不上李世民，心里妒忌，就和弟弟齐王元吉联合，一起排挤李世民。

建成、元吉知道唐高祖宠爱的一些妃子，就经常在这些宠妃面前拍马屁送礼，讨她们的欢喜，而李世民没有这样做。李世民平定东都之后，有的妃子私下向李世民索取隋宫里的珍宝，还为她们的亲戚谋官位，都被李世民拒绝了。于是，宠妃们常常在高祖面前说太子的好话，讲秦王的短处。唐高祖听信宠妃的话，跟李世民渐渐疏远起来。

表面上，兄弟3人还很和睦，可背后，李建成时时想除掉李世民。有一回，李渊外出狩猎，由3个儿子陪同，李建成有一匹烈马，虽然跑得快，却有个致命的弱点：前腿软，在奔跑当中会突然跌倒，李建成让李世民骑着这匹马追猎。李世民不知这匹马的毛病，骑上马追赶一只鹿。这马速度超群，比鹿还快。眼看就要追上鹿时，蓦地马失前蹄，李世民猝不及防，从马背上翻下，说时迟，那时快，李世民一个前空翻，稳稳站在地上！

李世民是聪明人，马上明白大哥要用这匹马来暗害他。但是，李世民不在乎，因为，这几年东征北讨，他多数时间是在马背上度过的，练就了一套骑马的本领。所以，他又翻身上马，继续奔跑。连续掉了3次，没碰破一点皮！李世民把马交还给李建成的侍卫，对站在一边的宇文士及说："想用马暗害我，可惜生死有命，枉费心机！"

李世民有意让李建成听到这句话，以起到警告的作用，然而，李建成却将这句话篡改成："李世民有天子命，将来要当皇帝，不能随便就死了"，让尹德妃和张婕妤在李渊面前吹风。李渊一听，很生气地对李世民说："你想做天子，我还没死呢，也太着急了吧！"李世民一听，也不辩解，摘下王冠，让父皇派人调查，如真说过此话，甘愿受死。

李渊还要训斥李世民，中书令封德彝急忙进来，说突厥颉利可汗和突利可汗联合起来，进攻豳州（今陕西彬县、旬邑一带）。李渊吃了一惊，想一想，还得二儿子李世民率兵去打突厥。于是给李世民戴上王冠，让他以国家为重，带上李元吉去讨伐突厥。

李世民一行来到豳州，与突厥对阵。李世民决定只带百名骑兵出阵与突厥数万大军对话，让李元吉一同去，李元吉不敢去。李世民来到突厥阵前，与突利可汗对话。他胸有成竹，因为了解两位可汗的情况，也知道他们之间存在矛盾，所以，据理阐明利害，认为以和为贵，句句话说到突利可汗的心里，加上逢连雨天，不宜交战，突利可汗便让叔叔思摩到唐营议和，并表示愿同李世民结为兄弟，于是，突利可汗撤兵而回。

颉利可汗见突利可汗收兵，觉得自己力量太弱，打也赢不了，也只好退兵。幽州退敌兵，李世民不伤一兵一卒，不用一矢一刀，仅凭一番话，就达到了目的，其智其勇，非一般人能比，使朝廷上下的人无不为之叹服！

武德九年（公元626年）六月的一天，李建成请李世民到东宫喝酒，几杯酒下肚，李世民突然肚子剧痛，回到自己住的西宫以后，吐起了血。御医给他服了药，才渐渐好了。

李渊得到消息，猜想是大儿对二儿下了毒手。尽管如此，仍然不忍心废掉太子，又不想让二儿再受伤害，想了一个他自认为两全其美的办法：派李世民去洛阳，管理陕州以东的州郡。李世民觉得这样也不错，就答应了。李建成和李元吉听到这个消息，非常紧张，认为让李世民去洛阳是放虎归山，便找一些大臣向皇帝上书，说李世民去洛阳不会回来，有分裂国家的危险。李渊一听觉得有理，便再次出尔反尔。

李建成、李元吉一计不成，又生一计，拉拢李世民手下的亲信将领。首先看好尉迟敬德，李建成派心腹送给尉迟敬德一车金银珠宝，说明来意，尉迟敬德拒收金银，送走来使，便向李世民报告了。李世民说："将军从今以后要处处留神，他们不会饶过你的！"果然，当天晚上就有刺客来到尉迟敬德住处，但见房门大开，知有防备，吓得没敢进屋就跑了。

暗的不行，就来明的，李建成在皇帝面前诬告尉迟敬德，将他关进监狱，准备杀害，李世民在父皇面前慷慨陈词，历数尉迟敬德的功劳，李渊只好把他放了。

李建成想扫除李世民及其亲信，达到他的目的，各种手段一齐使用。收买这一招失灵后，并不气馁，又向皇帝密告李世民的天策府谋士房玄龄、杜如晦行为不轨，应将他们逐出天策府；派李世民部下大将程咬金去康州（今广东省德庆）任刺史。程咬金虽是武将，却也粗中有细，看出问题，他对李世民说："我至死不去康州，要保护大王。大王的羽翼一旦除尽，就该谋害大王了，请大王尽早决断！"

李世民意识到形势的严峻，召集天策府文官武将商讨对策。这时，边境传来消息，突厥又来入侵，李建成荐举李元吉率兵出征，并将李世民部下尉迟敬德、程咬金等大将一齐杀掉。李世民将此事告诉李渊，李渊要第二天亲自审问，让李世民、李建成、李元吉等人同时参加。

李世民一次次的忍让，达到了极限。现在不仅是个人生死的问题，而是关系到唐朝江山将来落在谁手、向何处发展的大问题，他决定狠下心来反击了。当天深夜，李世民和长孙无忌等将士埋伏在玄武门下。天刚蒙蒙亮，李建成和李元吉骑着马进宫，觉得四周情形与往日不同，李建成回马要走，李世民从墙后出来招呼他。李元吉做贼心虚，想先下手为强，摘弓搭箭，向李世民射去。不知是他心慌力弱，还是神灵保佑李世民，李元吉连发3箭，箭箭射空。

李世民不再迟疑，对准李元吉拉满了弓，李建成见状高喊："四弟小心……"话未说完，李世民射出的狼牙箭直奔他而来，李建成猝不及防，咽喉中箭，从马上掉下身亡。与此同时，喊声四起，尉迟敬德率领70名骑兵如从天降。李元吉催马便跑，尉迟敬德张弓一箭，射中他后心，当场毙命。

这就是著名的玄武门事变。李渊知道消息，也无可奈何，在这种情形下，只好立李世民为太子了。

魏徵是李建成所在东宫的官员，经常给李建成出谋划策，此时被抓到李世民面前，将领们准备让李世民审问完后杀掉。魏徵在李世民面前，大义凛然，无所畏惧。李世民佩服他的胆略和才能，没有杀他，而且还让他在东宫做官；对前东宫和李元吉齐王府的官员都不追问，使这些官员感激涕零。

此时唐朝大权已掌握在新太子李世民手中。李渊于当年八月，主动传位给李世民，李世民推辞不过，只好同意，于是，在东宫显德殿举行交接仪式之后，李世民即位当了皇帝，即唐太宗。李渊被尊为太上皇。

李世民是年28岁，改元贞观，第二年为贞观元年。历史上把这次政变，叫做"玄武门之变"。

魏徵直言进谏

公元 626 年，即"玄武门之变"那一年，李渊主动传位给李世民，自己当了太上皇。李世民当上皇帝，即唐太宗，改元贞观。从此，唐朝开始了兴旺发达的历史。

唐太宗虽然出身于大贵族家庭，但是他亲自参加了推翻隋朝的斗争，亲眼看到强大的隋王朝被农民起义推翻的经过。他总结隋亡的原因是因为隋炀帝荒淫无度，违背君道。所以，他当了皇帝，总是不忘隋朝灭亡的教训。这些教训，他都铭刻于心。他经常对他的儿子说："一个皇帝，要是按正道办事，百姓就拥护他；如果他不行正道，百姓就推翻他，这实在可怕！"他又说："百姓好比水，皇帝好比是船。水能载船，也能翻船。"

建国之初，唐太宗就兢兢业业、小心谨慎地治理国政。古时候，把统治者听取不同意见，判断是非，然后采纳正确的意见，叫做"纳谏"。唐太宗很注意纳谏。有一次，他问大臣魏徵，君王怎样才能"明"，怎样才是"暗"？魏徵回答说："兼听则明，偏信则暗。"他非常赞成这个见解。因为他知道，自己并不是无所不知，无所不能。

贞观二年，一个叫李百药的大臣对唐太宗说："以前虽然释放过宫女，但宫中无用的宫女仍然很多。宫里阴气太盛，也会招致天灾。"唐太宗接受了李百药的建议，下令释放宫女，前后放出 3000 多人。

公元 626 年，唐太宗派人征兵。有个大臣建议：不满 18 岁的男子，只要身材高大，也可以征。唐太宗同意了。但是诏书却被魏徵扣住不发。唐太宗催了几次，魏徵还是扣住不发。派人把魏徵叫来，训斥道："那些个头高大的男子，自己说不到 18 岁，其实可能是故意隐瞒年龄，逃避征兵。

我已发布诏书，你为什么扣住？"魏徵不慌不忙地说："我听说，把湖水弄干捉鱼，虽能得到鱼，但是到明年湖中就无鱼可捞了；把树林烧光捉野兽，也会捉到野兽，但是到明年就无兽可捉了。如果把那些身强力壮、不到18岁的男子都征来当兵，以后还从哪里征兵呢？国家的租税杂役，又由谁来负担呢？"

唐太宗觉得魏徵说得有道理，可还是不服气。魏徵接着说："陛下的诏书上清清楚楚地写着征召18岁以上的男子当兵，现在不到18岁的男子也得应征，这能算讲信用吗？"唐太宗吃惊地问："我什么时候不讲信用？"魏徵说："陛下刚即位的时候，曾经下诏：拖欠官府东西的，一律免除，可是官吏们照样催收，这是不是说话不算数？陛下一向说要以诚信待人，为什么征兵的时候怀疑百姓作假？无缘无故怀疑人，这能算讲信用吗？"魏徵的一席话，说得唐太宗哑口无言。于是，唐太宗又重新下了道诏书，免征不到18岁的男子。这以后，唐太宗更加信任魏徵了。

贞观四年，唐太宗准备到洛阳巡游，于是下令修洛阳乾元殿。大臣张玄素上书反对，他说："因巡游东部，先修宫室，这不是当前的急务。关中是全国的要地，应千方百计设法使其保持稳定。当年平定王世充时，凡隋朝宏大奢侈的宫殿都拆毁了，取得了人民的拥护。现在还不到10年，又建豪华的宫殿，为什么以前的坏事，又去学它呢？"唐太宗接受了张玄素的建议，说："这是我考虑的不周。既然如此，就停建吧！"

唐太宗还鼓励各级官吏有什么说什么，不要因为怕得罪皇帝而隐瞒真相。有一次，他询问监修国史的房玄龄："自古以来撰修国史都不让本朝的君主看，这是为什么呢？"房玄龄回答说："一个正直的史官，他撰写的国史一定会如实地记下君主的功过。君主看到里面记载着自己的过错，一定会发怒，所以国史都不让本朝的君主看。"唐太宗说："有什么写什么，怎么会得罪君主呢？我很想看看国史上怎样写的，把以前的错误，作为今后的鉴戒，有什么不好呢？"房玄龄把有关高祖、太宗的两部分历史材料整理好，送给唐太宗看。唐太宗看到记载玄武门之变中有关杀死李建成、李元吉的情形叙述得十分含糊，便把编写国史的史官叫来，细致地讲了一遍当时的情况，并说诛杀李建成、李元吉一事不必隐讳，因为这是安定国家、有利于百姓的事情。他还说"史官写历史，应该去掉浮词，直书其事，这样才能起到惩恶劝善的作用"。

贞观中期以后，唐朝经济更加繁荣，政治也很安定，朝廷大臣都尽力歌颂太平盛世。只有魏徵不忘过去的艰苦，给唐太宗上了一道奏章，指出他在 10 个方面的缺点，希望他警惕，保持贞观初年的好作风。唐太宗不仅能纳谏，并且主动采取措施引导大臣评论朝政，提出改进意见。太宗登基不久，上朝的态度十分严肃，弄得大臣们战战兢兢，很长时间没有人敢发表意见。唐太宗发现这个问题以后，主动改变作风，自己有意识找大臣交谈，摆出一副和颜悦色的面孔，以减少大臣的畏惧情绪。对敢于批评朝政的大臣，给予赏赐。

唐太宗为了给大臣创造批评朝政的条件，建立了一种制度，即允许谏官史官参加政事堂会议。实行这种制度以后，谏官能及时了解朝政内幕，宰相不敢谎报政绩。军国大政如果有错误，谏官有权当面指责。同时，史官参加政事堂会议，可以及时了解皇帝和宰相的言行，然后根据第一手材料编写起居注，对于封建统治者是一种监督。

唐太宗说过这样一句话："以铜为镜，可以正衣冠；以古为镜，可以见兴替；以人为镜，可以知得失。"在唐太宗的倡导下，大臣们都敢于直言，甚至连一个小地方官也敢于说出自己的意见，栎（音lì）阳县丞刘仁轨是个小小的八品官，他反对唐太宗在秋收大忙季节出去打猎，要求改在冬闲的时候进行。唐太宗不但采纳了他的意见，还提升了他的官职，表示鼓励。

公元 643 年，魏徵去世了，唐太宗十分悲痛，亲自为他撰写了墓碑的碑文。以后他时常怀念魏徵，说："魏徵死了，我失去了一面镜子！"公元 645 年，也就是魏徵去世的第二年，唐太宗远征高丽，劳民伤财，损失惨重。回来的时候，唐太宗想起了魏徵，十分感叹地说："假如魏徵在世，他一定不会让我有这番举动的！"

正因为唐太宗能纳谏，大臣们都敢于直言进谏，所以他在位期间，唐朝的政治比较开明，经济繁荣，社会秩序比较安定，历史上把这段时期称作"贞观之治"。

李靖奇袭阴山

唐太宗即位初期，中原战事虽然结束，但西边边境上还很不安定。特别是东突厥，当时势力还很强大，成为唐朝主要的威胁。太原起兵以后，唐高祖一心对付隋朝，只好靠妥协办法，维持了和东突厥的和好关系，但东突厥贵族仍旧不断侵扰唐朝境界，致使边疆地方不得安宁。

唐太宗即位不满一月，东突厥的颉利可汗率领人马 10 多万，一直打到离长安只有 40 里的渭水边。颉利可汗以为唐太宗刚即位，未必敢抵抗，他先派出使者进长安城见唐太宗，扬言突厥兵 100 万，马上开到。唐太宗胆略过人，他不理颉利可汗的威胁，把使者扣押起来。他先布置长安的唐军摆开阵势。接着，又亲自带了房玄龄等 6 名将领，骑马到渭水边的便桥，指名要颉利可汗出来，隔河对话。

颉利可汗听说使者被扣，已经有点吃惊；再看到太宗亲自上阵，后面唐军旌旗招展，军容整齐，不禁害怕起来。他带着突厥将领在渭水对岸，下马拜见太宗。

唐太宗隔着渭水对颉利可汗说："我们两家早已订立盟约，几年来也没有少给你们金帛，为什么要背信弃义，带兵进犯？"颉利可汗被责备得无话可说，表示愿意讲和。过了两天。双方在便桥上订立盟约。接着，颉利可汗就退兵了。

从这以后，唐太宗加紧训练将士，每天召集几百名将士在殿前练习弓箭。他跟将士们说："外敌进犯，这是常有的事，并不可怕。怕只怕边境稍为安定，人就贪图安逸，忘记战争，敌人来了就抵挡不了。从现在起，平时我做老师，教你们弓箭；战时我当将帅，带领你们抵抗敌人。"

经过唐太宗的鼓励，将士专心练武，不出几年，就训练出一批精锐军队。

第二年，北方下了一场大雪。东突厥的牲畜死了不少。大漠以北发生饥荒。颉利可汗加紧对其他部族的压迫，又引起各部族的反抗。颉利可汗派他的堂兄弟突利去镇压，被打得大败。突利逃回去后，被颉利可汗责打一通。两人因此翻了脸，突利投降了唐朝。

唐太宗抓住这个时机，派出李靖、徐世勣等 4 名大将率领大军 10 多万，由李靖统率，分路出击突厥。

李靖是唐朝初年有名的军事家，精通兵法。他在隋朝末年归附唐朝，在唐朝统一战争中，立了不少战功。

公元 630 年，李靖亲自率领 3000 精锐骑兵，从马邑出发，趁颉利可汗不防备，连夜进军，逼近突厥营地。颉利可汗毫无防备，发现唐军突然出现，大惊失色。将士们也慌了手脚，说："这次一定是唐朝发动全国兵力来了，要不然，李靖怎敢孤军深入呢？"

还没有等到唐军发起攻击，突厥兵先乱了起来。李靖又派间谍混进突厥内部活动，说服颉利可汗一个心腹将领投降。颉利可汗一看形势不妙，就偷偷逃跑了。

李靖攻下定襄，得胜回朝，唐太宗十分高兴，说："从前汉朝李陵带兵 5000，结果不幸被匈奴所俘虏；现在你以 3000 轻骑深入敌人后方，克服定襄，威震北方，这是自古以来少有的盛事啊！"

李靖居功不自傲，他密切关注着边疆安危。

颉利可汗逃到阴山以北，怕唐军继续追赶，派使者到长安求和，还说要亲自朝见。唐太宗一面派唐俭到突厥，表示安抚；另一方面又命令李靖带兵前去察看颉利可汗的动静。

李靖领兵到白道（今内蒙古呼和浩特西北）和徐世勣会师。两个人商量对策。李靖说："颉利可汗虽然打了败仗，但是手下人马不少。如果让他逃跑，以后我们再要追他，就很困难了。我们只要选一万精兵，带20天粮，跟踪袭击，一定能把颉利可汗活捉住。"徐世勣也赞成这个意见。两支军队就向阴山进发。

颉利可汗求和实际上只是缓兵之计，想等草青马肥季节来到，再逃到漠北。他看到唐俭来到，以为唐太宗中了他的计，暗暗高兴，防备也自然松懈下来。

当天晚上，李靖和徐世勣率领唐军到了阴山，命令部将苏定方率领200名轻骑，冒着夜雾悄悄进军。到突厥前哨发现唐军的时候，唐军离颉利可汗营帐只有7里地了。颉利可汗得知唐军骑兵来到，赶快找唐俭，唐俭已经瞅机会脱身回到唐营。颉利可汗慌忙骑上他的千里马逃走。李靖指挥唐军追杀，突厥兵没有主帅，乱成一团。唐军歼灭突厥兵一万多，还俘获大批俘虏和牲畜。颉利可汗东奔西逃，最后带着几个亲兵躲在荒山里，被他的部下抓住后交给唐军，后来被押送到长安。一度很强大的东突厥灭亡了。唐太宗并没有杀死俘虏。在东突厥原地设立了都督府，让突厥贵族担任都督，由他们管理突厥各部。

这次胜利，提高了唐太宗在西北各族中的威信。这一年，回纥等各族首领一起来到长安，朝见唐太宗，拥护唐太宗为他们的共同首领，尊称他是"天可汗"。

玄奘西行取经

自从李世民征服东突厥以后，西域各族人和亚洲许多国家的人，不断来到长安。在这一时期，我国高僧玄奘和尚也通过西域各国到天竺去。

玄奘是长安大慈恩寺的和尚，洛州缑氏（今河南偃师缑）人。原来姓陈，叫祎。玄奘对佛教文化做出了空前的贡献。13岁那年，他出家做和尚，就认真研究佛学。后来到处拜师学习，很精通佛教经典。贞观元年（公元627年），也就是李世民登基的第二年，玄奘27岁。他对佛经有些疑问解释不了，便想到佛教发源地去学习考察。

佛教最早起源于迦毗罗卫国（今尼泊尔境内），创始人是释迦牟尼。佛教传入印度以后，迅速盛行起来，西汉时期传到中国。唐朝人信奉佛教的也不少。

唐太宗对佛教采取一定的限制措施，不准僧人随便西去学经。玄奘向有关衙门申请通行证没得到批准，但他并不气馁，慢慢寻找机会。这年秋天，长安一带农田受灾，朝廷允许百姓外出谋生，27岁的玄奘认为机会来了，夹在灾民之中，出了长安城，开始了艰难漫长的西行之路。

玄奘走到凉州（今甘肃武威）再往西走，没有通行证过不去关卡。凉州是西域各国与内地联系的必经要道，都督李大亮对过关人员盘查严格，他听说唐朝僧人玄奘要出关到西域取经学法，便把他找来，命令他返回长安，不然就抓起来遣送回去。

这点困难根本吓不倒玄奘，明过关不行就暗闯关。凉州佛寺慧威法师被玄奘的才华和求学的精神所感动，派两名徒弟陪着玄奘于夜晚过关，来到瓜州（今甘肃瓜州县东南）。

凉州都督不知怎么得到玄奘已过关西去的消息，立即向瓜州等地发了追捕玄奘的通牒，牒文措辞严厉：有僧玄奘，欲入西蕃。所在州县，宜严候捉。

瓜州刺史独孤达信，信仰佛教，尊重僧人，他没有抓玄奘，让他快些离去。玄奘在瓜州寺庙门口，碰见一位西域来进香的老人，谈起西行之事，老人说："西去路遥，道路险峻。还要经戈壁沙漠，几百里全是沙海，没有人烟，法师孤身一人，太危险了！"玄奘说："贫僧立誓西行，决不东退一步。即使途中亡故，亦不后悔！"

老人对玄奘油然而生敬意，竟然将自己骑的马送给他。深情地说："你别看这匹马有些老了，但脚力还行，它曾15次往返戈壁大沙漠，道路熟，就送给你用吧！"

玄奘大喜过望。一位素不相识的人居然赠送如此贵重实用的交通工具，真是雪中送炭。他千恩万谢谢过老人之后，骑上老马继续西行。玄奘离开瓜州，天已黄昏，走夜路也不畏惧，到了夜半时分，来到疏勒河边，抬头远眺，高耸云间的玉门关依稀可见。河面无桥，他只好拽着缰绳，让马把他拖过了河。

天亮以后，玄奘不敢上路，怕被官府发现，

只好藏在森林中，等到天黑再行。

这一天，走到玉门关外第一座烽火台下，被守兵发现，捉住交给校尉王祥。王祥信仰佛教，不仅没将玄奘遣送回长安，而且告诉他一条小路，可躲过两座烽火台，直达第四座烽火台。这座烽火台守将叫王伯陇，是王祥本家哥兄弟，王祥给伯陇写了封信，让他照顾玄奘。

这条小路很少有人行走，许多地段荆棘丛生，灌木交错，玄奘只好在荆棘林中穿行，夜里太疲乏需要睡觉时，他就把行李往草地上铺，躺在上面睡，清晨醒来，身上、行李上全是霜。偌大的密林荒野中，只有玄奘一人一马，但他不畏艰难，披荆斩棘走了两天，来到了第四座烽火台。

王伯陇见信后，对玄奘很热情，送给他一个罗盘，可在沙漠中指示方向。并告诉他绕过第五座烽火台的小路。玄奘告别王伯陇，走小路绕过第五座烽火台，来到戈壁沙漠边缘的野马泉，装满一皮囊水，进入茫茫无际的沙漠。

沙漠中晚秋的气候温差特别大，白天像烈日炎炎的盛夏，夜晚似寒风凛凛的严冬。玄奘牵着马在沙漠中走了两天，又不小心将皮囊中的水洒光了，而且还要七八天才能出去沙漠，没水根本不行，玄奘只好掉转马头往回走，想去野马泉再装水。走了一段路，想起自己的誓言：不到天竺国（即印度）不后退一步，于是又回转马头，继续西行。

玄奘又走了两天，渴累交加，昏倒在沙地上。午夜时，被冻醒，又爬起来趔趔趄趄地赶路。走了一程，老马突然一声长啸，然后挣脱玄奘之手独自向前飞奔。玄奘大吃一惊，不知发生了什么事情，使老马失常。他急忙在后面追赶，追了一阵，老马忽然停住，玄奘跑过来一瞧，原来，老马找到一泓清泉！玄奘趴在泉边，与马共饮，喝饱之后，装满皮囊，再往前走，有了力气，又走了5天，终于走出戈壁大沙漠，来到伊吾（今新疆哈密）。

伊吾西部不远处还有个高昌国（国都交河在今新疆吐鲁番一带）。国王叫典文泰，对佛教非常虔诚，听说唐朝一位僧人来到伊吾，便派人到伊吾把玄奘接到交河，研讨佛经，曲文泰送给玄奘一些衣物、30 匹马，又派 25 人护送，并且给西方 24 个国王写信，请求他们给玄奘以方便。使玄奘万分感动，更坚定了西去学经的决心。

玄奘一行走到天山支脉凌山时，遇到雪崩，陪同的人有几位不幸身亡，有的人吓跑了，只剩下八九个人。玄奘毫无退缩之意，跋涉 7 天，翻过 7000 米高的雪山，辗转许多国家，来到铁门关（今阿富汗巴达克山），把高昌国陪行的人打发回去，自己孤身前行，克服数不尽的艰险，到达迦湿弥罗（今克什米尔），共历时 10 个多月时间。

玄奘在天竺国访问了数百座寺院，同僧人探讨佛经，一晃十几年过去，开始时以学习为主，后来则以讲学为主。

有一次，摩揭陀国乌苌王朝国王戒日，在曲女城召开研讨佛经辩论会，请玄奘主持，来了 18 国的国王和五六千名僧侣，主动来的老百姓有 5 万多人，听玄奘主讲《破恶见论》，连讲 18 天，没有一人反驳他的观点，由此名声远扬。

贞观十七年春，离开长安 17 年之久的玄奘开始启程返回大唐。他收集了 657 部经书和热带、亚热带的树木花草种子，以及戒日王送他的大象、马匹，还有护送人员，一起上路。

玄奘几乎走到每个地方，都有人请他讲经。第二年秋天，才走到于阗（今新疆和田）。他不知唐朝廷是否还治他的私自出国之罪，就把这 17 年的简况写了表文托人捎至长安给太宗李世民。李世民看了表章不仅没怪罪他，反而很高兴，亲写敕文，让玄奘速来长安见面。此时的玄奘，今非昔北，各地见到太宗皇帝的敕文以后，对他热情迎送，当做功臣对待。

正在洛阳的唐太宗，对玄奘的壮举十分赞赏，在洛阳行宫接见了玄奘。玄奘把他游历西域的经历向太宗作了详细的汇报。贞观十九年（公元 645 年）正月二十四日，玄奘终于回到阔别近 19 年的长安，走时 27 岁，回来已经 45 岁。玄奘和尚百折不挠的取经事迹，轰动了长安人民。

唐太宗李世民对玄奘西行历游诸国的见闻颇感兴趣，让他详细记录下来。

玄奘就把他所经历的 110 个国家的地理环境、风俗人情、历史及现状、土特产品以及传说故事等一一口述后，让徒弟们记录成一部《大唐西域记》。

文成公主进藏

唐太宗李世民执政时期，是中国历史上最兴盛富强的时期，许多小国甘愿俯首称臣。有的国家和民族，则通过联姻的形式，以加强与唐朝之间的友好关系。正当唐朝繁荣发展的时候，在其西北边境上，出现了一个强大的少数民族政权——吐蕃。公元 7~9 世纪存在于青藏高原。吐蕃人是藏族的祖先，生活在青藏高原上，过着农耕和游牧的生活。吐蕃人的首领称为"赞普"，意思是雄壮强悍的男子。

公元 629 年，吐蕃人赞普松赞干布的父亲沦赞弄囊统一了西藏各个部落。松赞干布出生于西藏高原的泽当，在他 13 岁的时候，吐蕃毗王族的残部大搞分裂，爆发了叛乱，沦赞弄囊被毒死了。年轻的松赞干布担负起平安叛乱和反击侵略的任务，在中小贵族的帮助下，他平定了叛乱，维护了吐蕃王朝的统一。他做了赞普，把都城迁到逻些（今拉萨），制定官制和法律，在西藏建立了地方政权。

松赞干布建立强大的奴隶制政权时，正是唐太宗贞观年间，松赞干布非常羡慕唐朝的文化，要和唐朝建立友好关系。公元 634 年，他第一次派遣使臣前往长安访问。唐太宗很快就派使臣回访。从此，汉藏两族关系越来越密切了。不久松赞干布派使臣，带着丰盛的礼物，到唐朝向皇室求婚，唐太宗没有同意。公元 640 年，他派大相（相当于宰相）禄东赞带着黄金 5000 两、珍宝数百件，经过数千里的草原，再一次到长安求婚。

传说当时到长安求婚的 5 个国家的使臣，他们都带着贵重的礼物，想要娶唐朝的公主。究竟把公主嫁给谁呢？太宗决定出几个难题，考一考这些使臣，看谁聪明能干，再做决定。

唐太宗把各位使臣请到宫里，拿出一颗九曲明珠和一束丝线，对他们说："你们当中谁能把丝线穿到明珠中间的孔，就将公主嫁给谁的国王。"原来，这颗明珠有两个相通的珠孔，一个在旁边，一个在正中，中间的孔弯弯曲曲，所以叫九曲明珠。要想用一根软软的丝线穿过去，非常困难。几位使臣拿着丝线直发愁。禄东赞很快就想出一个办法，他找到一只蚂蚁，用一条马尾鬃拴在蚂蚁的腰上，把蚂蚁放到九曲珠的孔内，然后不断地向孔里吹气。一会儿，这只蚂蚁便拖着鬃从另一端的孔中钻了出来。禄东赞再把丝线接在马尾鬃上，轻轻一拉，丝线就穿过了九曲明珠。唐太宗见禄东赞这样聪明，很高兴。

接着，唐太宗又出了第二道难题，他让人把使臣们带到御马场。御马场左右两个大圈，一边是 100 匹母马，一边是 100 匹马驹。唐太宗要求使臣把它们的母子关系辨认出来。其他几个使臣束手无策，只有禄东赞想出了办法。他运用吐蕃人民在游牧方面的丰富经验，让人暂时不给马驹吃草和饮水。过了一天，他把母马和马驹同时放了出来。只见母马嘶叫，马驹哀鸣，小马驹一个个跑向自己的母亲去吃奶，它们的母子关系就这样被禄东赞辨认出来了。禄东赞说："马的母子关系已经辨清，请陛下将公主嫁给我们的赞普。"唐太宗说："还要再考一次，然后决定。"

当天夜里，宫里钟鼓齐鸣，皇帝传召各国使臣入宫。其他几位使臣急忙穿戴整齐赶到宫里。只有禄东赞想得周到，他因初到长安，路途不熟，怕回来的时候找不到路，就让随从带着颜色，在去皇宫途中的十字路口都做了记号。原来唐太宗是请各国使者到宫里看戏。看完戏，唐太宗说："你们各寻归路吧，谁能最先回到住处，就把公主许给谁的国王。"禄东赞有记号指引，很快就回到了住处。其他使臣由于不熟悉路途，摸来摸去，直到天亮以后才找到住处。

经过 5 次考试，禄东赞都取得了胜利。唐太宗非常高兴，心里想：松赞干布的使臣这样聪明、机智，松赞干布自己更不用说了，于是，决定将文成公主嫁给吐蕃赞普。

文成公主是一位献身于汉藏两大民族友好团结伟大事业的杰出女性。文成公主出嫁的消息传到吐蕃以后，引起了吐蕃人民莫大的喜悦和兴趣。为了减少公主在旅途中的艰苦，他们在很多地方都准备了马匹、牦牛、船只、食物和饮水，以表示对公主的热烈欢迎。吐蕃王松赞干布亲自率领大队侍从和护卫人员，从逻些起程到青海去迎接。

唐太宗为文成公主一行预先在青海南部的河源修了一所负责接待的离宫，经过的地方都有官民迎送。一个多月后，公主到达河源，在河源附近的柏海，会见了前来迎接的松赞干布。当时松赞干布以唐皇帝女婿的身份拜见了前来送行的江夏王李道宗，对唐太宗表示感谢，并请李道宗代向太宗问好。松赞干布陪文成公主到了逻些。

他们从东北进逻些城，乐队奏着歌曲，吐蕃人民穿着节日的服装，争着去看远道来的赞蒙（藏语王后的意思）。松赞干布高兴地说："我们先辈没有和上国通婚的，今天我能娶大唐公主，实在荣幸。我要为公主建一座城，作为纪念，让子孙万代都知道。"他按照唐朝建筑的风格，在逻些为文成公主修建了城郭和宫室。

在文成公主进入吐蕃的道路上，吐蕃人民很多地名与文成公主都联系起来。青海有一座日月山，是现在青藏公路的必经之处，据说1300年前，当文成公主到达这儿时，她感到过了这座山，又是一重天，远离家乡的愁思未免触景而生。唐太宗为了宽慰她，特地用黄金铸造了日月的模型各一个，远道送来，叫她带在身边，以免思念。从此这座山就命名为日月山了。青海还有一条倒淌河，这条河从东向西流入青海湖。传说文成公主从这条河开始，要弃轿骑马，进入草原。她感到从此和家乡的距离一天比一天远了，不禁痛哭失声。公主这一哭感动了天地，结果使这里发生"天下江河皆东去，唯有此水向西流"的现象。

文成公主到吐蕃，不仅带去各种谷物、蔬菜种子，而且带去了工艺品、药材、茶叶及各种书籍。

在文成公主以前，吐蕃已经有了农业，但经营粗放。唐朝先进的生产技术传入后，出现小块农田，学会防止水土流失和平整土地。吐蕃的手工业，如酿酒、造纸、造墨、缫丝等都是唐朝汉族工匠直接帮助建立的。文成公主和她的侍女，曾协助吐蕃的妇女改进纺织技术，特别是在染色和图案设计上，给吐蕃提供了很多改进。过去吐蕃人都住帐篷，文成公主进藏后，上层人物都改住房屋。在衣着方面，吐蕃人穿的是毡裘，又笨又重。双方和亲以后，一部分人开始用绫罗绸缎。同时，改用石磨加工谷物，不仅省工，而且减少损耗，从而改善了人民生活。

吐蕃过去没有文字，无论什么事都用绳子打结，或在木头上刻符号表示。文成公主劝松赞干布设法造字。于是他指令柔扎布去研究，后来造出了 30 个字母和拼音造句的文法。松赞干布认真学习新文字，并把这些字刻在宫殿的石崖上，从此吐蕃有了自己的文字。他们用吐蕃文释译唐朝的儒经和佛经，促进了文化的发展。唐太宗去世以后，唐朝和吐蕃继续保持着频繁的来往和密切的关系。

公元 680 年，文成公主去世了，她在吐蕃总共生活了 40 年。由于她对藏族人民做出了巨大的贡献，深受藏族人民崇敬，至今在拉萨的布达拉宫里，还保留有文成公主和松赞干布的塑像，汉藏人民常到那里拜谒。

好女徐惠

武则天是中国历史上第一位女皇帝，她尽心尽力治理国家数十年。在她执政期间，社会稳定，老百姓的生活稳定殷实，创造了奇迹。武则天是一位传奇式的人物，她对国家的业绩远大于私人生活的不俭。

徐惠比武则天小 3 岁，继武则天之后被太宗李世民选入宫中。她为人善良淳朴，在童年、少年时期就显示出非凡的才华。

武则天的姨娘杨氏，原为齐王李元吉的妃子，李元吉死后，太宗李世民纳杨氏为妃，贞观十一年（公元 637 年）长孙皇后去世时，李世民很悲伤，杨氏为了安慰皇上，从民间选了几位美女进宫，借此机会，她把外甥女武则天选入宫中。太宗封武则天为才人，赐名叫媚娘，是年 14 岁。武媚娘活泼可爱，太宗对她比较喜欢。但由于武则天父亲早逝，她同父异母的两位哥哥对她不好，致使她书读得少，文化素质不算高，几年之后，她的受宠地位，被新进宫的才人徐惠所替代。

徐惠是右散骑常侍徐孝德的女儿，徐孝德见女儿出生 5 个月就会说话，认为她是天才，便注意她的早期教育，致使徐惠 4 岁就能看会诵《论语》《诗经》，8 岁可作文章，而且诗词文章皆佳。人长得也俊秀迷人，真是才貌双全，人见人爱。太宗李世民闻听，在徐惠 11 岁时，便下诏入宫，先封为才人，不久为婕妤，后又升为充容。而武则天入宫 10 多年，仍是个才人。

唐太宗李世民对徐惠的喜爱，不仅仅是她的容貌和才华，还因为她有些长孙皇后的作风和特性。长孙皇后是李世民的结发之妻，13 岁时嫁给李世民，二人相濡以沫，感情笃厚。长孙皇后不干预朝政，却关心国家大事，经常效仿魏徵进谏，深怕皇帝沉湎安逸而荒废朝政。在管理后宫事务中，身体力行，并搜集整理编写了一本《女则》的书，以教育规范后宫人员。

长孙皇后对子女要求严格，对亲属也不偏袒。皇上想封她哥哥长孙无忌为右仆射、吏部尚书，她坚决反对，而且亲自找到哥哥说明其中道理，长孙无忌听从妹妹的意见，找到皇上辞去了高官。这种做法，在封建王朝中是十分罕见的。长孙皇后病重期间立下遗嘱：丧事从简，陪葬物不用金银玉器，只用瓦木……她病故时年仅 36 岁。

徐惠的出现，填补了长孙皇后的缺空，她也像长孙皇后一样，勇于进谏。

她反对太宗晚年对外发动战争，反对朝廷剥削压迫人民，她指出人民不堪重负时，必然会起义反抗。

太宗李世民第一次东征高丽未果，还想再次东征，同时又要对西域诸国动兵，徐惠便上疏力阻："东戍辽海，西讨昆丘，士马罢耗……捐有尽之农，趋无穷之壑；图未获之众，丧已成之军。故地广者，非常安之术也；人劳者，为易乱之符也。"

当太宗要为徐惠修建翠微宫时，她又上疏劝阻，最后一针见血地指出："有道之君，以逸逸人；无道之君，以乐乐身。"

李世民对徐惠的谏言，格外重视和喜欢，尽量去修正自己的失误。李世民知错必改的胸怀，深深地感染着徐惠，她对唐太宗有着深深的感情。

唐太宗病故前，遗诏将绝大多数妃嫔送入庙中出家，而徐惠等极少数人则例外，让她继续留在宫中。可是，徐惠思念皇上心伤，有病竟不吃药，多次表示要随先帝于地下。不幸于太宗死后两年病故，年仅 24 岁。

徐惠在历史上远没有武则天有名，但她的贤惠和敢于进谏，让后人尊敬。

女皇武则天

武则天（公元 624~705 年），名曌（音 zhào），并州文水（今山西文水县东）人。她的父亲武士彟，原来是个木材商人，后来跟随李渊起兵反隋，被任命为工部尚书。武则天从小聪敏机智，性格倔强。正是因为她容貌姣好，又有才学，所以在她 14 岁的时候，就被唐太宗召选入宫，封为"才人"（嫔妃的称号），赐号"武媚"，人称媚娘。

媚娘的姿色妖媚，性格却很刚烈。相传，唐太宗得到了一匹马，取名叫狮子骢，马性暴烈，桀骜不驯。媚娘入宫不久，就请求驯马。太宗问她的驯技如何，她说："我只需要3件东西：皮鞭、铁杖和匕首。它不驯就用鞭子抽它；鞭而不驯，就用铁杖猛击它的头；杖而不服，就用匕首割断它的喉咙！"太宗为媚娘气概胜过烈马，大为赞赏。

贞观二十二年，唐太宗去世，他的儿子李治即位，就是唐高宗。唐高宗李治是唐太宗的第九个儿子，为长孙皇后所生。他即位后，根据太宗的遗嘱，由长孙无忌和褚遂良协助执政。在唐高宗中期以前，唐高宗还是做了不少有意义的事情，故而后人称赞他的统治"有贞观之遗风"。

唐太宗死了以后，媚娘和一些宫女都被送到感业寺去做尼姑。唐高宗即位，因与媚娘早有旧情，当他到感业寺焚香的时候，正巧又遇上媚娘，彼此十分伤感。于是，高宗让她重蓄乌发，答应再次接入宫中。媚娘虽然性烈不驯，但自入宫后，事事忍让，谦恭有礼，深得高宗与皇后的宠爱，被晋升为"昭仪"（位列九嫔之首，地位仅次于皇后）。没过多久，唐高宗和武则天就恩爱得如胶似漆、形影不离，渐渐把王皇后疏远了。武则天十分得意，还想进一步夺取皇后的位子。她先是利用王皇后与萧淑妃的矛盾诋毁萧淑妃，把萧淑妃废为平民；然后，又想法离间唐高宗与王皇后。但当时，尽管唐高宗宠爱武则天，可还没有废掉王皇后的意思。为了达到目的，武则天绞尽脑汁，千方百计陷害王皇后。

不久，武则天生了一个女孩。王皇后因为自己没有孩子，常常逗这个女孩玩。一天，王皇后刚刚离开，武则天就偷偷把女孩掐死，然后又照样盖好被子。唐高宗进来，掀开被子一看，发现女孩已经死了，武则天装出吃惊的样子，大哭起来。唐高宗问刚才有谁来过，左右的人都说："只有皇后来过。"唐高宗气愤地说："皇后杀死了我的女儿！"从这以后，唐高宗就起了废掉王皇后，立武则天为皇后的念头。

在皇后的废与立问题上，朝廷内部是有争论的。握有重权的国舅、太尉长孙无忌坚决反对立武则天为皇后；而中书舍人李义府则上书，坚持立武则天为皇后。

公元 655 年秋，唐高宗召长孙无忌、李勣、褚遂良等人入殿，正式提出想废掉王皇后，立武则天为皇后的意见。长孙无忌和顾命大臣褚遂良坚决反对，褚遂良又提出："陛下即使要废掉皇后，我也请您选择另外的人立为皇后，何必一定是姓武的呢？何况武氏曾经是先帝的妃子，陛下立她做皇后，今后，人们会怎么议论陛下呢？"武则天在帘子后面听到这番话，气愤至极。她最害怕别人提起她曾做过唐太宗妃子的往事，所以，她恨透了褚遂良。

过了几天，唐高宗又征求司空李勣的意见，李勣回答得十分圆滑。他说："废立皇后，这是陛下的家事，何必一定要外人同意呢？"高宗听了李勣的话，满心欢喜，他知道李勣这位掌管着军权的司空是支持武则天做皇后的。于是，他下定决心。公元 655 年，唐高宗下诏，废掉王皇后，立武则天为皇后。

武则天临朝后，把国家大事处理得井井有条。她的威信也越来越高，有很多事情也不再与高宗商量。高宗发现自己说的话不算数，心里很恼火，就秘密地把大臣上官仪找来，让他起草废武后的诏书。消息传到武则天那里，武则天便迅速采取了对策，处死了上官仪。唐高宗无可奈何。

当时，大臣们把唐高宗和武则天合称为"二圣"。实际上。朝中大权完全掌握在武则天手中，唐高宗不过是空有其名。

对武则天来说，当皇后显然不是最后的目标。她要称帝，做一个堂堂正正的天子。对此，唐高宗也有觉察。于是，大唐宗室围绕皇位的问题，在皇帝、皇后之间，展开了长期的、激烈的角逐。

武后亲生的有 4 个儿子，即长子李弘、次子李贤、三子李显、四子李旦。唐高宗为了保住李家的皇位，废武后没有成功，就想禅位给长子李弘。武则天针锋相对，立即用毒酒药死了年仅 24 岁的长子。高宗又立李贤为太子。李贤举止端庄，好读书，有文采，处理朝中事务也颇有才干。武后十分嫉妒，便借口李贤行为不正，威逼唐高宗把他废成平民，流放到巴州。相传流放巴州的李贤，曾写过一首《黄台词》：

种瓜黄台下，瓜熟子离离。

一摘使瓜好，再摘使瓜稀。

三摘犹为可，四摘抱蔓归。

对武后专权，使李家遭此大乱的现状表示了深切的忧愤。这首词传到京城，武后大怒，立即命令使者到巴州，逼李贤自尽了。

683 年，唐高宗病死。第二年正月，太子李显即位，就是唐中宗。唐中宗立韦氏为皇后，改年号为嗣圣。这时，武则天以太后的身份，临朝称制。后来，因为武则天不满意于唐中宗加封皇后韦氏的父亲为侍中，又废掉了唐中宗。这时，唐中宗才当了 1 个月的皇帝。

唐中宗被废后，武则天又立第四个儿子李旦为皇帝，称唐睿宗，唐睿宗即位后，武则天让他住在别的宫中，不要过问朝政，一切政事全由她自己裁决。此后，在武则天的授意下，沙门法明进献《大云经》，影射武则天是弥勒佛降世，当以女身君临天下。御史傅游艺率领一些老年人上书朝廷，诈称凤凰停在上阳宫中，后又出现在朝堂之上，要求改朝换代，改皇帝姓氏为武氏。

公元 690 年，唐睿宗和满朝大臣按照武则天的旨意，向她上表，请求她亲自当皇帝并改国号。67 岁的武则天下诏废了唐睿宗，改国号为周，自称"圣神皇帝"。经过 36 年的苦心经营，武则天终于正式登上皇位，成为中国历史上唯一的女皇帝。

武则天称帝之后，不拘一格地选拔人才，发展经济。她当政期间，人才济济，社会安定，巩固了自己的统治。

"国老" 狄仁杰

在武则天当政和自立皇帝后，对反对她掌权的人，进行了无情的镇压，但她在政治、经济等许多方面提出和采取了具有远见的政策和措施。尤其在用人方面，很值得称道。她经常派人到各地去物色人才。只要发现谁有才能，就不计较门第出身、资格深浅，破格提拔，大胆任用。所以，在她的手下，涌现出了一大批有才能的大臣，其中最著名的是宰相狄仁杰。

狄仁杰当豫州刺史的时候，办事公平，执法严明，受到当地百姓的称赞。武则天听说他有才能，就把他调到京城当宰相。

一天，武则天召见他，告诉他说："听说你在豫州的时候，名声很好，但是也有人在我面前揭你的短。你想知道他们是谁吗？"狄仁杰说："别人说我不好，如果确是我的过错，我应该改正；如果陛下弄清楚不是我的过错，这是我的幸运。至于谁在背后说我的不是，我并不想知道。"

武则天听了，觉得狄仁杰器量大，更加赏识他。来俊臣得势的时候，诬告狄仁杰谋反，把狄仁杰打进了牢监。来俊臣逼他招供，还诱骗他说："只要你招认了，就可以免你死罪。"

狄仁杰坦然说："如今太后建立周期，什么事都重新开始。像我这种唐朝旧臣，理当被杀。我招认就是了。"

另一个官员偷偷告诉狄仁杰说："你如果供出别人来，就可以从宽。"狄仁杰这下生气了，说："上有天，下有地，叫我狄仁杰干这缺德的事，我可干不出来！"说着，气得用头猛撞牢监里的柱子，撞得满面流血。那个官员害员起来，连忙把他劝住了。

来俊臣根据逼供的材料，胡乱定了狄仁杰的案，对他的防范也就不那么严密了。狄仁杰趁狱卒不防备，偷偷地扯碎被子，用碎帛写了封申诉状，又把它缝在棉衣里。

那时候，正是开春季节。狄仁杰对狱官说："天气暖了，这套棉衣我也用不上，请通知我家里人把它拿回去吧。"狱官也不怀疑，就让前来探监的狄家人把棉衣带回家去。狄仁杰的儿子拆开棉衣，发现父亲写的申诉状，就托人送给武则天。

武则天看了狄仁杰的申诉状，才下令把狄仁杰从牢监里放了出来。武则天召见狄仁杰，说："你既然申诉冤枉，为什么要招供呢？"狄仁杰说："要是我不招，早就被他们拷打死了。"

武则天免了狄仁杰死罪，但还是把他的宰相职务给撤了，降职到外地做县令。直到来俊臣被杀以后，才又把他调回来做宰相。

在狄仁杰当宰相之前，有个将军娄师德，曾经在武则天面前竭力推荐他；但是狄仁杰并不知道这件事，他认为娄师德不过是普通武将，不大瞧得起他。

有一次，武则天故意问狄仁杰说："你看娄师德这人怎么样？"狄仁杰说："娄师德做个将军，小心谨慎守卫边境，还不错。至于有什么才能，我就不知道了。"

武则天说："你看娄师德是不是能发现人才？"

狄仁杰说："我跟他一起做过事，没听说过他能发现人才。"

武则天微笑说："我能发现你，就是娄师德推荐的啊。"

狄仁杰听了，十分感动，觉得娄师德的为人厚道，却不炫耀自己帮助人，自己不如他。后来，狄仁杰也努力物色人才，随时向武则天推荐。

一天，武则天问狄仁杰说："我想物色一个人才，你看谁行？"

狄仁杰说："不知陛下要的是什么样的人才？"

武则天说："我想要找个能当宰相的。"

狄仁杰早就知道荆州地方有个官员叫张柬之，年纪虽然老了一些，但办事干练，是个宰相的人选，就向武则天推荐了。武则天听了狄仁杰的推荐，提拔张柬之担任洛州（治所在洛阳）司马。

过了几天，狄仁杰上朝，武则天又向他提起推荐人才的事。狄仁杰说："上次我推荐的张柬之，陛下还没用呢！"

武则天说："我不是已经把他任用了吗？"

狄仁杰说："我向陛下推荐的，是一个宰相的人选，不是让他当司马的啊。"

武则天这才把张柬之提拔为侍郎，后来，又任命他为宰相。像张柬之那样，狄仁杰前前后后一共推荐了几十个人，后来都成为当时有名的大臣。这些大臣都十分钦佩狄仁杰，把狄仁杰看作他们的老前辈。

有人对狄仁杰说："天下桃李，都出在狄公的门下了。"狄仁杰谦逊地说："这算得上什么，推荐人才是为了国家，不是为了我个人的私利啊！"

狄仁杰一直活到93岁。武则天很敬重狄仁杰，把他称作"国老"。他多次要求告老，武则天总是不准。他死后，武则天常常叹息说："老天为什么这样早夺走我的国老啊！"由此可以看出，武则天爱惜人才，尊重人才，是个贤明的女皇。武则天执政期间也有过失，她一度重用像来俊臣这样的酷吏，残害了不少忠臣。公元705年，中国历史上唯一的女皇帝武则天去世，终年82岁。死前她让人立一座无字碑，是非功过由后人评说。

韦后乱政

唐朝是李家的天下，按照封建社会的规矩，只有和皇帝同姓的人才能封王。可是唐中宗复位以后，便立妃子韦氏为皇后，追封皇后的父亲韦玄为贞王。大臣裴炎反对说："异姓不王，古来如此，陛下刚刚复位，就大封后族（皇后的家族），天下会失望的。"唐中宗不理睬。

原来，在武则天的 4 个儿子中，除去李弘聪明练达、通晓事理以外，其余 3 个都不像母亲，而像他们的父亲高宗了。尤其这位中宗李显，特别庸懦。他被武则天放逐到房州的时候，只有韦氏陪着他，两人尝尽了人世间的苦难。每当听说武则天派使臣来了，唐中宗就吓得想自杀，韦氏总是安慰他说："祸福无常，不一定是赐死，何必这样惧怕呢？"有韦氏在患难中的帮助，唐中宗才活了下来，所以他和韦后的感情特别好。他曾经对韦氏发誓："有朝一日，重登帝位，一定满足你的一切愿望。"如今他当上了皇帝，就想实践自己的誓言，一切都按韦后的愿望办。这样一来，韦后也学起武则天来了，但是唐中宗比唐高宗更昏庸，韦后远没有武则天那样的政治才能，所以唐朝的政局又开始动荡不安了。

那时候，武则天虽然死了，武三思仍然很有势力。韦后最宠爱的小女儿安乐公主嫁给了武三思的儿子武崇训，两家成为儿女亲家，关系十分密切。时间一长，武三思和韦后就勾结在一起了。唐中宗对韦后言听计从。他见韦后信任武三思，自己遇到什么重大的事，也找武三思商量，还听从韦后的意见，任命武三思当了宰相。武三思依靠韦后，比武则天当权的时候还要威风。张柬之见形势不妙，就劝唐中宗除掉武三思，削弱武氏的权力。可是，木已成舟，武三思已经深得唐中宗的信任。

武三思知道了张柬之想要加害于他，忙去找韦后商量对付的办法。韦后和武三思一起，到中宗那里攻击张柬之等5位大臣，说他们"恃功专权，图谋不轨"。昏庸的唐中宗信以为真，忙问："这如何是好？"武三思把他和韦后策划好的主意说了一遍，要唐中宗晋升张柬之等5位大臣为王。唐中宗不解地问："封他们做王，不是更难控制了吗？"武三思说："这叫明升暗降，实际上夺了他们的权。"唐中宗依照他的意见办了。果然，5位大臣做了王，反而不能再参与朝政。武三思把持大权，被张柬之罢官的一律复职。后来，武三思又捏造了驸马都尉王同皎谋反一案，把张柬之等5位大臣先发配后处死。

安乐公主是韦后最小的女儿，野心勃勃，一心想做第二个武则天。因她长得又漂亮，又聪明，因此中宗和韦后格外宠爱她，一些趋炎附势的官员对她也百般巴结。安乐公主在宫中飞扬跋扈，为所欲为。她想办什么事，需要皇帝下诏，她就自己把诏书写好，却将内容部分用手掩住，不给皇帝看，只让皇帝签署。昏庸的中宗竟然笑着从命。因此对安乐公主无人敢惹。

那时朝廷已经迁回西都长安。中宗和韦后生的儿子李重润，19岁时因议论"二张"被迫自杀了，皇家没有嫡子，只好立中宗的庶长子李重俊为皇太子。可是安乐公主对唐中宗立李重俊做太子很不满意。安乐公主竟缠着父亲要他废了太子，而立自己为皇太女，将来继皇帝位。学她祖母的样子，也来做做女皇。

安乐公主朝思暮想当女皇，因此把李重俊看成眼中钉，千方百计想把他除掉。太子李重俊忍无可忍，便跟左羽林大将军李多祚、将军李思冲等起来反抗。他们领了300多名羽林军，先杀向武三思的王府，把武三思和武崇训捉住，历数他们的罪恶，将他们一刀斩了。驸马武崇训死了，安乐公主改嫁武延秀，仍然像以前那样横行霸道。后来连宰相也出自她的门下，中书令宗楚客便是其中的一个。宗楚客是武则天堂姐的儿子，进士出身。他原来投靠武三思，作了兵部尚书。武三思死后，他又投入安乐公主门下，终于官居宰相。

公元 710 年，有个叫郎岌的老百姓，给皇帝上书，说皇后和宗楚客将作乱。韦后让皇帝把朗岌杖毙。又有许州司马参军燕钦融上表说："皇上淫乱，干预国政。而安乐公主、武延秀、宗楚客等人，也图危害宗庙社稷。"中宗把燕钦融召来，当面询问。燕钦融慷慨直言，把韦后、安乐公主的丑事和不法勾当和盘讲出。中宗听了默然不语。宗楚客在一旁见了，怕燕钦融再说出他的事来，竟矫诏让侍卫把燕钦融投在殿廷石阶上，折颈而死。中宗虽然不曾责备宗楚客，但面色很难看。宗楚客知道皇帝已经生了疑心，赶忙去报告了安乐公主。公主又和韦后商量。安乐公主建议夺权害死父亲，让韦后临朝，立她为皇太女，将来传位于她。韦后同意了，母女二人合谋要毒死唐中宗，一天，唐中宗正审阅奏章，来不及吃饭，韦后让宫女送去蒸饼。唐中宗边看奏章边吃，没等吃完，便倒在地上死了。

韦后毒死唐中宗，把消息封锁起来，不发丧，然后召集韦家子弟和她的亲信，带兵 5 万人守卫京城，准备登基称帝。她没料到，被她陷害罢了官的李隆基（唐睿宗的第三个儿子），早已料到韦后会篡夺皇位，为了保住唐室江山，在长安的羽林军中结交了一批猛将，等待着时机。唐中宗被害，李隆基立即发动羽林军攻入宫中，杀了韦皇后和安乐公主，接着用武力清洗韦氏和武氏集团，把韦氏家族和武氏家族的人差不多都杀光了。

最后，由武则天的女儿太平公主出面，恢复唐睿宗的帝位。公元 712 年，唐睿宗又把皇位让给了李隆基，他就是历史上有名的唐玄宗。

玄宗"开元之治"

李隆基 28 岁即皇帝位，年号"开元"。由于他死后的庙号是"玄宗至道大圣大明孝皇帝"。所以史书上便称他为"玄宗"。又因庙号中有个"明"字，又称为"明皇"。唐玄宗李隆基是位了不起的皇帝，在他执政前期，社会空前繁荣。

李隆基是睿宗李旦的第三个儿子。大哥李成器，武后曾立他为皇太孙。后来中宗即位，改封为宋王。李隆基讨平了韦后和安乐公主，使父亲睿宗即位。睿宗在确立东宫皇储时有些为难，如果按常规来讲，李成器不但年长，而且是嫡子，并当过太孙；但李隆基却在建立王朝中立了大功，所以睿宗迟迟决定不下来。李成器看出父亲的心事，就亲自去见父亲，流着泪诚恳地让位。睿宗很感动。大臣们也认为李成器过于忠厚老实，不如李隆基能干。于是睿宗终于决定立李隆基为太子，不久又传位给他。

睿宗共有6个儿子，幼子李隆悌儿时夭折，其余5个儿子李成器、李成业、李隆基、李范、李业是在危难中长大的，因此彼此维护，十分友爱。现在李隆基做了皇帝，他不忘兄弟的情谊，更感激大哥的让位大德，便在皇宫外面建了5座王府，经常去探望。

玄宗的内部宗亲，和睦安定，而在外廷之中，也注意选用贤臣。这是因为唐玄宗经过两次政变才得到政权，所以他很注意从各方面来巩固他的统治。他即位的第二年就规定：在京官中选拔有才识的人派到外地做都督刺史；选外地都督、刺史中有本事的调到朝廷来任职，使他们出入的人数相差不大。后来把这种调动作为一种制度固定来。公元716年，唐玄宗在殿堂亲自复试吏部新选派的县令，把其中不合格的40多人斥退回家。他重用姚崇和宋璟为宰相，这两个人十分干练，把国事处理得井井有条，人们把他俩跟太宗时的宰相房玄龄和杜如晦相比，说"前有房、杜，后有姚、宋。"把玄宗开元这20多年，比同于太宗"贞观之治"时期，称之为"开元之治"。

姚崇在睿宗的时候担任兵部尚书，因为得罪了太平公主，被贬到同州作刺史。唐玄宗想到他是个很有才干的人，就召他入朝。唐玄宗诚恳地对姚崇说："我早知道你是人才，请您做我的宰相吧！"姚崇推辞不肯，唐玄宗很奇怪，问他什么缘故。姚崇跪下说道："臣有10件大事，恐怕陛下未必同意，所以不敢接受任命。"唐玄宗说："你说说看，是哪10件大事？"姚崇从容地说："第一，以仁义为先，不要只用刑罚；第二，30年之内，不要在边境作战；第三，宦官不要干预朝政；第四，皇亲国戚不要担任台、省职务；第五，无论什么人，犯了法都得受罚；第六，取消租税以外的一切额外征收；第七，禁止营造佛寺；第八，对待臣部下要有礼；第九，允许群臣对朝政提出批评建议；第十，严禁外戚干预政事。这10件大事，陛下能同意吗？"唐玄宗十分诚恳地说："这10件大事至关紧要，我都同意，你不必担心。"姚崇马上叩头谢恩，表示愿意接受任命。

姚崇当了宰相以后，没有辜负唐玄宗对他的信任，治理国家很有成绩。有一次，姚崇为几个低级官员晋级的事去请示玄宗。他连奏3次，玄宗却仰视殿顶，不搭理他。姚崇只好退出。玄宗的近侍太监高力士说："陛下日理万机，宰相来奏事，应该当面表示可否，不理人家好吗？"玄宗说："朕任命元之任宰相，如果有国家大事，自当来奏闻与朕共议；像郎吏这样的官吏的升迁，他决定就行了，为什么还要麻烦朕呢！"高力士把这话告诉了姚崇。姚崇很高兴，也很感动。

薛王李业的舅舅王仙童，因为抢夺百姓的财物，吞占民田，被御史告到朝廷。王仙童有恃无恐，通过李业，请玄宗赦免。玄宗派姚崇处理。姚崇对玄宗说："王仙童犯法，证据确凿，御史所说的全是事实，不应该赦免。"唐玄宗同意姚崇的意见，依法惩办了王仙童。打击了那些无法无天的豪强贵族，使他们不得不有所收敛。

唐玄宗还十分重视兴修水利，在河北、河南、山西等地兴建了不少水利工程，多者灌田30万亩，少则灌田也不下10万亩。开元时期，全国共兴建了50多项较大的水利工程。唐玄宗还注重提高军队的素质，开元时，逐步以募兵制代替了府兵制，军队在边境上大兴屯田，这样既加强了边防，又减少了国家的财政开支，同时提高了战斗力。玄宗在东北设忽汗州都督府、黑水都督府和重建营州都督府。在西北重建安西、北庭都护府，并收复了武则天时失去的西城重镇碎叶，加强了西北和东北的边防。对此蕃、突厥、南诏等族，采取和亲与笼络政策，从而巩固和发展了统一的多民族国家。

唐玄宗非常重视学术文化发展。他下令在长安、洛阳创建书院，组织全国著名学者著书立说，还聘请学者来京，如张遂任天文学顾问，李白亦应召入宫，对当时文化界有很大影响。

唐玄宗的时候，和姚崇齐名的贤相，还有宋璟、张九龄等，他们为唐朝的政治经济发展，做出了应有的贡献。唐朝从贞观初年到开元末年，经过 100 多年的建设，出现了前所未有的繁荣景象，达到了全盛时期。一个小的县城也有万把户人家。稻米十分油润，小米非常洁白，公家或私人的仓库里都装满了粮食。全国各地都很太平，出远门再也不必挑选好日子。齐鲁生产的丝织品一车又一车地在各地畅销，男子耕种，妇女采桑养蚕，大家安居乐业。

这一时期经济持续发展，社会富足安定，唐朝进入了其最鼎盛的时期，其时正是唐玄宗在位的开元时期（公元 713~741 年），因此历史上把这种全盛的景象称为"开元之治"。

僧一行编制《大衍历》

唐代的天文学也很发达，最著名的天文学家是一行和尚。一行姓张，名遂，魏州昌乐（今河南昌乐）人，生于公元 683 年。他从小刻苦学习，特别喜欢钻研天文、历法、算术中的疑难问题，对佛教经典也有深入的研究，年轻时就已成为长安城里有名的学者。他出家后，法名叫一行，之后到各地寻师访友。在浙江天台山国清寺，在一位数学造诣较深的僧侣的指导下，一行对天文、历法的研究更加深入，成为当时全国有名的学者。

公元 717 年，一行来到长安，唐玄宗亲自召见了他，让他主持编制新历法。首先，他和天文仪器制造家梁令瓒共同制造了观测天象的黄道游仪。黄道，就是人们从地球上看太阳，感觉到太阳在宇宙空间一年中的运行轨道。测定日、月在轨道上的位置和它们的运动情况，对提高历法的精确度有决定性作用。过去的测量都是间接进行的，测量结果还需要再进行换算，误差很大。黄道游仪解决了这个问题，测量更准确了。一行利用这个仪器发现恒星的位置和古代所测的位置有很大不同，第一次发现了恒星移动的现象，大大推动了人类对恒星的观测和研究。在一行的倡议下，从 724 到 725 年，在全国 13 个地点测量北极高度和冬至、夏至、春分、秋分当天中午的日影长度。一行从各地的测量数据中计算出子午线的长度，它虽然与现代测量出的子午线长度有一定误差，但这是世界上第一次测量子午线的纪录，对于研究天文学史有十分重要的价值。

一行和梁令瓒在汉代科学家张衡设计的基础上，制造了水力运转浑天仪。这个浑天仪上画着星宿、赤道，灌进水去冲动轮子，仪器就转动起来，每昼夜自转一周，和天象相符合。仪器中还有两个木人，一个木人每刻钟击鼓一次，一个木人每个时辰（两小时）敲钟一次，都由仪器中的轮轴操纵。这是世界上最早的自动计时器。

公元 724 年，一行就开始编制了新历法，3 年后，新历法《大衍历》草稿完成。这是当时一部很先进的历法，它比较正确地掌握了太阳运动的规律，把太阳和月亮每天的位置和运动，每天见到的星象和昼夜时刻，以及日食、月食和五大行星的位置都做了说明。在明朝末年西方的历法传入我国以前，我国一直沿用着这部历法。

公元 727 年，《大衍历》刚刚完成，一行就因为劳累过度，一病不起，与世长辞了，死的时候才 45 岁。一行的发明创造，和他编制新历法的功绩，在我国天文史上占有重要的地位，他是世界上最著名的古代天文学家之一。

李林甫欺上瞒下

　　唐玄宗做了 20 多年太平天子，国泰民安，渐渐滋长了骄傲怠惰的情绪，不像原来那样励精图治了。于是，他就追求起享乐的生活来，朝廷弊端日益显露出来。

　　宰相张九龄看到这种情况，心里挺着急，常常给唐玄宗提意见。张九龄任相期间，知人善鉴，颇具政治家的远见。唐玄宗本来很尊重张九龄，但是到了后来，对张九龄的意见也听不进去了。他只愿听一些奉承话了。

　　大臣李林甫，是一个不学无术的人。他什么事都不会，专学了一套奉承拍马的本领。他和宫内的宦官、妃子勾结，探听宫内的动静。唐玄宗在宫里说些什么，想些什么，他都先摸了底。等到唐玄宗找他商量什么事，他就对答如流，简直跟唐玄宗想的一样。唐玄宗听了挺舒服，觉得李林甫既能干，又听话。

　　唐玄宗想把李林甫提拔为宰相，跟张九龄商量。张九龄看不惯李林甫这路人，就直截了当地说："宰相的地位，关系到国家的安危。陛下如果拜李林甫为相，只怕将来国家要遭到灾难。"这些话传到李林甫那里，李林甫把张九龄恨得咬牙切齿。

　　朔方（治所在今宁夏灵武）将领牛仙客，目不识丁，但是在理财方面，很有点方法，又善于结交朝中权贵，获得虚名。唐玄宗想提拔牛仙客，张九龄没有同意。李林甫在唐玄宗面前说："像牛仙客这样的人，才是宰相的人选；张九龄是个书呆子，不识大体。"

　　有一次，唐玄宗又找张九龄商量提拔牛仙客的事。张九龄还是不同意。唐玄宗发火了，厉声说："难道什么事都得由你做主吗！"唐玄宗越来越觉得张九龄讨厌，加上听信了李林甫的诽谤，终于撤了张九龄的职，让李林甫当宰相。自张九龄罢相以后，唐朝局势开始走下坡路。

李林甫一当上宰相，第一件事就是要把唐玄宗和百官隔绝，不许大家在玄宗面前提意见。有一次，他把谏官召集起来，公开宣布说："现在皇上圣明，做臣下的只要按皇上意旨办事就是了，用不着大家七嘴八舌。你们没看到立仗马（一种在皇宫前作仪仗用的马）吗？它们吃的饲料相当于三品官的待遇，但是哪一匹马要是叫了一声，就被拉出去不用，后悔也来不及了。"

有一个谏官不听李林甫的话，上奏本给唐玄宗提建议。第二天，就接到命令，被降职到外地去做县令。大家知道这是李林甫的意思，以后谁也不敢向玄宗提意见了。

李林甫知道自己在朝廷中的名声不好。凡是大臣中能力比他强的，他就千方百计地把他们排挤掉。他要排挤一个人，表面上不动声色，笑脸相待，却在背地里暗箭伤人。

有一次，唐玄宗在勤政楼上隔着帘子眺望，兵部侍郎卢绚骑马经过楼下。唐玄宗看到卢绚风度很好，随口赞赏了几句。第二天，李林甫得知这件事，就把卢绚降职为华州刺史。卢绚到任不久，又被诬说他身体不好，不称职，再一次降了职。

有一个官员严挺之，被李林甫排挤在外地当刺史。后来，唐玄宗想起他，跟李林甫说："严挺之还在吗？这个人很有才能，还可以用呢。"

李林甫说："陛下既然想念他，我去打听一下。"

退了朝，李林甫连忙把严挺之的弟弟找来，说："你哥哥不是很想回京城见皇上吗，我倒有一个办法。"

严挺之的弟弟见李林甫这样关心他哥哥，当然很感激，连忙请教该怎么办。李林甫说："只要叫你哥哥上一道奏章，就说他得了病，请求回京城来看病。"

严挺之接到他弟弟的信，真的上了一道奏章，请求回京城看病。李林甫就拿着奏章去见唐玄宗，说："真太可惜，严挺之现在得了重病，不能干大事了。"

唐玄宗惋惜地叹了口气，也就算了。像严挺之这样上当受骗的还真不少。但是，尽管李林甫装扮得怎么巧妙，他的阴谋诡计到底还是被人们识破了。人们就说李林甫这个人是"嘴上像蜜甜，肚里藏着剑"（成语"口蜜腹剑"就是这样来的）。

李林甫当了19年宰相，一个个有才能的正直的大臣全都遭到排斥，一批批钻营拍马的小人都受到重用提拔。就在这个时期，唐朝的政治从兴盛转向衰败。这时期的唐朝廷以资历用人，士大夫持禄养恩，不思进取，终于导致了"安史之乱"。

鉴真东渡日本

隋唐时期，中日两国人民的友好往来更密切了。从公元630年到公元894年，日本派出遣唐使共14次，每次都在100人以上，最多的一次有650人。很多日本留学生进入唐朝的最高学府国子监深造，有的在中国居住20年以上，有的留在唐朝做官。唐朝也有许多学者到日本去，其中最著名的是鉴真。

鉴真俗姓淳于，是扬州江阳人，鉴真是他出家后的法号。他生于公元688年，父亲是个商人，也是个非常虔诚的佛教徒。鉴真从小受父亲的影响，对佛教产生了浓厚的兴趣，14岁那年就出家当了和尚。

经过佛寺里名师的指导，鉴真的佛学知识越来越丰富。后来在长安的一座佛寺里受了具足戒（戒是佛教徒应当遵守的戒条、戒律。举行仪式，接受师父授给的戒条，叫受戒。足具戒是僧侣的最高戒律，受具足戒表明受戒人的学问已经达到高深的程度，有了讲授的资格）。由于他渊博的学识和高尚的品德，当他 45 岁的时候，已经成为名扬四海的高僧，由他授戒的门徒达到 4 万多人。

当时，日本受中国影响，大力提倡佛教。他们依照唐朝修建佛寺。日本政府还决定派荣睿和普照两位年轻的僧徒到中国学习佛学，并打算聘请中国的高僧去日本传授戒律。

荣睿和普照在洛阳、长安学习佛法，他们听说鉴真是一位德高望重的高僧，就想请鉴真到日本去。公元 742 年，荣睿、普照到扬州大明寺，拜访鉴真，向他说明了来意，鉴真见他们这样诚心，就问身边的弟子："你们有谁愿意接受邀请，去日本国传经吗？"在场的僧侣谁也不吭声。过了半天，一个名叫祥彦的僧徒站起来说："日本国离我们太远，与中国隔着茫茫大海，途中恐怕性命难保，所以不敢去。"鉴真说："为了传播佛法，怎么能顾惜生命呢？你们既然都不愿意去，我去吧！"僧徒见师父态度这样坚决，都很感动，纷纷表示愿意跟随师父东渡日本。

唐朝法律规定，未经政府批准，私人是不准出国的。荣睿和普照通过宰相李林甫的哥哥、信奉佛教的李林宗的帮助，办好了鉴真出国的手续。但是

很不巧，正当他们要开船远航的时候，浙江一带发生海盗事件，沿海关防检查十分严格。鉴真的弟子道航和如海发生纠纷，惊动了官府，他们的船只被没收了。这次东渡没能成行。

第二次出海，他们在海上遇到风浪，船触礁沉没，他们困在荒岛上，后来被渔船发现救了回来。第三次、第四次也都没有成功。

公元 748 年，61 岁的鉴真做好了第五次东渡的准备。六月的一天夜里，鉴真和他的弟子们登上了大船出发了。不久就遇到了大风浪。直到十月才继续启航。没料到有一天船刚行到中午，海面上突然刮起暴风。风越刮越大，浪越来越高，黑云遮天，狂风怒吼。船上的人，一个个头晕无力，呕吐不止，只有船夫还能勉强支持。船上的淡水用完了，只好喝海水，喝后腹胀难忍。他们一连在海上漂了 14 天，船终于靠岸了。上了岸才知道已经到了海南岛最南端的振州。

不幸的事情接二连三地发生了。先是荣睿因旅途颠簸，患病去世。接着，鉴真因为南方暑热，得了眼病，双目失明。不久，跟随鉴真多年的弟子祥彦也去世了。这一系列的打击和挫折，并没有吓倒鉴真。相反，他东渡的决心更加坚定了。公元 751 年春天，鉴真回到扬州，又着手准备第六次东渡。

公元 753 年，日本第十次"遣唐使"准备回国了。遣唐使藤原清河、吉备真备，以及跟他们一起回国的晁衡等，一起来到扬州延光寺拜访鉴真，并再一次邀请他东渡。年已 6 旬的鉴真满口答应。他为了避免官府的阻拦，让遣唐使的船先离开扬州，约定在黄泗浦会合。十月十九日，鉴真等乘小船出发，随行的有思托和普照等弟子共 24 人。四条遣唐使船于十一月十五日时启航。鉴真开始了第六次东渡。

经过两个多月的艰难航行，鉴真所乘的船抵达日本九州岛，东渡终于成功了。这时鉴真已经 66 岁了。

公元 754 年，鉴真一行到达日本首都奈良，受到了热情接待，住进东大寺。鉴真的到来，震动了日本各界，他们从早到晚前来拜谒慰问。奈良城的街道房屋极像长安城，鉴真感到十分亲切。

日本天皇把全国传授戒律的大权托付给鉴真。并授给他"传灯大法师"的法号。鉴真在东大寺的佛前设起了戒坛，举行盛大授戒仪式。天皇、皇后、皇太子依次登云受戒。从此以后，不论什么人，如果没有经指定的戒坛受戒，就不能取得僧籍。

鉴真在日本天皇赐给他的一块宅地上建造了一座新寺院，叫做"唐招提寺"。他亲自参加唐招提寺的建筑，整个建筑结构精巧，布局合理，气势雄伟，反映了唐朝建筑的特点，遗留下来最宏伟的建筑物，对日本寺院建筑影响很大。从此，鉴真就在唐招提寺中讲律授戒。唐招提寺成为当时日本最有影响的寺院。

鉴真东渡日本不但传播了中国的佛学和授戒制度，而且把当时最成熟的唐代文明介绍给日本。鉴真精通医学，他带去了许多药方，还亲自给人看病，传授中草药知识。他还带去中国的绣像、雕像、画像、书帖等，对日本的美术界很有影响。

鉴真在日本度过了 10 个春秋，为中日两国的友谊和两国科技文化的交流做出了杰出的贡献。公元 763 年，76 岁的鉴真在奈良病逝了。日本朋友将他葬在唐招提寺，并且世世代代纪念他。

李白蔑视权贵

李白，字太白，号青莲居士。是我国唐代的一位大诗人。公元 701 年出生于碎叶城（今哈萨克斯坦共和国境内的巴尔喀什湖之南，唐代属安西都护府）。5 岁时，随其父迁居绵州昌隆县青莲乡（今四川省江油市）。在那里度过了他的青少年时代。李白自幼博学广览，读了很多的书，并能写作出色的文章。他性格开朗豪放，富于正义感和远大的抱负。

李白生活在唐代由盛转衰的历史时期，当时现实生活中的种种矛盾和斗争，使得他对唐王朝的腐朽政治逐渐有了比较深刻的认识，开始担忧国家的前途命运。

李白的青年时代，正值唐玄宗统治的"开元之治"的盛世时期。玄宗继位之初，曾有所作为，他大力改革吏治，整顿纲纪，改变了前朝存在的官爵冗滥，奸佞得宠，以及僧尼众多、宫廷荒淫奢侈的腐败风气。同时任命有才干、敢于进谏、肯于负责的姚崇、宋璟为宰相，改变了过去"重京官，轻外任"的做法，而采取了定期轮换京官和地方官的办法。有着远大政治抱负的李白，决心为国家的繁荣干一番事业。

在李白26岁的时候，离开蜀地，"仗剑去国，辞亲远游"（《上安州裴长史书》）。希望在漫游中，遇到知己的提拔和得到宦途的出路，以实现他平素济国利民的思想。在长期的漫游中，大江南北，北国边疆，到处都留下了他的足迹。

李白42岁时，由其友人、道士吴筠的推荐，才被玄宗召到长安，成为翰林供奉。唐玄宗只不过是把他当成御用文人，要他写些点缀太平的宫廷诗词。此时的唐玄宗已不勤于政事，朝政大事完全由李林甫掌握。李白目睹奸臣当道、忠良受害、政治黑暗的场面，十分苦闷和失望，为国家建立功业的理想和抱负也成为泡影。面对这样的处境，李白并不屈膝低头，他在诗中公开写道："安能摧眉折腰事权贵，使我不得开心颜"（《梦游天姥吟留别》）。李白也曾"敢进兴亡言"（《书情赠蔡舍人雄》），与玄宗的腐朽黑暗统治进行过斗争。他鄙视朝廷中的那些腐朽的权贵，对他们嬉笑怒骂，"谑浪赤墀青锁紧"（《玉过吟》）。他因此成了权贵们的眼中钉，为此受到宦官高力士、驸马张泊和杨贵妃等人的谗言诽谤，于天宝三年（公元744年）为唐玄宗放逐而离开了长安。李白被逐出长安，感到十分愤慨，他在《行路难》一诗中，以"金樽清酒斗十千，玉盘珍羞直万钱。

停杯投箸不能食，拔剑四顾心茫然"的诗句，来表达自己的抱负不能实现，受权臣恶势力排挤的苦闷心情。但对未来仍抱有幻想，还用"闲来垂钓碧溪上，忽复乘舟梦日边"之句，表达自己仍要为国建功的迫切愿望，并开始了他第二次长期南北漫游的生活。

大宝十年（公元 751 年），李白应在北地节度军中任职的友人何昌浩的邀请，决定北行幽州。那时候，安禄山已经兼领了平卢、范阳、河东三镇的节度使，其权势日愈强大，蓄意夺取唐王朝的天下。这年的深秋，李白由开封启程，一路上且行且停，途经邺郡（今河北省临漳）、邯郸、广平（今河北省永年），于公元 752 年到达幽州，并在幽州渡过了一个冬天。在幽州，李白目睹了安禄山的军队，戈戟星罗棋布，人民罹于兵祸，《北风行》一诗记述了北方一妇女对丈夫战死的悲愤心情和凄惨境遇，反映了人民对安禄山的统治不满。李白也感叹自己徒有才干，虽忧念唐王朝的前途，而又报国无门，一筹莫展。

在国家动乱的岁月里，李白"中夜四五叹，常为大国忧"，并以"誓欲清幽燕，不惜微躯捐"（《在水军宴赠幕府诸侍郎》），表示以身许国的壮志。安禄山攻破长安以后，他出于爱国热情，参加了镇守南方的李璘幕府，后来由于争夺帝位的斗争，李璘被他的哥哥唐肃宗李亨打败，李白也被捕判罪，流放夜郎（今贵州省遵义附近），在流放途中遇赦，回到长江下游。唐肃宗上元二年（公元 761 年），李白听说李光弼带兵东征史思明的儿子史朝义，于是又北上参军，不幸路途病倒，62 岁的李白于次年死在长江边上的当涂。

李白的诗歌流传后世的约近 1000 首。李白诗中，不少是揭露和抨击唐朝统治集团的黑暗统治。李白从自己被排挤的切身感受中，更是认识到贤才受辱，开明进步的政治势力受到压抑。李白揭露这种不正常的局面是"群沙秽明珠，众草凌孤芳"（《古风》其三十七）。辛辣地讥讽唐玄宗是"珠玉买歌笑，糟糠养贤才"（《古风》其十五）。在李白的不少诗歌中，对于那些腐朽的封建权贵，反映出一种疾恶如仇、鄙视权贵的反抗精神。

李白是继屈原之后，中国又一位伟大的浪漫主义诗人。他那争取个性自由、蔑视权贵和同社会抗争的精神，令世人敬佩。他因此获得"诗仙"的称号。

"诗圣"杜甫

"会当凌绝顶，一览众山小"

"朱门酒肉臭，路有冻死骨"

这些诗句，在我国家喻户晓，妇孺皆知，其作者就是被誉为"诗圣"的唐代大诗人——杜甫。

杜甫（公元712—770年），字子美，祖籍襄阳（今湖北襄樊），后迁至河南巩县。他曾在长安东南杜陵附近的少陵住过，故自称"少陵野老"。他曾做过节度参谋检校工部员外郎，所以后人称他为杜工部。

杜甫出生于一个诗书世家，祖父杜审言是唐朝武则天时代的著名诗人，父亲杜闲，做过奉天县（今陕西省乾县）的县令。受家庭的熏陶，杜甫7岁时因作《凤凰诗》一鸣惊人。十四五岁的时候，已经开始和洛阳一些有名的文人交往，成为诗人聚会不可缺少的常客。20岁以后，离开家乡，开始漫游祖国山河，参观了许多名胜古迹。

公元744年，杜甫在长安见到了李白。李白比杜甫年长11岁。当时李白已是举世瞩目的大诗人，杜甫则是刚刚成名。他们互相钦佩，一起漫游河南、山东等地。杜甫写了"醉眠秋共被，携手日同行"，纪念两人结下的深厚友谊。

杜甫通过多年的游历生活，接触了丰富的文化遗产，游览了祖国的壮丽河山，增加了对祖国的热爱。公元746年，杜甫来到长安。第二年恰逢唐玄宗下令广招天下有才之士。杜甫满怀希望去应考，谁知应考的举人无一及第。原来当朝宰相李林甫怕举人进入宫廷揭发他的罪恶，故意一个不取。杜甫甚是愤懑。这时他父亲去世了。他的生活也由此发生了转折，杜甫为了维持生活，只得投诗求官。唐朝人特别重视诗歌，仕人除参加科举外，向达官贵人投诗，谋求一官半职，也是一条途径。杜甫一连写了"赠起居舍人""上韦左相"等诗篇，甚至向皇帝献了3篇赋，虽博得"词感帝王尊"的虚名，仍未得一官半职。

公元755年，杜甫回家探望他的妻儿。回到家中，只听见家中号啕声一片，原来他那不满周年的儿子刚刚饿死。杜甫回想起回家路过骊山时，唐玄宗与杨贵妃在华清池内宫弦歌舞，大张宴席，自己一个不纳租税、不服徭役的官僚家庭的孩子尚且被饿死，可知一般百姓的境遇更加悲惨了。想到这里，他奋笔写了《自京赴奉先县咏怀五百字》，其中的"朱门酒肉臭，路有冻死骨"成为千古流传的佳句。

安史之乱给百姓带来了深重的灾难，叛军所到之处，烧杀掳掠，无恶不作。杜甫感受百姓所受灾难，又希望唐朝能尽快平定叛乱，于是写下了"国破山河在，城春草木深"等著名诗篇。

公元757年，杜甫逃出长安，直奔凤翔，投奔唐肃宗。此时杜甫衣破露肘，脚穿麻鞋，老瘦不堪。肃宗见他忠心耿耿，任命他为左拾遗，负责对政事提意见。不久，肃宗见他时常批评朝政，便给以探亲名义，逐出朝廷。

杜甫把一路上所见所闻，写出一篇五言叙事诗《北征》。诗中记载了阡陌之间，人烟萧瑟，到处是呻吟流血的伤兵难民，触目惊心。杜甫用诗忠实地记录了这场战乱所造成的残败景象，更讳而不言地叙述了人民遭受的苦难。由于杜甫长年生活于百姓之间，了解到他们的疾苦。征兵、征粮，连年战争，逼得百姓家破人亡。诗人悲愤而沉痛地用一首首诗歌，勾画出一幅幅社会历史画图。杜甫著名的"三吏"（《新安吏》《潼关吏》《石壕吏》）"三别"（《新婚别》《垂老别》《无家别》）就是此时创作出的。

杜甫浪迹天涯，访求一个容身的小天地。他先到秦州（今甘肃天水），继又南下同谷，经栈道，穿剑门入蜀，然后到成都定居下来。途中，他写了许多诗，记述其行踪，描绘祖国山河大川，也反映了社会现实。

后来，杜甫在朋友严武的荐举下，做了检校工部员外郎和节度使参谋。在成都西郊外的浣花溪营建起一座草堂。在这风景优美的草堂边，他植树栽竹，养鸡养鸭，生活虽艰苦，但能和邻居的农夫交朋友，心情倒也愉快。

这年秋天，秋风怒号，草堂顶上的茅草被卷走。风刚停，雨又下个不停，屋里漏得没有一块干地。在这难眠的长夜，杜甫写下了著名的诗篇《茅屋为秋风所破歌》，诗中写道："安得广厦万间，大庇天下寒士俱欢颜，风雨不动安如山。呜呼！何时眼前突兀见此屋，吾庐独破受冻死亦足。"他想到社会上广大的"寒士"，慷慨激昂地表示，为了天下的"寒士"免于饥寒，他冻死也心甘情愿。

后来，他的好友严武病死，他失去了依靠，只好带着妻儿老小到处奔波。他经过夔州（今四川奉节），走出西川。此时，北方兵荒马乱，江南的朋友也无音讯，他只好以船为家，在湘江上漂泊，生活越来越贫困，身体状况也越来越差。公元770年冬天，诗人杜甫病死在湘江的一条小船上，时年59岁。

杜甫的诗较多地反映了当时社会的真实情况，所以他被称为我国历史上伟大的现实主义诗人。他以大量的诗篇，揭露了唐朝封建社会的种种矛盾，用诗描绘了一个复杂多变的历史时代，深刻地反映了悲惨的社会现实及人民的苦难，所以，人民把他的诗称作"诗史"，把他称作我国历史上伟大的现实主义诗人。

玄宗与杨贵妃

唐明皇在宰相姚崇和宋璟的鼎力帮助之下，20 年来国泰民安。但是，自从姚崇去世、宋璟告老还乡、李林甫任宰相以后，"开元之治"就结束了。

开元二十五年，唐玄宗最宠爱的妃子武惠妃死了，他十分伤心。那时候，后宫佳丽 3000 人，玄宗竟没有一个喜欢的。3 个月以后，玄宗过生日，习惯上称之为"万寿节"。妃嫔、儿女和文武大臣们照例要给皇上贺礼。行礼一批一批进行，玄宗心情郁闷，只是勉强应付着。轮到儿女们来向他贺节了，忽然，他眼前一亮，发现站在他的第十八个儿子寿王李瑁身边的一个王妃装束的女子，是那样的美丽动人。特别是那双眼睛，顾盼之间，光彩四射。玄宗皇帝怦然心动了，玄宗问高力士："在李瑁身边那个女子，是寿王妃吗？"高力士回答说："是的，寿王妃姓杨，叫杨玉环，是陛下和武惠妃替寿王选的妃子。奴才记得她是 17 岁入寿王府的，今年 22 岁。"尽管这女人是他的儿媳，可玄宗还是决心把她收为自己的妃子。

高力士给皇帝出主意，说直接把王妃宣进宫来怕人议论，不如表面上让杨玉环到庙里当女道士，暗中接她入宫。玄宗同意了。于是，高力士就去动员杨玉环"出家"。杨玉环不敢抗旨，终于被迫自己请求"出家"了，她"出家"的地点是道观太真宫，是宫廷的庙宇之一，因此杨玉环的道号便叫"太真"。杨玉环坐上一乘轿子，但却没进太真宫，而直奔骊山。那里有一座温泉，叫做华清池，事实上是一座叫温泉宫的离宫，皇帝这时正在那里等她。第二年八月，唐玄宗册立杨玉环为贵妃。那时宫中没有皇后，杨贵妃便成了后宫中最高的妃嫔。

自从杨贵妃入宫以后，受到唐玄宗无比的恩宠。杨贵妃想要什么东西，

想吃什么东西，唐玄宗就想尽一切办法弄来。当时荔枝产在岭南（今广东省）和川东（今属四川省），离长安几千里路，那时候最快的运输工具是马。杨贵妃想吃荔枝的时候，地方官员就派出最善于骑马的人，骑上最快的马，从生产地带着鲜荔枝，一站一站地换人换马，接力传送。荔枝很快就被送到长安皇宫里面。剥开一尝，颜色和味道都还保持着新鲜，一点没变。

唐玄宗把杨贵妃住的地方叫做"贵妃院"，专门给贵妃制作衣料的丝织匠和绣花匠，就有700人之多。皇亲国戚都争着向贵妃进献价值最昂贵的食品，每次进献都是几十盘、上百盘的。皇宫里设有"检校进食使"的官职，专门负责评比各家食品的精美程度。地方官员们更是拼命从老百姓身上搜刮奇珍异宝、新奇玩意和名贵服饰，把它们源源不断地送到长安，贡献给杨贵妃。凡是贡献最多最好的人都升了官，或者从地方上调到长安来做京官。

杨贵妃和唐玄宗纵情享乐之余，不乏共同的爱好，两人都深爱音乐艺术，真正成为情投意合的知音夫妻了。

唐玄宗多才多艺，精通各种乐器，又会作曲，他击羯鼓的技艺尤为高超。唐玄宗一生参与创作的音乐作品很多，如《还京乐》《夜半乐》是李隆基为了纪念他所主持的诛杀韦氏集团的宫廷政变而作。唐代歌舞中最著名的要算是《霓裳羽衣舞》，也是唐玄宗创作的。这是一部具有浪漫主义色彩的作品。有人说此舞反映的不仅是唐代宫廷宴乐的黄金时代，同时也反映了当时封建社会鼎盛时期的历史全貌。可惜，《霓裳羽衣曲》乐谱今已失传。

天宝末年，李隆基整日与杨贵妃沉湎在歌舞之中，不理国事，权落奸臣之手，终于在天宝十四年爆发了安史之乱。

安史之乱

唐玄宗统治后期，政治日益腐败，玄宗陶醉于已经取得的成就和经济的表面繁荣，不思进取，怠于国事。自从杨贵妃入宫以后，唐玄宗整天和杨贵妃在一起饮酒作乐，过着荒淫无耻的生活。宰相李林甫和杨贵妃的堂兄杨国忠乘机把持朝政。他们专权自恣，排除异己，搜刮民财，广收贿赂，把朝廷弄得乌烟瘴气。这就给安史之乱造成可乘之机，加速了安史之乱的爆发。

"安史之乱"指的是安禄山、史思明反叛唐玄宗的一次内乱。安禄山是混血胡人，通晓6种蕃语，史思明是他的同乡，两人在一起长大，在一起当过互市郎（唐代边疆与少数民族贸易中的经纪人），后来又都在幽州节度使（管辖今北京市一带）张守珪部下当军官。

安禄山对上司惯于溜须拍马，逢迎谄媚。有一次，张守珪对他说："你什么都好，就是长得太胖，让人看了不太喜欢。"安禄山诚惶诚恐，以后吃饭就只吃半饱。张守珪听说了很感动，干脆将他收养为义子，并且越发重用他。每当朝廷派人来边镇办事，安禄山就送上重重的贿赂。这些人回去以后，自然要在唐玄宗面前称赞安禄山。唐玄宗听了，认为安禄山是个人才，提拔他当了平卢节度使（管辖今辽宁锦州西）。

安禄山不满足于已经得到的权位和势力，还想爬上更高的位置。他于是就挖空心思来进一步博得唐玄宗的欢心，取得唐玄宗的信任。有一次，安禄山上殿给唐玄宗进献珍宝，跪在台阶下假惺惺地说："我生自蕃戎，皇上对我这样信任，我没有什么可效劳陛下的，但愿为陛下献身。"唐玄宗信以为真，对他很是怜爱。为了进一步取得唐玄宗的信任，安禄山竟厚颜无耻地拜年轻的杨贵妃为"干娘"，以后每次进朝，他都先拜见杨贵妃，再朝见唐玄宗。唐玄宗责怪他为什么不先向自己朝拜，安禄山取宠地说："我们胡人都是先拜母后拜父的。"唐玄宗越发觉得他憨厚可爱。

安禄山深知唐玄宗好战喜功，就多次使用阴谋诡计，诱骗和坑杀了成千上万的奚人和契丹人，或者把他们押送到京城献俘，或者割下他们的脑袋去报捷。为了迎合唐玄宗和杨贵妃奢侈享乐的欲望，安禄山把从各地搜刮来的奇禽、异兽、珍宝、玩物络绎不绝地派人送到长安的皇宫中。

安禄山的心思果然没有白费。天宝九年（公元750年），唐玄宗封安禄山为东平郡王，这是唐朝开国以来封给胡人的最高爵位。唐玄宗还下令在京城里给安禄山建造了极其豪华的府第。有一年安禄山生日，唐玄宗和杨贵妃赏他许多价值昂贵的衣服和宝器，并煞有介事地为他们的干儿子洗礼。就在这种种活动中，安禄山对唐玄宗的荒淫昏聩，对唐王朝政治上的腐败，军事上的虚弱，了解得十分清楚。他那向上爬的欲望，就一步步地发展成为发动叛乱、起兵灭唐的野心。

天宝六年（公元747年），安禄山把一个心腹部将留在长安城里当坐探，随时把朝廷中的动静密报给他，为叛乱进行准备。他以范阳（今北京市西南）为根据地，在城北建筑了一座雄武城，广招兵马，制造武器，屯储军粮。他还从部将中提升了500多人任将军，2000多人任中郎将，用这种办法来收买人心，培植叛乱的爪牙。最后，他从亲信当中挑选了史思明等人，充当谋士和心腹，作为指挥叛乱的核心力量。

安禄山叛乱的迹象逐渐明显起来，朝廷的一些大臣和其他一些节度使也逐渐察觉到了。他们多次提醒唐玄宗，要玄宗采取措施，加强防范。宰相杨国忠更是视安禄山为眼中钉肉中刺，多次奏明玄宗，说安禄山要谋反。可是玄宗怎么也不相信，反倒说："安禄山这个人，我待他不薄，他怎能反叛我呢？咱们东边和北边的边境，还要靠他来守，你们不必多担心。"

眼见着安禄山的势力逐渐壮大，统率着重兵18万人，占当时边镇军队1/3还多，杨国忠感到自己的宰相交椅已经岌岌可危了。他一方面加紧在唐玄宗面前游说，另一方面暗中查询安禄山安插在京城的探子。杨国忠查出了安禄山派在京城的探子，并处死了他们，这下激怒了安禄山。

天宝十四年（公元755年）十月，安禄山派到京城奏事的一个官员从长安回到范阳，向安禄山密报朝廷的情况。安禄山与心腹密谋之后，召集他的15万大军，出示了一份据说是使者带回来的圣旨，宣称："有圣上密旨，令禄山带兵入朝铲除杨国忠！"十一月初一，安禄山以讨伐杨国忠为名，发兵15万，号称20万，在范阳举行反叛，向长安方面进发，揭开了"安史之乱"的序幕。

腐朽的唐王朝在军事上毫无准备，既无可用之兵，又无可用之将，只好命大将封常青、高仙芝招收市井无赖之徒，前往抵抗，但新招之兵，没有经过严格的训练，安禄山连败唐军，一路攻陷陈留、荥阳、洛阳，直逼长安。

叛军得逞的消息接二连三地传到长安，这时候，唐玄宗才相信安禄山是真的反叛了。他匆忙调兵遣将，部署平定叛乱，可是这临时凑起来的部队，仓促上阵，哪里是叛军的对手？尤其是潼关失守后，长安失去了最后一道屏障。

杨国忠主张出逃蜀中，于是唐玄宗带着杨贵妃和一些皇亲大臣出走四川。行至马嵬驿时，随行军士鼓噪不前，骚乱中杀死了杨国忠，并强迫唐玄宗杀死杨贵妃。玄宗无可奈何，忍痛派人缢死了杨贵妃。随后，唐玄宗跑到四川成都去了，安禄山军队占领了长安。

安禄山的军队十分残暴，每到一处，就抢掠民财，烧毁房屋，甚至把杀人当做儿戏。叛军进入长安后，即纵兵大抢3天，长安成了一片火海。在安禄山军队的暴行下，黄河中下游的许多城镇村庄，变成了一片瓦砾废墟。

唐天宝十五年（公元756年），唐玄宗退位，太子李亨即位，改元至德。他任用郭子仪等大将，调集了西北各路军队，准备反攻长安。公元757年，安禄山集团发生内讧，他的长子安庆绪本应为太子，但安禄山却想立夫人段氏生的儿子为太子，为此安禄山被其长子安庆绪杀死。唐军趁机收复长安、洛阳。安禄山留守河北的大将史思明也暂时投降了唐军。

公元758年，唐朝正打算消灭史思明力量，史思明又起兵反叛，占据魏州（今河北大名）。同年，唐肃宗李亨派郭子仪等20万大军围邺城（今河南安阳），史思明带兵直趋邺城，援助被围的安庆绪，打败了唐军。史思明胜利后，乘机杀了安庆绪，自己当了皇帝。接着史思明又攻陷洛阳。不久，史思明被其子史朝义所杀。安史集团内部的争权残杀，使力量大为削弱。唐军趁势收复洛阳。

公元762年，唐肃宗死，子李豫继立，是为代宗。代宗调集各路兵马又借回纥骑兵，以其子李适为天下兵马元帅，以仆固怀恩为副元帅，率军相继收复洛阳、河南等地。

公元763年初，史朝义手下的几员大将先后投降了唐朝，史朝义走投无路，穷途自杀（也有人说是被部将诱杀）。至此，历时8年的安史之乱终告结束。

安史之乱是唐王朝社会矛盾发展的集中表现，是唐中叶统治阶级内部、地方节度使与中央政府争夺最高政权的斗争。它成为唐朝由盛转衰的转折点。

"安史之乱"使黄河中下游的人民受到了空前浩劫，北方社会经济受到严重破坏，社会阶级矛盾进一步加深，唐王朝中央集权力量也大为削弱。唐中央已无力控制全国。参加平叛的节度使，割据一方，拥兵自重，全国形成藩镇割据的局面。唐中央内部，出现了宦官专权和朋党之争，政治更加腐败。

颜杲卿骂贼

在安禄山带叛军南下的危急时刻，首先起来打击叛军的是常山（今河北正定）太守颜杲卿。

颜杲卿本来是安禄山的部下。安禄山发动叛乱以后，颜杲卿就准备反抗。叛军到了藁城（今属河北省，藁音 gǎo）的时候，颜杲卿已经招募了1000多名壮士。他知道自己力量不够，不能跟安禄山硬拼，就跟手下的官员袁履谦向叛军假投降。安禄山仍旧让他守常山，但是心里不放心，一面把颜杲卿的儿子、侄儿带到军营里做人质，一面派了一个叛将守在井陉关（今河北井陉）。

安禄山渡过黄河、攻下洛阳之后，颜杲卿决心起兵，他的堂弟平原（今山东平原）太守颜真卿也招募了一万多人马，派人跟颜杲卿联络，要他攻占井陉关，截断安禄山的后路。

颜杲卿打听到守井陉关的叛将是个糊涂的酒鬼，就假传安禄山的命令，派人带了美酒好菜去慰劳他，等叛将喝得酩酊大醉的时候，就把叛将杀死，占领了井陉关。唐军士气振奋，第二天又接连活捉了两名叛将。颜杲卿派人分头到河北各郡去告诉官吏说：现在朝廷派出30万大军讨伐安禄山，已经出了井陉关，早晚就到河北各郡了。受安禄山胁迫叛变的，趁早投降，可以受到重赏；如果顽抗，罪加一等。

河北各郡官员一听到安禄山站不住脚，都纷纷响应颜杲卿。河北24个郡中有17个郡又站到唐军一边来。

安禄山正准备向潼关方向进兵，一听到河北各郡都响应颜杲卿，后方不稳，只好改变主意，回到洛阳。他在洛阳自称大燕皇帝，派大将史思明、蔡希德各带一万人马分两路攻打常山。

颜杲卿虽然打了几个胜仗，但是起兵只有 8 天，常山周围的防御工事都没修好，兵力又少，无力抵抗。叛军到了常山城下，颜杲卿派人到太原去求援，但是太原守将王承业不肯出兵。

史思明叛军把常山紧紧围困，颜杲卿带领常山军民拼死抵抗了 4 天，城里粮食断了，箭也完了。常山终于陷落在叛军手里。史思明纵容叛兵杀害了一万多常山军民，又把颜杲卿、袁履谦抓起来，押送到洛阳去见安禄山。

安禄山命令兵士把颜杲卿押到他跟前，责问颜杲卿说："你本来只是个范阳小官，我把你提拔为太守，为什么反叛我？"

颜杲卿怒气冲冲地骂着说："你是一个牧羊的小子，国家让你做了三镇节度使，有哪点对不起你？我为国除奸，恨不得斩你的头，叫什么反叛？"

安禄山恼羞成怒，要左右兵士把颜杲卿、袁履谦拖到一座桥边的柱子上缚起来，使用残酷的刑罚折磨他们。

颜杲卿神色凛然，一面忍受着酷刑，一面仍旧痛骂安禄山。叛军兵士用刀割了颜杲卿的舌头，颜杲卿满口鲜血，还发出含糊的骂声。

袁履谦看到颜杲卿受刑的残酷情景，气得自己咬碎舌头，连血带舌喷在旁边一个叛将的脸上。

颜杲卿、袁履谦骂不绝口，一直到他们咽气。颜杲卿从起兵到失败，虽然只有 10 多天，但是他们的抵抗，拖住了叛军的兵力，为唐王朝调兵遣将争取了时间；他们的誓死抵抗的精神，鼓舞了更多的人抗击叛军。

颜杲卿被杀后一个月，河东节度使李光弼率领步兵骑兵一万多人、太原弓箭手 3000 人出兵井陉关，打退叛军，收复常山。接着，朔方节度使郭子仪也带领精兵到常山和李光弼会合。河北的一些百姓受尽安禄山叛军掳掠的痛苦，听到郭子仪、李光弼大军打过来，就参加了大军队伍。郭、李两支大军兵强马壮，士气旺盛，接连打击安禄山叛军。河北 10 多个郡重新回到了唐军手中。

马嵬驿诛杨门

公元 755 年冬，安禄山以奉皇帝密旨讨杨国忠为名，在范阳誓师起兵，带领三镇兵 15 万人，南下攻唐。中原一带已经多年没有发生战争，内地很多州县都无兵可用。叛军大队人马浩浩荡荡地在河北平原上进发，一路上烟尘滚滚，战鼓惊天动地。叛军所经之地，官兵望风瓦解。各地官吏，有的弃城逃命，有的出城迎降。唐玄宗对安禄山毫无防范，等到叛敌大举进军，才仓促布置抵御。但新招募来的唐军根本不是叛军的对手。安禄山挥师长驱南下。很快渡过黄河。不到 3 个月，一路攻陷了陈留、荥阳、洛阳等地。公元 756 年初，安禄山在洛阳自称大燕皇帝，建元圣武，并乘势派兵进逼潼关，企图一举占领西京长安。

潼关地势险要，是西京长安的门户。唐玄宗派大将哥舒翰领兵守潼关，安禄山则派叛将崔乾佑攻打潼关。叛军在潼关外屯驻半年，无法攻打进去。宰相杨国忠疑忌哥舒翰手握重兵，就奏请玄宗命令哥舒翰出兵收复失地。哥舒翰、郭子仪、李光弼等大将都坚持说潼关为兵争要地，必须固守，大军切不可轻出。可是玄宗和杨国忠更加猜忌，接连派宦官催逼哥舒翰带兵出潼关。哥舒翰明知必败，捶胸痛哭一场，迫不得已率兵出关，在灵宝县西遇叛军伏兵，一战大溃，几乎全军覆没，哥舒翰也成了俘虏。

公元 756 年夏，叛军进入潼关。长安顿时混乱不堪。形势急迫，杨国忠慌忙跑进皇宫，向皇帝提出"幸蜀"的建议。玄宗还在犹豫，因为不到万不得已，他还不愿做一个流亡皇帝。他吩咐杨国忠，让他召集百官会议，听听大臣们的意见。大臣们齐集朝堂，不少人惶恐不安，有的连眼泪也淌了下来。大家闭口不言，实际上大家都没有办法可想了。

一天晚上，72 岁高龄的玄宗皇帝，终于经不住贵妃和 3 位夫人的缠磨，答应去四川避难。杨国忠秘密宣召龙武大将军陈玄礼，带他的左右龙武军 2500 人，前来护驾。杨国忠赏给将士们大量财帛，等到黎明时分，悄悄打开皇宫西门延秋门，潜行出走。随玄宗同行的除贵妃和韩国、虢国、秦国 3 夫人及杨国忠夫妻外，只有住得近的妃嫔、皇子、公主和皇孙。偌大的皇宫，那些住得偏远的妃嫔、皇孙和公主，来不及通知他们，就都丢弃不管了。

一行人经过咸阳桥，第二天傍晚来到马嵬（音 wéi）驿（今陕西兴平市西）。这儿的驿使和百姓都已不见踪影。玄宗等人住进驿馆，将士们则在外露宿。将士们走了一天，又累又饿，一个个口吐怨言，愤愤然喧嚷着要找杨国忠算账。那时正有几名吐蕃使者，来京办事，路过这里遇到杨国忠，站在驿馆外面谈话。有个军士故意喊："杨国忠勾结吐蕃，想谋反啦！"一时士兵们齐声喊起来，有的就向杨国忠奔去。

杨国忠见事不好，急忙跑进驿馆西门。几名兵士追进去，杀了杨国忠，把他的脑袋用枪尖挑着，走了出来。军士们大声喊好。之后，龙武大将军陈玄礼秘密启禀太子李亨，诛杀了其他几个宠臣。事后，众军士仍聚而不散。玄宗派高力士出去，询问为何不散。众人对答："国贼还活着！"言下之意，玄宗身边的杨贵妃也应诛杀。

玄宗无可奈何，这位 72 岁的老皇帝，此时陷入深深的自责之中，已经没有能力再来保护他深爱着的杨贵妃。玄宗被迫下了决心，他声音颤抖地对高力士说："这件事就由你处置吧，只要不用刀剑才好……"

高力士答应一声，然后用罗巾一条将亘古少有的美人杨玉环勒死了。这年杨贵妃 38 岁。

杨贵妃的三姐虢国夫人见势不妙，忙拉着嫂子——杨国忠的老婆和儿子，小侄儿隐藏在马嵬坡的草丛中。等士兵走了之后，这 4 人连夜向西逃跑。虢国夫人一行逃了几天，来到陈仓（今陕西宝鸡市），在城外小饭店买饭吃。有人发现了他们行踪可疑，便报告了县令薛景仙。薛县令带领役吏将已逃离小饭店的 4 人追上，弄清身份后，将虢国夫人杀死。

马嵬驿事件不久，玄宗让位给太子李亨，自己当了太上皇。太子李亨被当地百姓挽留下来主持朝政，李亨从马嵬驿一路收拾残余的队伍北上，在灵武（今宁夏武西南）即位，这就是唐肃宗。宝应元年（公元 762 年），太上皇李隆基病故，终年 78 岁，他当了 44 年皇帝。

张巡胆略过人

唐玄宗逃出长安后，安禄山叛军攻进长安。郭子仪、李光弼听到长安失守，不得不放弃河北，李光弼退守太原，郭子仪回到灵武。原来已经收复的河北郡县又重新陷落在叛军手里。

叛军进潼关之前，安禄山派唐朝的降将令狐潮去进攻雍丘（今河南杞县）。令狐潮本来是雍丘县令，安禄山占领洛阳的时候，令狐潮就已经投降。雍丘附近有个真源县，县令张巡不愿投降，招募了 1000 多壮士，占领了雍丘。令狐潮带了 4 万叛军来进攻。张巡和雍丘将士坚守 60 多天，将士们穿戴着盔甲吃饭，包扎好创口再战，打退了叛军 300 多次进攻，杀伤大批叛军，使令狐潮不得不退兵。

第二次，令狐潮又集合人马来攻城。这时候，长安失守的消息已传到雍丘。令狐潮十分高兴，送了一封信给张巡，劝张巡投降。长安失守的消息在唐军将士中传开了。雍丘城里有 6 名将领，看看这个形势，都动摇了。他们一起找张巡。张巡是表面上装作若无其事，答应明天跟大伙一起商量。到了第二天，他召集了全县将士到厅堂，把 6 名将领喊到跟前，宣布他们犯了背叛国家、动摇军心的罪，当场把他们斩了。将士们看了，都很激动，表示坚决抵抗到底。

叛军不断攻城，张巡组织兵士在城头上射乱箭把叛军逼回去。但是，日子一长，城里的箭用完了。为了这件事，张巡在焦虑之中有了一个主意。

一天深夜，雍丘城头上隐隐约约有成百上千个穿着黑衣服的兵士，沿着绳索爬下墙来。这件事被令狐潮的兵士发现了，赶快报告主将。令狐潮断定是张巡派兵偷袭，就命令兵士向城头放箭，一直放到天色发白，叛军再仔细一看，才看清楚城墙上挂的全是草人。那边雍丘城头，张巡的兵士们高高兴兴地拉起草人。那千把个草人上，密密麻麻插满了箭。兵士们粗粗一点，竟有几十万支。这样一来，城里的箭就不用愁用光了。

又过了几天，还是像那天夜里一样，城墙上又出现了"草人"。令狐潮的兵士见了又好气，又好笑，认为张巡又来骗他们的箭了。大家谁也不去理它。哪儿知道这一次城上吊下来的是张巡派出的 500 名勇士。这 500 名勇士乘叛军不防备，向令狐潮的大营发起突然袭击。令狐潮要想组织抵抗已经来不及了，几万叛军四下里乱奔。

令狐潮一连中计，气得咬牙切齿，回去后又增加了兵力攻城。张巡派他的部将雷万春在城头上指挥守城。叛军看到城头出现了一个将领，就放起箭来。雷万春没防备，一下子脸上中了 6 箭。他为了安定军心，忍住了疼痛，动也不动地站立着。叛军将士认为张巡诡计多端，这一次一定又放了什么木头人来骗他们。

后来，令狐潮从间谍那里得知，那个中箭后屹立不动的"木人"就是将军雷万春，不禁大吃一惊。令狐潮在城下喊话，请张巡见面。张巡上了城头，令狐潮对他说："我看到雷将军的勇敢，知道你们的军纪确实严明。但是可惜你们不识天命啊！"

张巡冷笑一声回答说："你们连做人的道理都不懂，还谈什么天命！"说着，就命令将士出城猛冲过去。令狐潮吓得拨转马头没命地逃跑，他手下的 14 个叛将，都被张巡将士活捉了。

自那以后，令狐潮屯兵在雍丘北面，不断骚扰张巡的粮道。叛军经常有几万人，张巡的兵不过 1000 多，但是张巡瞅准机会就出击，总是打胜仗。

过了一年，睢阳（今河南商丘，睢音 suī）太守许远派人向张巡送来告急文书，说叛军大将尹子奇带领 13 万大军要来进攻睢阳。张巡接到告急文书，赶紧带兵到睢阳去。

睢阳太守许远地位比张巡高，但是他知道张巡善于用兵，智勇双全，就请张巡指挥守城。叛将尹子奇带了 13 万人攻城，张巡、许远的兵力合起来才 6000 多人，双方兵力相差很大。张巡带兵坚守，和叛军激战 16 天，俘获敌将 60 多人，歼灭敌军 2 万多人，使尹子奇不得不退兵。

过了两个月，尹子奇得到了增援兵力，又把睢阳城紧紧围住，千方百计地进攻。张巡虽然接连打了几次胜仗，但是叛军去了又来，形势越来越紧急。

一天夜里，张巡叫兵士敲起战鼓，号令整队。城外的叛军听到城里的鼓声，连忙摆开阵势，准备交锋。等到天亮，还没见唐军出城。尹子奇派人登上高处眺望，只见城里静悄悄的，一点动静都没有，就命令兵士卸了盔甲休息。许多叛军将士紧张了一夜，一倒在地上就呼呼地睡着了。

正在这时候，张巡和雷万春、南霁云等 10 多名将领，每人带领 50 名骑兵，打开各城门杀出来，分路猛冲敌营。叛军没有防备，阵势大乱，又被唐军杀了 5000 多人。

张巡想在尹子奇出阵指挥的时候，射杀尹子奇。但是尹子奇是个狡猾的家伙，平时上阵，总让几个将领伴随着。他们穿着一色的战袍，骑着同样的战马，叫唐军没法辨认出哪个是主将。张巡想出了一个办法。有一次在两军对阵的时候，张巡叫兵士把一支用野蒿削成的箭射到敌阵里，叛军兵士拾到这支箭，以为城里的箭已经使完了，高高兴兴地拿着箭报告尹子奇。

尹子奇刚刚把蒿箭接到手里，城头上的张巡看在眼里，立刻吩咐身边的南霁云对准尹子奇射箭。南霁云本来是个好箭手，他一箭射去，不偏不倚，正射中尹子奇的左眼。尹子奇捂住脸，大叫一声，跌下马来。张巡下令出城冲杀，又打了一个大胜仗。

尹子奇瞎了一只眼睛，哪里肯罢休。他回去养了一阵子伤，又带了几万大军，像箍铁桶一样把睢阳围住。城外的兵越聚越多，城里的兵越打越少。到后来，睢阳城里只剩下 1600 多人，又断了粮食，唐军兵士每天只分到一合（音 gě，一升的十分之一）米，拿树皮、茶叶、纸张和着煮了吃。情况越来越危急。张巡没法，只好派南霁云带了 30 名骑兵突出重重包围，到临淮（今江苏盱眙西北）去借兵。

驻守临淮的大将贺兰进明（贺兰是姓）害怕叛军，不愿出兵救睢阳。他见南霁云是个勇将，想把南霁云留下来作自己的部下，特地为南霁云举行了一次酒宴，请众将领作陪。

南霁云哪里喝得下酒。他把自己的一个手指咬了下来，咬得满口鲜血淋漓，气愤地说："霁云不能完成主将交给我的使命，只好留下这个手指作证，回去也好有个交代。"然后，愤然离去。

南霁云离开临淮，至宁陵借廉坦兵 3000 回到睢阳。到了睢阳城边，冒围入城，损失惨重，只有千余人杀入城内。

张巡和许远反复商量，认为睢阳是江淮的屏障。为了保卫江淮，不让叛军南下，决心死守睢阳。城里粮食断了，他们就煮树皮吃；树皮吃完，就杀战马；战马杀光了，只好捉麻雀老鼠给战士充饥。城里的将士、百姓被张巡的誓死战斗的精神感动了，他们明明知道守下去没希望，也没有一个叛逃。

公元 757 年，睢阳城终于陷落。张巡、许远、雷万春、南霁云等 36 名将领全部被俘。张巡等人都不肯屈服，叛军把他们杀害了。

由于张巡他们的坚守，睢阳以南的江淮地区才没遭到叛军的破坏。河南节度使张镐得到睢阳危急的消息，立即发兵，急行军赶到睢阳，打退尹子奇叛军，可睢阳城已经沦陷 3 天了。又过了 7 天，郭子仪带领唐军收复洛阳。

七品县令张巡以无穷的智慧屡败叛军，为平定安史之乱立下了不朽的功绩。

李光弼誓死平叛军

李光弼与唐朝著名的将领郭子仪起初都在朔方镇当将军。两人都颇有才干，谁都不服气，彼此有些不和。安禄山叛乱不久，唐玄宗提升郭子仪当了朔方节度使，李光弼害怕郭子仪报复，曾经想到别的地方去。后来史思明在河北攻城略地的时候，朝廷要郭子仪挑选一位能干的大将去平定河北。郭子仪推荐李光弼。李光弼心想：郭子仪这不是在借刀杀人吗？可朝廷的命令只能服从，何况平叛逆贼本来就是自己的责任和心愿，所以毫不犹豫地接受了任命。

临走的时候，李光弼硬着头皮对郭子仪说："我死固甘心，只请求能保住我的妻子儿女！"郭子仪赶紧抱住李光弼，流着眼泪对他说："现在国家大乱，叛贼猖獗，需要我们同心讨伐。平定河北，非将军您这样能干的人才行！哪里还计较什么私愤呢！"李光弼听了非常感动。两个手扶手相对一拜。郭子仪分了1万人马给李光弼，送他出征。不久，郭子仪也到了河北。两人齐心协力，共同对付史思明的叛军。

安庆绪杀了父亲安禄山以后，在安史内讧中又被史思明杀害。史思明把安庆绪占领的土地和军队兼并过来，自称："大燕皇帝"。接着，他统率大队兵马进攻洛阳。李光弼这时也率领人马开到了黄河北岸的河阳，保卫洛阳的外围。

史思明驻扎在河阳南岸，让手下一名勇敢的将领刘龙仙去挑战。刘龙仙仗着自己勇敢，根本不把唐军放在眼里。他身骑烈马，把右脚放在马颈的鬣（音 lié）行上，谩骂李光弼。李光弼问部将们："哪个去收拾这个狂徒？"有一名大将要求上阵。李光弼说："这用不着大将去。"旁边的人说："偏将白孝德可以去。"李光弼问白孝德需要带多少兵。白孝德说:"我一个人前去就行了。"李光弼说:"你的勇气很可嘉。不过还是带些士兵去的好。"白孝德说:"那就选50名骑兵作后援,再请大军擂鼓助威吧。"

白孝德挟着两支矛,骑马涉水渡河冲过去。刘龙仙看到白孝德走上河岸,不等他开口,就骂起来。白孝德突然瞪起双眼,厉声问道:"你认识我吗?""谁认识你这个无名小辈!""我是白孝德!""什么猪狗!"白孝德听罢大吼一声,突然持矛跃马猛冲上去。这时候唐军50名骑兵也已经冲过河去,一时间鼓角齐鸣,喊声震天。刘龙仙一看形势不妙,掉转马头向回跑。白孝德哪里肯放过他,追上去一矛就把刘龙仙刺下马来,再一刀又把他的脑袋砍了下来,挂在马鞍上,过河跑回了营门。叛军见了,人人吓得胆战心惊,不敢再交战,史思明只好收兵回去了。

李光弼又生出一个妙计。有一天,他叫士兵把军中的500匹母马和马驹集中起来,等史思明放马洗澡的时候,就把拴在城内的母马都赶出城外。母马一离开马驹,就萧萧地嘶鸣起来。史思明那1000多匹良马听到对岸马群的叫声,就都滔水洇(音qiú)过河来,马夫们拉也拉不住。唐军把它们赶进城里,白赚了1000匹好马。

后来,唐军据守在羊马城,史思明自己率领一部分精兵攻南城,派周挚攻北城。李光弼上城观察了敌阵,他问:"敌军的阵势哪面最坚固?"将士回答说西北角。李光弼派部将郝廷玉带领300名骑兵去抵抗。又问敌阵还有哪面比较坚固。回答说东南角。李光弼又派部将惟贞带领200名骑兵去抵抗。然后,李光弼对所有的部将说:"你们进攻的时候看我的旗子:旗子晃动慢,你们自己选择有利的地方出战;要是旗子3次急速倒地,你们就一齐杀上前去,不能怕死。有谁稍微后退,立刻斩!"接着他拿出一把短刀插在自己靴筒里,对大家说:"打仗是危险的事。我是国家的'三公'(最高的官位),决不能死在敌人手里。万一战斗失利,你们各位在前头战死,我就用这短刀自刎,和你们一道为国捐躯!"将士们听了都十分感动,人人抱着必胜的决心。

郝廷玉、沧惟贞和其他部将一齐出战。不多一会儿，郝廷玉骑着马往回跑。李光弼看见大吃一惊，心想。郝廷玉一退回来，胜利就没希望啦！他传令："把郝廷玉斩首报来！"郝廷玉忙说："是马中了箭，不是后退！"他换了匹马又重新投入战斗。

另一部将仆固怀恩少许后退了些，李光弼传令斩他的头来见。仆固怀恩看使者骑马提刀跑了过来，就赶紧又杀上前去。李光弼命令旗手把帅旗倒地3次，众将一见，指挥军队不顾死活地向前拼杀，呼声震天动地。叛军气势一下子就崩溃了，被唐军杀死1000多人，俘虏500人，被水淹死1000多人，还有两名大将被活捉，只有主将周挚带领几名骑兵逃走了。

公元762年唐肃宗死后，他的长子李豫继位当了皇帝，就是唐代宗，唐代宗又一次调集兵马，借了回纥兵，讨伐叛军。这时候，史思明的儿子史朝义已经杀死了史思明，做了"大燕皇帝"。

唐军节节胜利，一步步逼近洛阳了。史朝义把他的10万精兵全部调出，在洛阳城郊摆下了阵势，抵抗唐军。唐军几次冲击，都没成功。镇西节度使马璘决定亲自出击，突破敌阵。他独自一个人驰马冲上前去，犹如猛虎下山，左冲右突，东砍西杀，把敌阵冲开一个缺口，唐军大队人马跟着奔腾而下，像山洪一样卷了过去，把叛军杀得狼狈不堪，争先恐后地逃命，唐军收复了洛阳。

史朝义带着剩下的几百名骑兵逃回了范阳。留守范阳的叛军将领是范阳籍士兵，也向朝廷投降。最后，史朝义身边只剩下几名胡人骑兵。他带了这几名骑兵，想往北逃到奚和契丹的部落去。唐军穷追不舍，史朝义最终走投无路，上吊自杀了。

将近8年的安史之乱，最后平定了。叛乱虽然平定了，可是安禄山、史思明带头搞起来的分裂、割据势力，不但没有被消灭，反而恶性发展起来。在以后的100多年中，唐朝一直受到这种势力的困扰。

郭子仪单骑退敌

郭子仪在天宝初年中举，从军后长期在北部边塞供职。在平定安史之乱中，郭子仪是唐军主要的指挥者。他忠勇爱国，精于谋略。

代宗广德元年（公元 763 年），由吐蕃、吐谷浑、党项、氐、羌等族组成的 20 万大军，进攻唐大震关（今陕西陇县以西），边关告急，而把持朝政的内侍太监程元振竟不向皇上禀报。入侵大军攻破大震关，继续深入内地，泾州（今陕西泾川）刺史高晖投降吐蕃，当做向导，加快了各族联军的进攻速度。一路长驱直入，逼近京都长安。

代宗皇帝得到消息时，入侵大军早已深入内地，想找一位强将为帅带兵抗敌都找不出来，著名的将领郭子仪早被太监程元振和鱼朝恩进谗言解职在家。在这危难之机，都想起了郭子仪，代宗命他为副元帅组织抵抗，又命各镇节度使到京师救助。各镇节度使接到命令，都按兵不动，因为程元振曾害死过淮西节度使，他们怕入京同样受到程元振的暗害。

入侵联军逼近长安时，代宗皇帝已逃离，入侵军攻占长安后找了一位叫李承的人，立为名义上的皇帝，准备长期霸占中原。

老将郭子仪奉诏上任，但却没有一兵一马，他没有知难而退，而是积极召集将士，先找了 20 多名旧部下，这 20 多人又到处招兵买马。各州县官府败兵闻听郭子仪复出带兵，都感觉有了主心骨，纷纷赶来。节度使白孝德也在判官段秀实的说服下，起兵抗敌，短短的时间，郭子仪便组织起一支大军。

以吐蕃为首的各族入侵联军，听说郭子仪为帅带兵抗击，连忙丢弃长安，退回青海去了。这次长安之危，仅凭郭子仪的名声威望，便得到解除，使皇帝和大臣们更加认识到郭子仪的价值。

广德三年（公元764年），大将仆固怀恩对朝廷愤恨，为了报复，勾结回纥、吐蕃联军再次入侵唐朝。代宗自然又派老将郭子仪为帅，带兵抗敌。

郭子仪率军驻在泾阳（今西安以北），仅有1万人，而联军有10万多人马。吐蕃与回纥分驻两座大营，将泾阳城包围。

郭子仪想，以自己区区1万人去与10万人斗，就算是全军覆没，也难以取胜，应动之以情，晓之以理，劝他们退兵。于是派牙将李光瓒出城到回纥营中，对回纥大帅药葛罗说："我家主帅郭令公派我来见大帅说，请不要忘记当年并肩战斗的情谊，早日退兵为好。"药葛罗大帅说："郭元帅早就去世了，你以为我不知道吗？休想骗我！"李光瓒说："我指天发誓，郭令公仍健在，绝不敢骗你。"药葛罗还是不信，说："如果郭元帅还健在，能够让他跟我见一面吗？""这个……"李光瓒不知该如何回答，表示回去请示后再予以答复。

李光瓒回来后，如实向郭子仪报告，郭子仪召集将领们商议对策，他说："现在敌我力量悬殊，硬拼肯定吃亏。凭我当年与回纥的交情，去见见药葛罗也无妨。如回纥退兵，剩下吐蕃就容易对付了。"诸将想不出别的办法，就建议郭子仪率500骑兵跟随护卫，郭子仪不同意，说："敌人10万大军，我带500骑兵又有什么用？只带几名随从足够了。"

郭子仪上了马，正要出城，他儿子兵马使郭晞闻讯赶来，拽住马缰阻止道："父亲大人，回纥如虎似狼，您作为国家元帅，岂能冒生死之危深入虎狼之中？"郭子仪骑在马背上，说："如果两军交战，我们父子俩都将战死。我们战死不足惜，可身后就是京都长安，那时国家也就危险了。我去见药葛罗，以理服他，或许能转危为安。如此，也是天下百姓之福。"郭晞仍是苦劝，郭子仪大怒道："滚开。"说着手起一鞭，打掉了郭晞紧攥缰绳的手，扬鞭跃马，驰出西门。

郭子仪大义凛然地骑着马走进回纥大营，哨兵以为是普通的送信使者，也不在意。这时，郭子仪身边一随从大喊："大唐元帅郭令公来啦！"哨兵闻听，急忙报告主帅。大帅药葛罗拿着弓箭，带领酋长们骑马在营前列队迎候，只见唐军来了6骑，下了马，扔掉兵器，徒步而来，为首的银发白须者，就是69岁的老将军郭子仪。

药葛罗一眼认出郭子仪，惊喜地对众将军说："果然是郭元帅来啦！"于是带头跳下马叩拜。郭子仪执着药葛罗的手，首先问候回纥可汗叶护，然后指责道："回纥以往对唐有大功，唐对回纥也有厚报。可如今为何要负盟入侵呢？助叛臣背恩德，实在不是明智之举。我挺身而来，任凭你处置……"药葛罗忙解释说："都怪仆固怀恩骗我，他说唐朝皇帝已经晏驾，令公也被害死，我才同来。现在听说皇上还在长安，又亲眼见到令公，才知道上了当。仆固怀恩已经病死，也算天诛。我哪能再与令公交战呢？"

郭子仪听罢，暗暗高兴，觉得退兵有望，又说："吐蕃不顾前朝之亲（即文成公主嫁松赞干布、金城公主嫁尺带珠丹），蚕食大唐边境，烧杀抢掠。现在他们抢去的财物用车都装不下，抢去的牛羊满山遍野。如果你能帮助打败吐蕃，这些财物、牛羊全归你们了，请不要错过这个机会。"

药葛罗欣然应允，说：“我受仆固怀恩之骗，已经对不住令公。今天我一定助令公击退吐蕃以谢罪。”药葛罗让部下拿出酒，众将陪着郭子仪举杯共饮。郭子仪几杯酒下肚，发了毒誓：“……有负约者，身亡阵前，家族绝灭！”药葛罗也重复一遍郭子仪说过的誓言，于是众人齐声欢呼，气氛热烈友好。药葛罗当即决定，派酋长石野那等6人到长安朝见代宗皇帝，以示友好。

吐蕃统帅得到回纥与唐军和好，要共同对付吐蕃的消息，慌忙连夜撤退。郭子仪并未罢休，而是派大将白元光率领骑兵配合回纥药葛罗大军追击吐蕃军，追到灵台西原一带，展开激战，歼灭吐蕃1万余人。夺回吐蕃掠去的4000人，接着在泾州又打一仗，吐蕃再败，退至边境以外。就这样，一次万分危急的内外勾结入侵，被郭子仪平息下去。

因勇退吐蕃、回纥等族有功，代宗诏拜郭子仪为尚书令。郭子仪一再恳辞，说：“这个官职，过去是太宗充当过的，所以后来均设职不置员。如果让我担任，就破坏了这个传统。这些年由于战乱，官封很滥，害处不小。现在是该按法制审查整顿之时，应从老臣做起。”代宗听后觉得有理，这才作罢。

段秀实不畏强暴

郭子仪屡立战功，保卫了大唐江山，被代宗封为汾阳王。代宗还把女儿升平公主嫁给郭子仪的六儿子郭暧。

代宗对郭子仪这样的功臣，既感激、尊重，又有些担心，怕他篡位，安禄山就是一个例子。郭子仪如果篡位，是非常容易的。但他没有一点这样的想法。不仅如此，还处处小心谨慎，防止皇上对他怀疑。代宗任命他为尚书令时，他坚辞不受。

郭子仪的几个儿子，年轻阅历浅，对官场利害体会不深。有时仗着父亲的势力，不拘小节。有一天，一位军士以跟郭子仪的小儿子郭映是好朋友，便违反军令，在军营中打马奔驰。负责军纪的都虞侯捉住这位军士，按军令办事，把他处死了。郭映哭着去找父亲郭子仪告状，说都虞侯杀了他的朋友，应该处置他。郭子仪不仅没帮他处置都虞侯，反而把儿子痛斥一顿。

郭子仪的六子郭暧与皇帝女儿升平公主结婚以后，相处得很和睦，但有时也吵吵嘴。每次吵嘴，公主依仗父亲是皇上，总要占上风。有一回郭暧生气地说："你不就是仗着父亲是皇帝吗，我父亲还不稀罕当呢！"公主一听，气得跑到父亲面前告状。

这样的话，是皇上不愿听到的，如心胸狭窄的皇帝，非处置郭暧不可。但代宗却对女儿说："郭暧的话说得没错，如果他父亲想当皇帝，这天下早就不是我李家的啦！"

代宗把女儿安抚劝慰一番之后，派人把她送回家，郭子仪知道这件事后，不由大惊，亲自将儿子郭暧捆绑起来，到皇帝面前请罪。代宗说："俗话说得好'不痴不聋，不做家翁'。小夫妻之间的话，何必去认真听呢？"

尽管皇上没有怪罪他们父子，郭子仪还是不放心，回家后将儿子打了40大板。这件事被后人编成戏剧《打金枝》，流传至今。

郭晞是郭子仪的三儿子，他在邠州（今陕西彬县）驻军时，有部分将士常到街市上骚扰百姓，节度使白孝德考虑郭子仪的面子，不敢追查。已升任泾州刺史的段秀实向白孝德提出兼任节度使署的都虞侯来处置将士欺扰百姓之事，得到同意，段秀实便来到邠州节度使衙门上任。

一天，郭晞部下17人到街市上的酒肆里抢酒，卖酒的老人阻止他们被刺伤，还把屋中的设施给砸坏了。段秀实得到报告，立时带役吏去把17个肇事者抓住斩首示众。

郭晞营中的兵士们听说17个弟兄被段秀实杀了，立时群情激愤，纷纷披上盔甲，拿起武器，要攻打节度使署。白孝德慌了，问段秀实怎样处置。段秀实胸有成竹地说："不要紧，我自己去处置这件事。"

白孝德要派役吏跟他一起去，段秀实谢绝了，找了一匹老马，让一位瘸腿的老马夫牵着他骑的马，向军营走去。

军营中的士兵看见段秀实亲自送上门来，便蜂拥而出，拔刀出枪，将他团团围住，段秀实不慌不忙，笑着说："杀我这样的老朽，何必全副武装，气势汹汹？我带着脑袋给你们送来了！"

众兵一时怔住，想不到段秀实有这样的胆量，竟不知所措。段秀实下了马，忽然变得严肃起来，他说："常侍（指郭晞）难道亏待了你们吗？郭元帅（郭子仪）难道有什么地方对不住你们吗？"

兵士们一听，不知段秀实问这两句话是什么意思，郭子仪在士兵中的威望很高。不等士兵回答，段秀实接着说："你们要杀官造反，必然株连郭家，这不是要害郭元帅父子吗？"众兵士觉得段秀实的话有道理，怒火消了一半，有人报告了郭晞。

郭晞急忙来到段秀实面前，未曾开口，段秀实厉声说："郭元帅功高盖世，应善始善终。而常侍却对部下侵扰百姓放纵不管，如今又戴盔披甲，岂不是要造反作乱吗？恐怕这些罪名都将落到郭元帅头上。你们郭家一世的功名也就完了……"

郭晞一听，猛然醒悟，忙对段秀实下拜，说："幸亏段公明示，真乃大恩大德。我一定铭记在心。"然后命令士兵解下盔甲，各自回营。当天晚上，郭晞把段秀实留下来请他喝酒。段秀实把带来的老兵打发走了，自己在郭晞的营里过了一夜。郭晞怕坏人暗算段秀实，自己不敢睡，专门派兵士巡逻保护。第二天一早，郭晞还跟段秀实一起到白孝德那儿道歉。

自那之后，郭家的兵士军纪肃然，邠州地方的秩序也安定下来。但是不到一年，长安又紧张起来了。

大历十四年（公元779年），代宗李豫去世，太子李适继位，史称德宗皇帝，改元"建中"。德宗任命段秀实为掌管粮食仓储的司农卿。段秀实对先行进京的家属叮嘱道："如过岐州（凤翔），节度使朱泚赠送礼物不要收。"

他的家属路过岐州时，朱泚送了300匹大绫，家人推辞不掉，带进家中。段秀实知道以后，非常恼火，他把这300匹大绫放到司农寺大堂的房梁上，再也未曾动过。

德宗建中四年，朱泚在长安造反，要当皇帝，召集一些大臣商量，段秀实骂道："你这个罪该万死的狂贼，休想让我跟你造反。"话音未落，扬出手中的笏板，击中朱泚前额，顿时鲜血直流，他的部下冲上来，将段秀实杀害。

颜真卿刚强不屈

经过安史之乱，唐王朝从强盛转向衰落。各地节度使乘机割据地盘，扩大兵力，造成了藩镇割据的局面。公元779年唐代宗去世，他的儿子李适（音kuò）即位，就是唐德宗。唐德宗想改变藩镇专权的局面，结果引起了藩镇叛乱。唐德宗派兵讨伐的结果，叛乱不但没有平定，反而蔓延开来了。

公元782年，有5个藩镇叛乱，其中淮西节度使李希烈兵势最强。他自称天下都元帅，向唐境进攻。

五镇叛乱，使朝廷大为震惊。唐德宗找宰相卢杞商量，卢杞说："不要紧。只要派一位德高望重的大臣去劝导他们，用不到动一刀一枪，就能把叛乱平息下来。"唐德宗问卢杞说："你看派谁去合适？"卢杞推荐年老的太子太师颜真卿，唐德宗应允了。

颜真卿，字清臣，京兆万年人，出身于书香门第。其五代祖就是《颜氏家训》的作者，南北朝有名的学者颜之推。颜真卿又是我国历史上著名的书法家。他写的字雄浑刚健，挺拔有力，表现了他的刚强性格。后来，人们把他的字体称为"颜体"。

颜真卿是当时一个很有威望的老臣。安史之乱前，他担任平原太守。安禄山发动叛乱后，河北各郡大都被叛军占领，只有平原城因为颜真卿坚决抵抗，没有陷落。后来，他的堂兄颜杲卿在藁城起兵，河北17郡响应，大家公推颜真卿做盟主。颜杲卿当时任常山（今河北正定）太守，他率先起来抗击叛军。虽然起兵日子不长，被俘最后慷慨就义，但是他们誓死抵抗的精神，鼓舞更多的人抗击叛军。在抗击安史叛军中，颜真卿立了大功。唐代宗的时候，他被封为鲁郡公。所以，人们又称他颜鲁公。

颜真卿为人正直，常常被奸人诬陷排挤，只是因为他的威望高，一些奸人不得不表面上尊重他。宰相卢杞是个心狠手辣的人。他忌恨颜真卿，平时没法下手，这一回，趁藩镇叛乱的机会，派颜真卿去做劝导工作，是存心陷害他。

颜真卿已经是70开外的老人了，许多文武官员听说朝廷派他到叛镇那里去，都为他的安全担心。但是，颜真卿却不在乎，带了几个随从就到淮西去了。李希烈听到颜真卿来了，想给他一个下马威。在见面的时候，叫他的部将和养子都聚集在厅堂内外。颜真卿刚刚开始劝说李希烈停止叛乱，那些部将、养子就冲了上来，个个手里拿着明晃晃的尖刀，围住颜真卿，摆出要杀他的架势。颜真卿毫不畏惧，面不改色。

李希烈假惺惺地站起来护住颜真卿，命令他的养子退出。接着，把颜真卿送到驿馆里，企图慢慢软化他。过了几天，4个叛镇的头目都派使者来跟李希烈联络，劝李希烈即位称帝。李希烈大摆筵席招待他们，也请颜真卿参加。

叛镇派来的使者见到颜真卿来了，都向李希烈祝贺说："早就听到颜太师德高望重。现在元帅将要即位称帝，不是有了现成的宰相吗？"

颜真卿扬起眉毛，朝着4名使者骂道："什么宰相不宰相！我年纪快80了，要杀要剐都不怕，难道会受你们的诱惑，怕你们的威胁吗？"4名使者被颜真卿凛然的神色吓住了，说不出话来。筵席的气氛让李希烈很尴尬。

李希烈拿他没办法，只好把颜真卿关起来，派兵士监视着。兵士们在院子里掘了一个一丈见方的土坑，扬言要把颜真卿活埋在坑里。第二天，李希烈来看他，颜真卿对李希烈说："我的死活已经定了，何必玩弄这些花招。你把我一刀砍了，岂不痛快！"

颜真卿在关押期间，写下遗表、自撰墓志、祭文，随时准备为国捐躯。

过了一年，李希烈自称楚帝，又派部将逼颜真卿投降。兵士们在关禁颜真卿的院子里，堆起柴火，浇足了油，威胁颜真卿说："再不投降，就把你放在火里烧！"颜真卿二话没说，就纵身往柴火跳去，叛将们连忙把他拦住，向李希烈回报。

李希烈想尽办法，也没有能使颜真卿屈服。八月，银须飘飘的一代书法大师被李希烈杀害，悲壮殉难。

浑瑊、李晟收复长安

朱酢是幽州第三任节度使。节度使的权力很大，相当于一个地方的皇帝。后来，因为他弟弟朱滔反叛唐朝牵连到他，被唐德宗解除了兵权，留在长安，挂个太尉的名。代宗竟然给他修了一座府第。

建中四年，淮西节度使李希烈率兵造反，进攻襄城。德宗皇帝急诏姚令言等几个节度使去解襄城之围。姚令言带领5000人马去襄城，途经长安时，正碰上下雨，京兆尹派人犒军，送的是粗粮淡食，士兵们火了，踢倒了饭盆。有人大声说："前面有两个官库，里面装满了金银和绸缎，我们何不去抢呢？"士兵们一听，立即响应。

皇帝听到消息派太监拿着布帛去安抚兵士，每人二匹布。士兵们见赏赐不多，更加不满，竟然把送布帛的太监射死。节度使姚令言在朝中议事，闻听部下闹事，忙赶回军中，制止乱兵。但士兵们根本不听他的命令，向长安

城杀来。

德宗皇帝急忙召集禁卫军守卫长安城。但禁军都去了襄城，长安城内只有神策军。神策军头目白志贞为了多领军饷，居然将集市上一些小商贩的姓名顶替军籍，所以打仗时就露馅了。乱军很容易地打到紫禁城下，皇帝慌了，急忙带着太子、公主、王妃、太监等少数人，逃出长安。

乱军攻进皇宫，大肆抢掠，姚令言见状，只好随着兵士造反，但他威信不高，呼唤不灵，便想起尚在京城的朱泚，找到他，让他带头造反。朱泚见有人拥护他，便决定登基称帝，国号大秦，年号为应天。登基这天，文武大臣前来捧场祝贺的不足 20 人，人数实在少得可怜。时间不长，朱泚又改国号为汉。

朱泚做了皇帝，他心里清楚，只要唐朝德宗皇帝还活着，他这个皇帝就当不安稳，于是亲率大军进攻奉天城。这时德宗、太子等逃到奉天城。朱泚下令让士兵用拆民房的木料做成百尺高的楼车，站在楼车上面可以清清楚楚看到城中的情况，守城将士不禁惊恐万状。大将军浑瑊想出一计，派士兵在城墙里面挖地道，挖到城外，修了陷阱。

朱酢命令楼车攻城，未等靠到城墙根，士兵们则纷纷掉进陷阱和地道中，城上守军又将火把、木柴扔到城下，楼车烧毁，一些士兵被烧死。正在这时，城门大开，太子亲率众兵杀出城来，朱酢大败，死伤数千之多。

朱酢依次靠人多，继续攻城，城内皇帝与百姓团结一心，奋勇抗敌，坚持了 36 天，朱军也未攻克。这时唐朝援军赶来，朱酢怕被夹击，只好撤兵回到长安。

德宗兴元元年（公元 784 年），唐德宗命令李怀光和李晟乘胜收复长安。哪料到李怀光到了咸阳，却和朱酢暗中勾结，一起反唐。李晟到了长安城外，前有朱酢，后有李怀光，内无粮草，外无救兵，处境极其危险。

李晟是个有勇有谋的人。他用自己的勇气和决心激励将士，使唐军将士士气始终很旺盛。长安附近的唐军都自愿接受李晟指挥。李怀光想命令他部下将士袭击李晟，将士们都不答应。李怀光害怕起来，先逃到河中去了。

李怀光一逃，朱酢就孤立起来。浑瑊守住了奉天，也跟李晟彼此呼应，进逼长安。唐军声势浩大，吓得朱酢龟缩在长安城里不敢出来。

李晟召集将领商量怎样攻城。将领们说："当然是先打下外城，占领街坊，再进攻皇宫。"李晟说："街坊狭窄，如果我们跟敌人在街头作战，就要伤害百姓。听说敌人重兵在皇宫后面的御苑里。我们不如从北面打开城墙，集中兵力向御苑进攻。这样，宫室不会遭到破坏，百姓也不会受惊扰。"

大家都佩服李晟想得周到。接着，李晟就分派部将出击，先消灭城外的敌军。最后，打开了城北城墙，大批步兵骑兵一起猛攻御苑。朱酢没法抵抗，不得不丢了长安逃走。来不及逃走的士兵也都缴械投降了。

李晟进了长安，向全军将士下了命令，说："长安居民，受够了叛军的苦，不能再去惊扰他们。"唐军进城以后，果然纪律严明，秋毫无犯。

公元 784 年，李晟收复长安，朱酢被杀。唐德宗回到长安。过了一年，浑瑊又进攻河中，消灭了李怀光。自称楚帝的李希烈打了几次败仗，也被部将杀了。

李晟、浑瑊为维护唐王朝的统一，立了大功。吐蕃贵族害怕他们掌握兵权，对他们不利，就采用离间的计策。唐德宗本来猜忌功臣，又中了吐蕃贵族的计，把李晟的兵权撤了，神策军归宦官掌握。从此，藩镇割据没有解决，宦官的权力倒越来越大了。

李愬雪夜下蔡州

唐朝中期，淮西镇是当时藩镇割据的一个顽固堡垒。公元814年，淮西节度使吴少阳死后，他的儿子吴元济自立。唐宪宗发兵4路征讨淮西，但是连续攻战三四年却劳师无功。第一任主帅高霞寓被吴元济打得大败，第二任主帅袁滋畏敌如虎，一直不敢与吴元济交战。在这种形式下，朝廷有不少官员都认为不能再打下去，大臣裴度却认为淮西好比身上长的毒疮，不可不除。唐宪宗拜裴度为宰相，决心继续征讨淮西。

公元816年，朝廷派李愬担任随州、唐州（今河南唐河）、邓州三州节度使，要他进剿吴元济的老巢蔡州（今河南汝南）。

唐州的将士打了几年仗，都不愿再打，听到李愬一来，有点担心。李愬到了唐州，就向官员宣布说："我是个懦弱无能的人，朝廷派我来，是为了安顿地方秩序。至于打战，我不行。"

这个消息传到吴元济那里。吴元济打了几次胜仗，本来就有点骄傲，听到李愬不懂得打仗，更不把防备放在心上了。以后，李愬根本不提打淮西的事。唐州城里有许多生病和受伤的兵士，李愬一家家上门慰问，将士们都很感激他。

元和十二年（公元818年）二月，李愬的兵士在边界巡逻，碰到一小股淮西兵士，唐军把淮西兵士打跑了，生擒了淮西军的一个小军官丁士良。丁士良是吴元济手下的一名勇将，经常带人侵犯唐州一带，唐军中很多人都吃过他的亏，非常恨他。这一回活捉了他，大伙都请求李愬把他杀了，给死亡的唐军兵士报仇。

将士们把丁士良押到李愬跟前。李愬吩咐兵士给他松了绑，好言好语问他为什么要跟吴元济闹叛乱。丁士良本来不是淮西兵士，是被吴元济俘虏过去的，见李愬这样宽待他，深受感动，并向李愬献了一计。就投降了。

李愬靠丁士良的帮助，打下了淮西的据点——文城栅和兴桥栅，先后收服了两个降将，一个叫李佑，一个叫李忠义。李愬知道这两人都是有勇有谋的人，就推心置腹地信任他们，跟两人秘密讨论攻蔡州的计划，有时讨论到深更半夜。李愬手下的将领为了这件事都很不高兴，军营里沸沸扬扬，都说李佑是敌人派来做内应的。有的还有凭有据地说，捉到的敌人探子，也供认李佑是间谍。

李愬怕这些闲话传到朝廷，让唐宪宗听信了这些话，自己要保李佑也保不住了，就向大家宣布说："既然大家认为李佑不可靠，我就把他送到长安去，请皇上去发落吧。"

他吩咐兵士把李佑套上镣铐，押送到长安，一面秘密派人送了一道奏章给朝廷，说他已经跟李佑一起定好攻取蔡州的计划，如果杀了李佑，攻蔡州的计划也就吹了。

唐宪宗得到李愬的密奏，就下令释放李佑，并且叫他仍旧回到唐州协助李愬。

李佑回到唐州，李愬见了他，非常高兴，握着他的手说："你能安全回来，真是国家有福了。"说着，立刻派他担任军职，让他携带兵器进出大营。李佑知道李愬千方百计保护他，感动得偷偷地痛哭。

没多久，宰相裴度亲自到淮督战。原来，唐军作战都有宦官监阵，将领没有指挥权。打胜仗是宦官的功劳，打败仗却轮到将领挨整。裴度到了淮西，发现这个情形，立刻奏请唐宪宗，把宦官监阵的权撤销了。将领们听到这个决定，都很兴奋。

李佑向李愬献计说："吴元济的精兵都驻扎在洄曲（今河南商水西南）和四面边境上，守蔡州的不过是一些老弱残兵。我们抓住他的空隙，直攻蔡州，活捉吴元济是没问题的。"

李愬把这个计划秘密派人告诉裴度。裴度也支持他，说："打仗就是要出奇制胜，你们看着办吧。"

李愬命令李佑、李忠义带领精兵 3000 充当先锋，自己亲自率中军、后卫陆续出发。除了李愬、李佑几个人，谁也不知道到哪里去。有人偷偷问李愬，李愬说："只管朝东前进！"

赶了 60 里地，到了张柴村。守在那儿的淮西兵毫无防备，被李愬带的先锋部队全部消灭。李愬占领了张柴村，命令将士休息一会，再留下一批兵士守住张柴村，截断通往洄曲的路。一切安排妥当，就下令连夜继续进发。

将领们又向李愬请示往哪里去，李愬这才宣布："到蔡州去，捉拿吴元济！"

将领中有一些是在吴元济手里吃过败仗的，一听到这个命令，大惊失色。监军的宦官特别胆小，急得哭了起来，说："我们果然中了李佑的奸计了。"对此，李愬不予理睬，严令全军以最快的速度前进。

这个时候，天色已晚，并下起了大雪。从张柴村通往蔡州的路，是唐军从来没走过的小道。大家暗暗叫苦，但是，李愬平日治军很严，谁也不敢违抗军令。

半夜里，兵士们踏着厚厚的积雪，又赶了 70 里，才到了蔡州城边。正好城边有一个养鹅、鸭的池塘，把人马发出的响声掩盖过去了。

李愬、李忠义吩咐兵士在城墙上挖了一个个坎儿，他们带头踏着坎儿爬上城，兵士们也跟着爬上去。守城的淮西兵正在呼呼睡大觉，唐军把他们杀了，只留一个打更的，叫他照样敲梆子打更。接着，打开城门，让李愬大军进城。

鸡叫头遍的时候，天蒙蒙亮了，雪也止了。唐军已经占领了吴元济的外院，吴元济还在里屋睡大觉呢。有个淮西兵士发现了唐军，急忙闯进里屋报告吴元济说："不好了，官军到了。"

吴元济懒洋洋躺在床上不想起来，笑着说："这一定是犯人们在闹事，等天亮了看我来收拾他们。"刚说完，又有兵士气急败坏地冲进来说："城门已经被官军打开了。"

吴元济奇怪起来，说："大概是洄曲那边派人来找我们讨寒衣的吧！"吴元济起床后，只听见院子里一阵阵吆喝传令声："常侍传令……"（常侍是李愬的官衔）接着，又是成千上万的兵士的应声。吴元济这才害怕起来，说："这哪来的常侍？怎么跑到这儿来传令？"说着，带了几个亲信兵士爬上院墙抵抗。

李愬对将士说："吴元济敢于顽抗，是因为他在洄曲还有一万精兵，等待那边来援救。"

驻洄曲的淮西将领董重质，家在蔡州。李愬派人慰抚董重质的家属，派董重质的儿子到洄曲劝降。董重质一看大势已去，就亲自赶到蔡州向李愬投降了。

李愬命令将士继续攻打院墙，砸烂了外门，占领了军械库。吴元济还想凭着院墙顽抗。第二天，李愬又放火烧了院墙的南门。蔡州的百姓们受够了吴元济的苦，都扛着柴草来帮助唐军，唐军兵士射到内院里的箭，密集得像刺猬毛一样。到太阳下山的时候，内院终于被攻破，吴元济在走投无路的情况下，只好哀求投降。

李愬一面用囚车把吴元济押送到长安去，一面派人向宰相裴度报告战果。接着，申州和光州（今河南信阳和潢川）的两万叛军也相继来降，进袭蔡州的战斗，取得了彻底的胜利。